市域轨道交通专业技能培训教材

电环调度员

温州市铁路与轨道交通投资集团有限公司运营分公司　编

视频学习

西南交通大学出版社
·成　都·

图书在版编目（CIP）数据

电环调度员 / 温州市铁路与轨道交通投资集团有限公司运营分公司编. —成都：西南交通大学出版社，2021.1

市域轨道交通专业技能培训教材

ISBN 978-7-5643-7966-7

Ⅰ. ①电… Ⅱ. ①温… Ⅲ. ①城市铁路－轨道交通－运输调度－技术培训－教材 Ⅳ. ①U239.5

中国版本图书馆 CIP 数据核字（2020）第 271193 号

市域轨道交通专业技能培训教材
Dianhuan Diaoduyuan

电环调度员

温州市铁路与轨道交通投资集团有限公司运营分公司　编

责任编辑	梁志敏
封面设计	吴　兵
出版发行	西南交通大学出版社 （四川省成都市金牛区二环路北一段 111 号 西南交通大学创新大厦 21 楼）
邮政编码	610031
发行部电话	028-87600564　028-87600533
网址	http://www.xnjdcbs.com
印刷	四川煤田地质制图印刷厂
成品尺寸	185 mm×260 mm
印张	15.5
字数	371 千
版次	2021 年 1 月第 1 版
印次	2021 年 1 月第 1 次
定价	46.00 元
书号	ISBN 978-7-5643-7966-7

图书如有印装质量问题　本社负责退换

版权所有　盗版必究　举报电话：028-87600562

编委会 >>>>

主　　任　　丁建宇

技术顾问　　金　林

副 主 任　　张向丰

委　　员　　（按姓氏拼音字母排序）

陈德茂　　陈雁鸣　　池绵绵　　傅　唯

韩　星　　孔国权　　乐明娇　　李　红

林周瑜　　陆诗钊　　马向东　　孙瑞超

王　威　　吴秋蓉　　吴　越　　徐　军

杨　广　　张冠男　　张　威　　郑乔峰

郑　清　　郑　伟　　周思思　　朱旭鹏

本书编写人员

主　　编　　陈雁鸣
副 主 编　　朱旭鹏　　项光达　　吴铭达
参编人员　　王　静　　史常潮　　黄博川
　　　　　　张　腾　　陈继渊
主　　审　　姜天琦
参　　审　　金兴楠

序 言 >>>>

温州市铁路与轨道交通投资集团有限公司(以下简称"温州铁投集团")是温州市唯一承担城市轨道交通项目前期规划、工程建设、投融资、运营管理及沿线资源开发等"五位一体"建设的市级国资企业。温州市铁路与轨道交通投资集团有限公司运营分公司(以下简称"运营分公司")成立于2014年3月21日,为温州铁投集团全资控股子公司,主要承担温州轨道交通的建设、运营、管理等职责。自成立以来,温州铁投集团紧紧围绕市委市政府总体部署,坚持"轨道交通+新型城镇化+智慧化"发展理念,秉承"用心温暖每一程"的服务理念,努力践行"幸福轨道,链接温州新未来"的企业使命,着力把温州轨道交通真正打造成温州的"民生线、幸福线、安全线、风景线、致富线"。

温州地处我国东南沿海,山水分隔、土地稀少、海相冲积,素有"七山二水一分田"之称,加之民营经济发达、人口密集、城镇化程度高,块状经济、城镇组团特征明显。为构建紧凑集约、资源要素配置合理的城市格局,打造温州1小时"交通圈""经济圈",温州铁投集团发扬"敢为人先、特别能创业创新"的新时代温州人精神,围绕打造"全国性综合交通枢纽"的目标,结合《温州市城市总体规划(2003—2020年)》,制定了"国家干线铁路+城际铁路+市域铁路S线+城区地铁M线"四层功能互补、融合发展的轨道交通发展体系。

温州轨道交通S1线作为全国首条制式模式创新的轨道交通线路,被国家发改委列为"国家战略新兴产业示范工程",拥有"市域动车组项目""点式ATC信号系统""基于TD-LTE的通信技术""同相供电系统"四项创新关键技术,并凭借上述技术在轨道交通业内获得了多项科技进步奖项。另外,温州轨道交通 S1 线还被授予"城市轨道交通技术创新推广项目(工程类)"荣誉称号,在全国轨道交通建设中予以推广。该线于 2019 年 9 月 28 日全线开通运营,标志着温州正式迈入城市轨道交通时代。

近年来,随着我国综合实力与科技水平的提升,城市轨道交通建设和运营得到快速发展,但"日益增长的运营专业技术人才需求与现有市场人才供应不足之间的矛盾"已成为轨道交通行业和企业发展的主要矛盾。在这样的大环境下,企业的人才自主孵化和自主培养显得尤为重要,开发贴合温州轨道交通运营人才培养需求的教材迫在眉睫。运营分公司于 2019 年开始着手编写培训教材,结合规章及实际运营的优秀经验,历时一年开发出了一套符合专业技能人才培训的系列教材。本套教材涵盖了客运、乘务、调度和市域铁路机电设备接口调试实践等多个模块内容,可应用于全国市域轨道交通"订单班""定向班"、员工上岗取证等人才培养项目,希望能对轨道交通行业,尤其是市域线的人才培养有所帮助。

最后祝愿各行业同仁能学有所获、学有所用、学有所长,立足岗位,创出佳绩。

温州市铁路与轨道交通投资集团有限公司 董事长

前　言

岗位专业知识和技能培训是确保运营安全和提高企业经营效率的重要手段，培训教材就是支撑培训的技术保障。温州市铁路与轨道交通投资集团运营分公司结合本公司前期的培训讲义、专业技术资料和培训师的授课心得，根据岗位职责中的电环调度员工种岗位的特点整理编写了该培训教材。教材内容全面、完整，在注重操作的基础上，将理论知识讲解得通俗易懂。

市域铁路供电系统不但为列车提供牵引动力，而且还为车站的通风、空调、照明、通信、信号、给排水、防灾报警、电梯、自动扶梯等提供电力。市域铁路的电源取自地方电网，通过城市一次电网系统和轨道交通供电系统实现输送和变换，最后以适当的电压等级和一定的电流形式供给相关用电设备。

越来越多的城市轨道交通将电力调度员和环控调度员两个岗位合并为电环调度员，作为一个新型的工作岗位，以提升调度的工作效率和联动能力，同时也提高了调度员个人业务知识和岗位竞争力。

本教材全面介绍了电力调度员（简称电调）和环控调度员（简称环调）岗位的专业知识，包括专业基础、工作制度、实操技能和应急处理等内容，对各系统的功能需求、结构原理以及运营管理都做了详细讲解。

本书可作为市域铁路电调和环调岗前培训、复训、强化培训的教材。

编　者
2020 年 9 月

目 录 >>>>

第一篇 电力调度员

第一章 专业基础知识 ··· 003
  第一节 电力系统概述 ·· 003
  第二节 变配电系统 ·· 006
  第三节 接触网系统 ·· 019
  第四节 继电保护装置 ·· 027
  第五节 电力监控和数据采集系统 ································ 035

第二章 工作制度和规定 ··· 048
  第一节 电调工作制度 ·· 048
  第二节 电力系统安全规定 ·· 053
  第三节 电力系统调度管理 ·· 063

第三章 实操技能 ··· 073
  第一节 电力系统倒闸操作 ·· 073
  第二节 电调标准化作业流程 ···································· 078
  第三节 电调台账填写标准 ·· 082

第四章 故障应急处理 ··· 087
  第一节 供电故障处理的原则 ···································· 087
  第二节 供电故障处理程序 ·· 089

第二篇 环控调度员

第五章 专业基础知识 ··· 109
  第一节 环控系统 ·· 109
  第二节 火灾自动报警系统 ·· 117

　　　　第三节　气体灭火系统 ·· 129
　　　　第四节　综合监控（ISCS）操作系统 ································· 143

第六章 环调工作制度和规定 ·· 171
　　　　第一节　环调工作制度 ·· 171
　　　　第二节　环调设备管理 ·· 175
　　　　第三节　环调标准化作业流程 ··· 176

第七章 环控实操技能 ··· 179
　　　　第一节　设备故障检修原则 ··· 179
　　　　第二节　环调台账及填写标准 ··· 188

第八章 环控故障应急处理 ·· 191

第九章 信息发布规则 ··· 208

第十章 故障报修 ·· 213

第三篇　施工规定

第十一章 施工管理 ··· 219
　　　　第一节　施工计划分类 ·· 219
　　　　第二节　施工计划审批 ·· 222
　　　　第三节　施工组织 ·· 225
　　　　第四节　施工安全 ·· 233

第一篇

PART ONE

电力调度员

第一章 专业基础知识

第一节 电力系统概述

【学习目标】
（1）掌握市域铁路电力系统的构成及供电方式。
（2）掌握供电系统的基本要求。

市域铁路是城市市域范围内的客运轨道交通系统，用于城市中心、郊区和重点城区的连接，采用设计时速 120 km 的动车组车辆，具有车站间距长、时速快、运量大的特点。温州轨道交通 S1 线是全国首条制式模式创新的轨道交通线路，供电方式采用的是国铁制式 AC 27.5 kV。这种供电方式可以更好地满足市域铁路的运行需求。本节以温州轨道交通 S1 线为例，介绍其供电力电系统的构成和供电系统的基本要求。

一、电力系统的供电方式及组成

（一）外供电方式

目前国内各城市轨道交通的外部电源供电一般有 3 种方式，即分散供电方式、集中供电方式、分散与集中相结合的混合供电方式。

1. 分散供电方式

分散供电方式是指沿线路的城市电网（通常是 110 kV 电压等级）分别向各沿线的地铁牵引变电所和降压变电所供电。其前提条件是城市电网在地铁沿线有足够的变电站和备用容量，并能满足地铁牵引供电的可靠性要求。例如，早期的北京地铁采取的就是这种供电方式。

2. 集中供电方式

集中供电方式是指城市电网（通常是 110 kV 电压等级）向主变电所供电，主变电所再向牵引变电所和降压变电所供电，城市轨道交通系统自身组成完整的供电网络系统，后续新建的城市轨道交通系统多采用集中供电方式。

市域铁路供电系统采用集中式供电（见图 1-1-1），集中式供电的优点在于统一控制和管理。通常从城市电网 110 kV 侧引入两回专用电源。

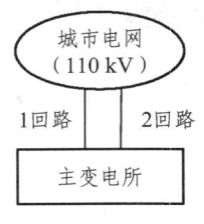

图 1-1-1　集中式供电

（二）系统组成

根据功能的不同，市域铁路供电系统一般划分为以下几部分：外部 110 kV 电源、主变电所、接触网系统、中压 20 kV 环网、车站变电所、电力监控系统等，如图 1-1-2 所示。

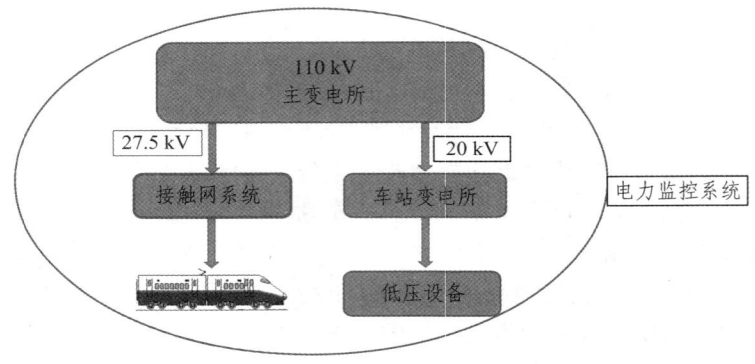

图 1-1-2　供电系统

电力系统输电线路电压从 110 kV 降到 27.5 kV，经馈电线将电能送至接触网。接触网沿钢轨上空架设，市域动车组升弓后便可从其取得电能，用以牵引列车。两相邻主变电所之间设有分区所。主变电所供电至分区所之间的接触网称为供电分区。由于两相邻主变电所供电分区的接触网电源相位不同，所以设有无电区用于市域动车组惰行通过。

牵引网主要由馈电线、接触网、轨道、回流线及其他设备等构成（见图 1-1-3）。馈电线是连接牵引变电所和接触网的导线。接触网沿线路露天敷设，通过和受电弓的滑动接触把电能输送给电力机车的供电设施，由接触线、承力索以及支持、悬挂和定位等装置组成。轨道是牵引电流的回流导线的支撑与导向。其他设备包括负馈线（回流线）、吸上线、正馈线、保护线、地线、供电线等。

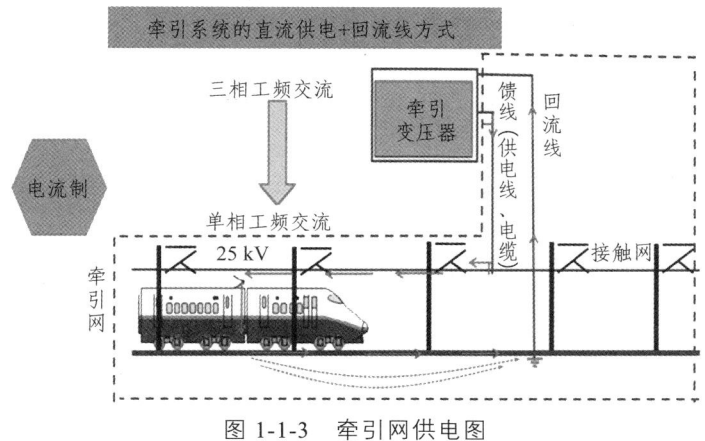

图 1-1-3　牵引网供电图

二、供电系统的基本要求

市域铁路列车和车站设备均是为乘客提供服务的设备，在运营过程中，一旦供电中断，受影响最大的是行车和车站两个部分。所以市域铁路供电系统，必须具有高度的可靠性。因此各变电站采用两路进线，每个进线电源的容量应满足变电所全部1、2级负荷的要求，两路电源应分列运行，互为备用，当一路电源发生故障时，可由另一路电源供电。

（一）优质供用电的特征

（1）供电电压具有稳定的标称频率、幅值和波形。
（2）保持三相电压和电流的平衡，保证电网最大传输效率。
（3）持续稳定和充足的电能供应。
（4）低廉的电价。
（5）对环境的不良影响较小。

（二）供电负荷分类

市域铁路内各用电设备对供电有不同的需求，为了满足各设备的用电要求，首先对供电负荷进行分类。

按用电设备的重要性，将供电负荷分为三级：
（1）一级负荷：必须采取两路电源供电，当任何一路电源失电后，应自动迅速切换至另一路电源。当两路电源都失电后，应投入蓄电池供电。
（2）二级负荷：必须采取两路电源供电，当任何一路电源失电后，应自动迅速切换至另一路电源。
（3）三级负荷：在非正常供电方式下可以切除。

思考题

1. 电力系统由哪几部分构成？
2. 优质的供用电应具有哪些特征？
3. 供电负荷分类的定义是什么？

评价表

项目名称	专业基础知识	学生姓名	
任务名称	电力系统概述	分数	
项目		分值	考核得分
1. 电力系统的构成		50	
2. 供电系统的基本要求		50	
教师简要评语：			
		教师签名：	

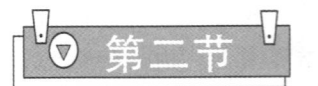
第二节　变配电系统

【学习目标】

（1）掌握市域铁路主变电所设备组成。
（2）掌握市域铁路车站变电所设备组成。
（3）掌握市域铁路分区所和开闭所设备组成。
（4）掌握市域铁路箱式变电所设备组成。

市域铁路供电专业分为变配电和接触网两个专业，两个专业独立又紧密联系，保证了市域线的运输服务用电及日常的生活、生产用电，电力调度员需掌握供电专业的基础知识，便于日后在遇到供电类故障时，对应急处置做出正确的决策。本节介绍变配电专业知识。

一、主变电所

主变电所采用牵引主变和电力主变共用 110 kV 进线电源方案设计。110 kV 进线采用两回独立电源，为提高供电可靠性和灵活性，110 kV 侧进线采用内桥接线。温州轨道交通 S1 线全线共设温州站主变电所和灵昆站主变电所两座主变电所（牵引和电力合建）。牵引变压器将 110 kV 降压为单相 27.5 kV 和 6 kV，6 kV 经同相供电装置升压为 27.5 kV，通过上网馈线向全线接触网供电。电力变压器将 110 kV 降压为 20 kV 交流电后，通过环网电缆向全线车站变电所供电。其工作原理如图 1-2-1 所示。

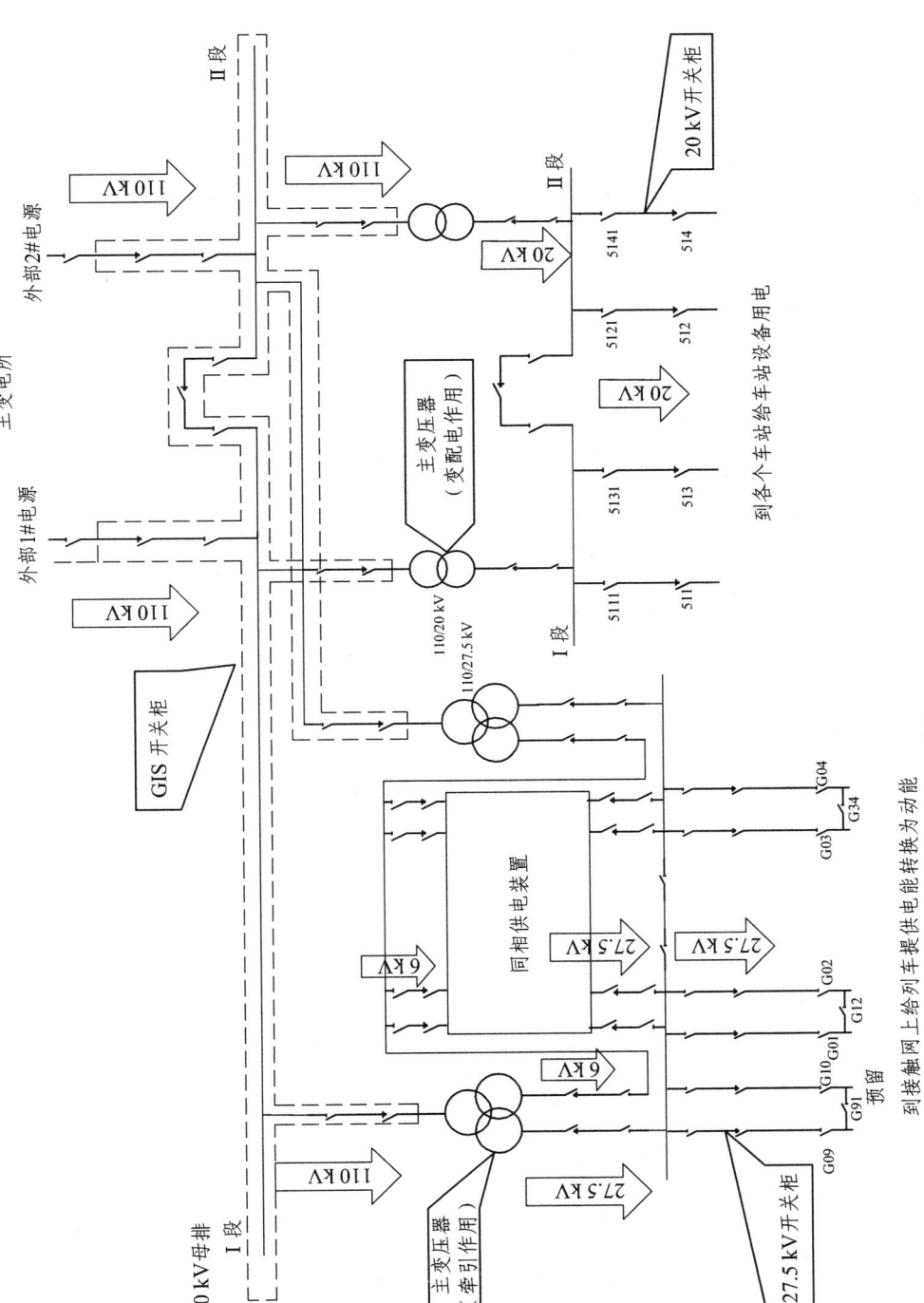

图 1-2-1 主变电所工作原理

下面介绍主变电所的主要设备。

（一）110 kV GIS 组合式开关柜

GIS 组合式开关柜是气体绝缘全封闭组合电器的简称，110 kV GIS 组合式开关柜是 110 kV 高压设备通、断电路的重要设备。主变电所两路 110 kV 进线设有 GIS 组合式开关柜，主要由断路器、隔离开关、接地刀闸、电流互感器、电压互感器、避雷器、母线、套管等设备组成，系户内高压成套电气设备（见图 1-2-2）。

图 1-2-2　GIS 开关柜

（二）主变压器

主变电所设有 4 台主变压器（见图 1-2-3），分别为 2 台牵引变压器和 2 台电力变压器。牵引变压器采用 SCOTT 变压器，将 110 kV 的交流电降压为 27.5 kV 交流电，采用一台运行一台备用的运行方式。电力变压器将 110 kV 的交流电降压为 20 kV 交流电，采用分列运行方式。

图 1-2-3　主变压器

主变压器选用油浸式自然冷却的变压器，当市网电压发生波动时，通过设置于主变压器的"有载调压开关"及时调整输出的电压。主要由变压器本体（铁心、线圈和绝缘材料）、套管、气体继电器、油箱、储油柜、分接开关、压力释放装置、散热器、吸湿器、油温度控制器等设备组成（见图1-2-4）。

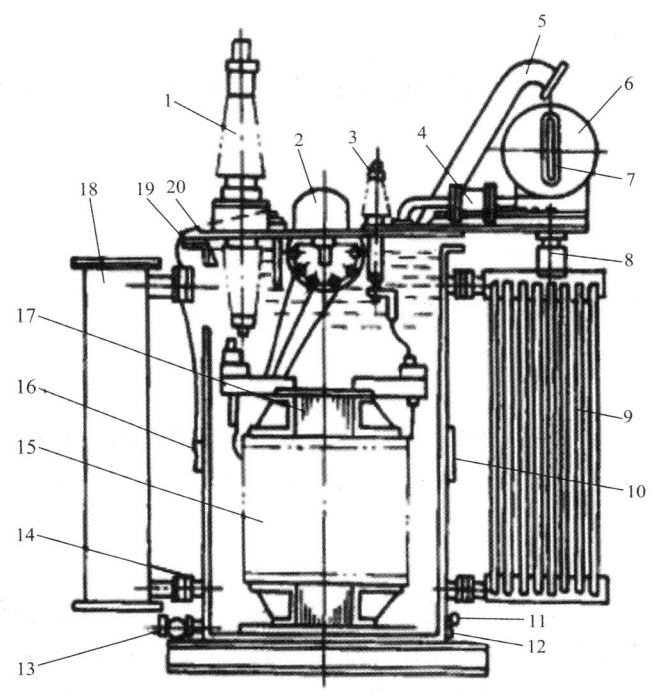

1—高压套管；2—分接开关；3—低压套管；4—气体继电器；5—安全气道（防爆管）；
6—储油柜（俗称油枕）；7—油表；8—吸湿器（俗称呼吸器）；9—散热器；
10—铭牌；11—接地螺栓；12—油样活门；13—放油阀门；14—活门；
15—绕组（线圈）；16—信号温度计；17—铁心；
18—净油器；19—邮箱；20—变压器油。

图 1-2-4 变压器结构

1. 铁心和绕组

变压器铁心是磁路部分，采用硅钢片叠制而成。变压器绕组是电路部分，一般采用绝缘纸包的铜线烧制而成。

2. 套　　管

变压器内部的高、低压引线是经绝缘套管引到油箱外部的，它起着固定引线和对地绝缘的作用。套管由带电部分和绝缘部分组成。

3. 气体继电器

气体继电器位于储油柜与箱盖的联管之间。在变压器内部发生故障（如绝缘击穿、匝间短路、铁心事故等）产生气体或油箱漏油等使油面降低时，接通信号或跳闸回路，保护变压器。

4. 油箱和储油柜

油箱是油浸式变压器的外壳，变压器的器身置于油箱内，箱内灌满变压器油，用于绝缘和冷却。储油柜位于变压器油箱上方，通过气体继电器与油箱相通。

5. 分接开关

分接开关的作用是调节电压，供给稳定的电压、控制电力潮流或调节负载电流。分为有载调压和无载调压。

6. 压力释放装置

当变压器内部发生严重故障，而气体继电器失灵时，油箱内部的气体便冲破防爆膜从安全气道喷出，保护变压器不受严重损害。

7. 散热器

散热器和箱体连接应为可拆卸的。对于冷却方式预留采用风冷的变压器，散热器应预留有油温度控制自动投切的吹风装置的条件（风扇电动机采用三相、50 Hz、380 V）。

8. 吸湿器

防止空气中的水分浸入油枕的油内，油枕是经过一个呼吸器（也称吸湿器）与外界空气连通的，呼吸器内盛有能吸收潮气的物质（通常为硅胶），硅胶被氯化钴浸渍过后称为变色硅胶，它在干燥状况下呈蓝色，吸收潮气后渐渐变为淡红色，显示硅胶已失去吸湿效能。

9. 油温度控制器

油温测量装置应配有户外式信号温度计，以满足油温报警、跳闸及冷却控制系统的需要。

（三）断路器

断路器是指能够关合、承载和开断正常回路条件下的电流并能在规定的时间内关合、承载和开断异常回路条件下的电流的开关装置。主变电所设有 110 kV/27.5 kV/20 kV 断路器。开关有分段开关、进线开关和出线开关 3 类。分段开关的作用是当某一段母线失电后，通过分段开关将另一段没有失电母线的电源提供给失电母线，恢复其所带负荷的供电。图 1-2-5 所示为 20 kV/27.5 kV 开关柜。

（四）隔离开关（也称闸刀）

闸刀也是开关设备的一种形式，负责接通或切断所接入的电路，完成设备的倒闸操作。其符号如图 1-2-6 所示。

图 1-2-5　20 kV/27.5 kV 开关柜

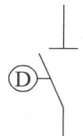

图 1-2-6　隔离开关符号

根据其作用可分为隔离闸刀和接地闸刀。隔离闸刀一般安装在设备的两端,与电源相连的一侧的隔离闸刀,能使设备与高压电源之间构成电气隔离,便于设备的安全检修。接地闸刀的作用是在检修时,保证检修设备可靠接地,保证检修人员和设备安全。

(五)互感器

互感器是电压、电流变换设备。供电系统中的高电压、大电流参数无法直接测量,供电设备的运行状态也无法直接从主回路上取得参数,互感器将高电压、大电流变成低电压和小电流,以供继电保护和电气测量使用。其功能主要体现在以下两个方面:

(1)电压/流互感器将一次侧的高电压、大电流变成二次侧标准的低电压(100 V)和小电流(5 A 或 1 A),用以分别向测量仪表、继电器的电压线圈和电流线圈供电,使二次电路正确反映一次系统的正常运行和故障情况。

(2)隔离高压和安全绝缘。采用互感器作为一次与二次电路之间的中间元件,既可避免一次电路的高电压直接引入仪表、继电器保护设备等二次设备,又可避免二次电路的故障影响一次侧电路,提高了两方面工作的安全性和可靠性,特别是保障了人身安全。

（六）避雷器

避雷器连接在线缆和大地之间（见图1-2-7），通常与被保护设备并联。避雷器可以有效地保护电力设备，一旦出现不正常电压，避雷器将发生动作，起到保护作用。当电力设备在正常工作电压下运行时，避雷器不会产生作用，对地面来说视为断路。一旦出现高电压，且危及被保护设备绝缘时，避雷器立即动作，将高电压冲击电流导向大地，从而限制电压幅值，保护电力设备绝缘。当过电压消失后，避雷器迅速恢复原状，使电力线路正常工作。

因此，避雷器的主要作用是通过并联放电间隙或非线性电阻的作用，对入侵流动波进行削幅，降低被保护设备所受过电压值，从而起到保护电力设备的作用。避雷器不仅可用来防护雷电产生的高电压，也可用来防护操作高电压。

图1-2-7　避雷器

（七）交、直流电源屏（见图1-2-8）

交流屏在变电所中的作用是把变压器提供的交流电源分配给各个负荷馈线，其提供的是交流电源。

直流屏是在市电正常情况下，把交流转换成直流给蓄电池充电，同时输出直流电源。当市电停电时，通过蓄电池放电提供电源，主要应用于变电站、开闭所、环网柜和箱式变电站等场所，为一次开关设备（真空断路器、真空接触器、负荷开关）以及二次控制保护和信号回路（如微机保护、远程控制单元RTU、负荷控制装置、指示灯、模拟指示器、智能仪表等）提供直流电源。

图1-2-8　交、直流屏

（八）自动监控设备

变电站自动监控设备用于对变电站电气设备的监测和控制，并能对变电站电气设备进行远程控制和数据采集。根据供电系统运行工况，自动切换电气设备和实施故障自动切除，为城市轨道交通供电系统的安全、高效运行提供保障。

二、车站变电所

车站、工作井和隧道出入口附近设置 20 kV/0.4 kV 室内变电所（见图 1-2-9），变电所两路 20 kV 电源均由两条 20 kV 电力贯通线环网供电（见图 1-2-10）。S1 线共设有 21 个 20 kV/0.4 kV 车站变电所、3 个 20 kV/0.4 kV 工作井变电所、2 个地下隧道变电所、2 个隧道箱式变电所。

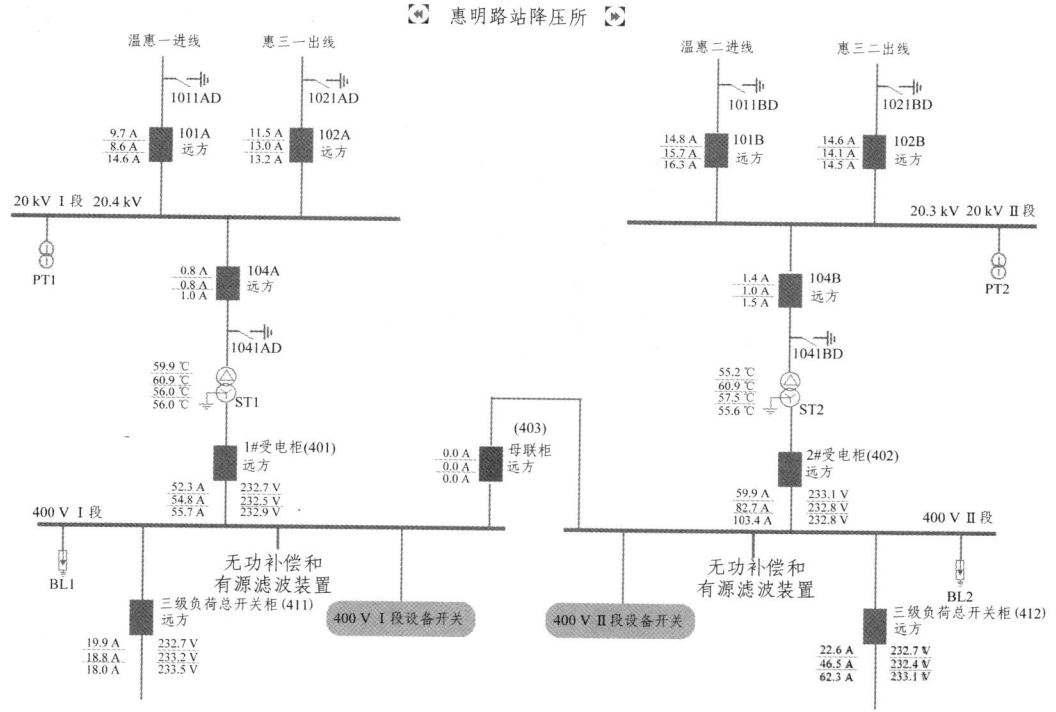

图 1-2-9　惠民路站变电所

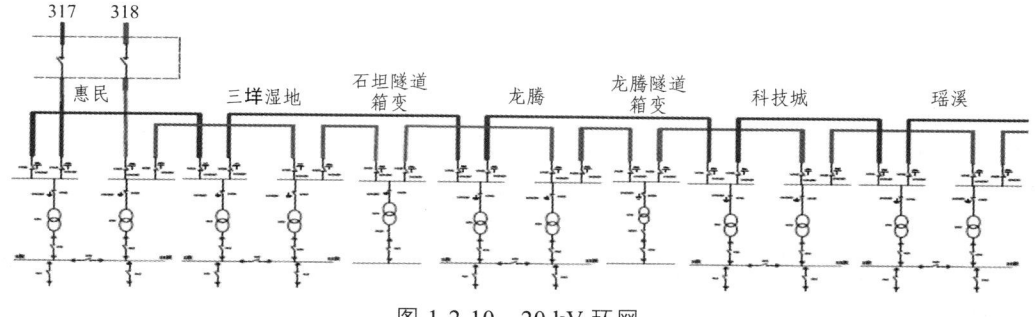

图 1-2-10　20 kV 环网

变电所0.4 kV低压侧采用单母线分段联络接线方式，进线开关（1DL、2DL）、母联开关（3DL）采用电气连锁。正常工作时，两台变压器同时运行，单母线分段。当其中一台变压器因故退出运行时，三级负荷总断路器通过SCADA（Supervisory Control And Data Acquisition，数据采集与监视控制）系统的远方手动方式进行分/合闸操作，母联开关（3DL）通过SCADA系统的远方手动方式进行分/合闸操作，由另一台变压器承担全所一级和二级负荷用电。高压环网柜、变电所1DL~3DL回路、智能监控通信管理机、交换机等重要监控回路的操作电源由UPS（不间断电源）供电，变电所其他非重要的馈出回路操作电源由变电所低压母线供电。

下面介绍车站变电所的主要设备。

（一）配电变压器

配电变压器选用环氧树脂浇注薄绝缘干式变压器（见图1-2-11），其绕组由铝箔绕制后，用环氧树脂浇注或浸渍而固化密封成一体，环氧树脂浇注薄绝缘干式变压器具有低损耗、低局放、防爆、难燃、环保无污染、免维护、抗短路能力强等特点。

图1-2-11　环氧树脂浇注薄绝缘干式变压器

（二）高压负荷开关柜

负荷开关是介于断路器和隔离开关之间的一种开关电器，具有简单的灭弧装置，能切断额定负荷电流和一定的过载电流，但不能切断短路电流。高压负荷开关柜未设置继电保护装置，但设有高压熔断保护。

（三）无功补偿和有源滤波装置

无功补偿装置是在供电系统中起提高电网功率因数的作用，可降低供电变压器及输送线路的损耗，提高供电效率，改善供电环境。

有源滤波装置可生成与电网谐波电流幅值相等、极性相反的补偿电流，并注入电网，可对谐波电流进行补偿或抵消，主动消除电力谐波。

低压动态无功有源滤波综合补偿装置是由复合开关投切电容器（TSC）和有源滤波器（APF）有机组合在一起的可快速、连续光滑调节电力系统无功功率并且可以进行有源滤波的新型综合补偿装置（见图1-2-12）。

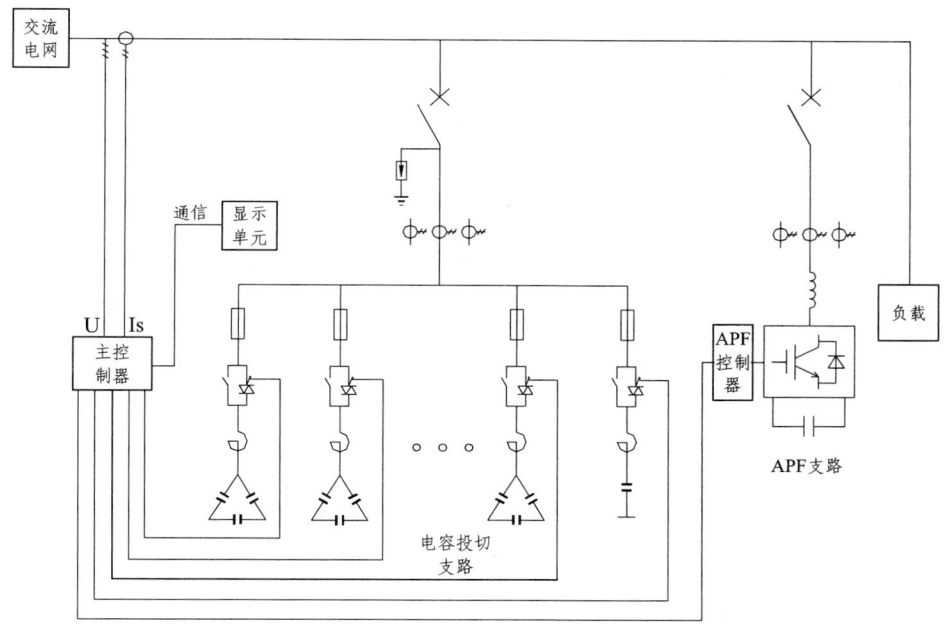

图 1-2-12　低压动态无功有源滤波综合补偿装置

三、分区所和开闭所

（一）分区所

1. 分区所的定义

交流电气化铁路为了增加供电的灵活性、提高运行的可靠性，在两个牵引变电所的供电区中间常加设分区所（见图 1-2-13）。

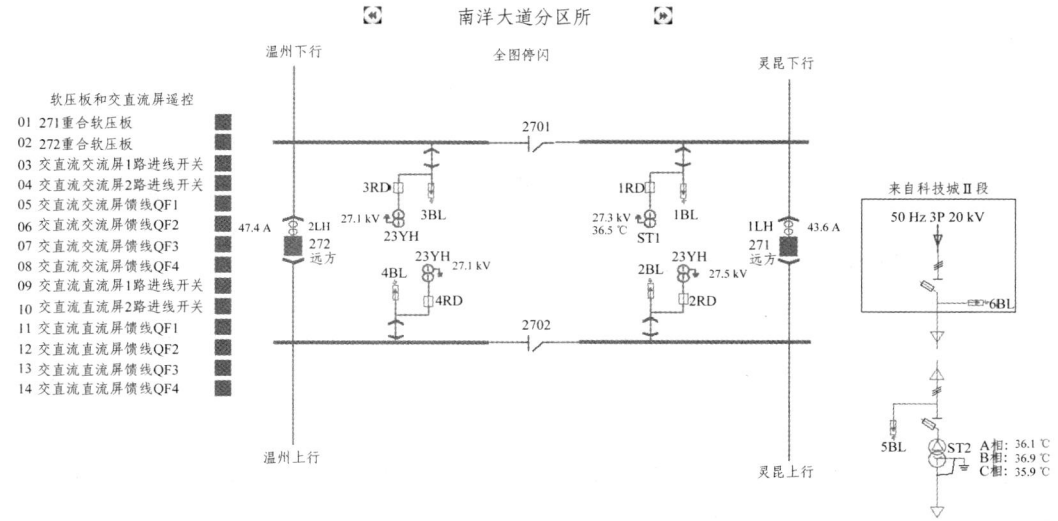

图 1-2-13　南洋大道分区所

2. 分区所的作用

（1）同一供电分区上、下行线路之间通过开关实现并联供电，提高供电臂末端接触网上的电压水平，均衡上下行供电分区电流，降低电能损耗（见图1-2-14）。

（2）不同供电分区分别设置电动隔离开关以实现越区供电（见图1-2-15）。

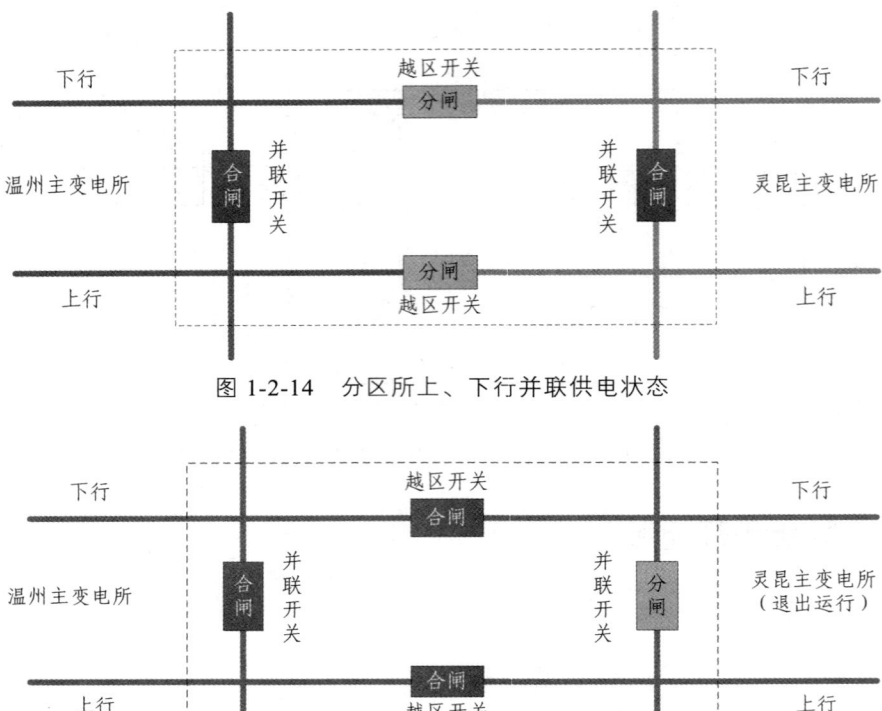

图1-2-14　分区所上、下行并联供电状态

图1-2-15　分区所越区供电状态

（二）开闭所

1. 定　义

开闭所是将高压电力分别向周围的几个用电单位供电的电力设施，位于电力系统中变电站的下一级。

一般在下面两种情况或系统中设置：

（1）离牵引变电所较远的铁路枢纽地区，由于站线多、接触网相对复杂；

（2）动车组作业繁忙，故障概率增大。

2. 作　用

为保证枢纽地区供电可靠性、缩小事故范围，一般将接触网横向分组及分区供电，由开闭所的多路馈线向接触网各分组和分区供电（见图1-2-16）。

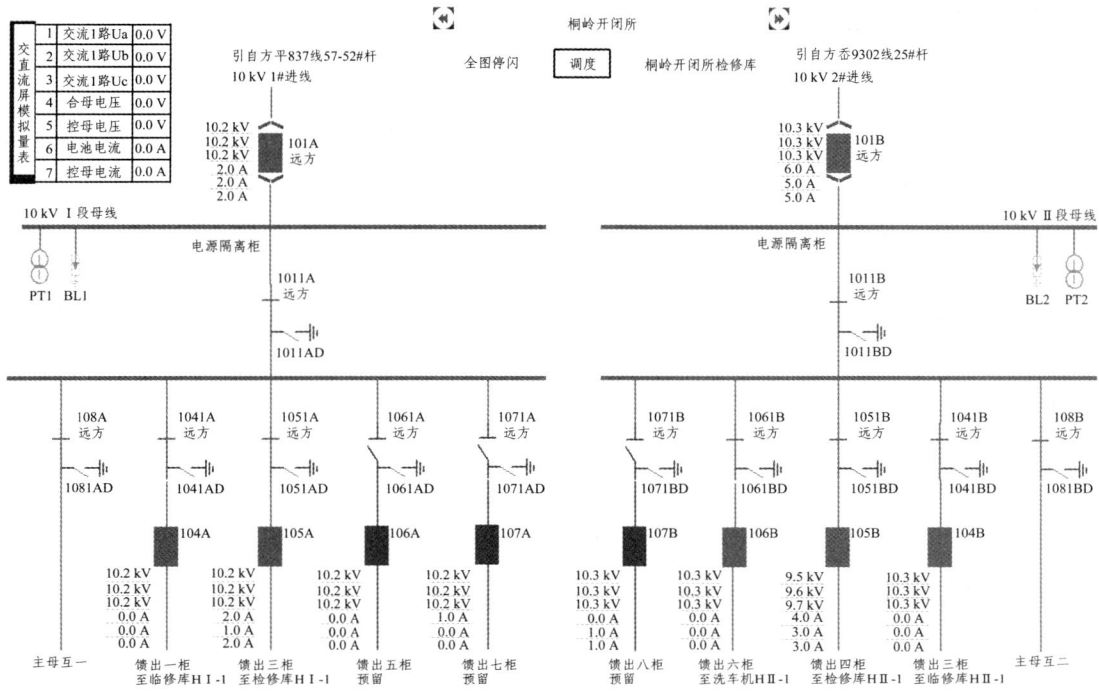

图 1-2-16　桐岭开闭所

（三）分区兼开闭所

分区兼开闭所同时具有分区所和开闭所作用，常设置在车辆段（见图 1-2-17）。

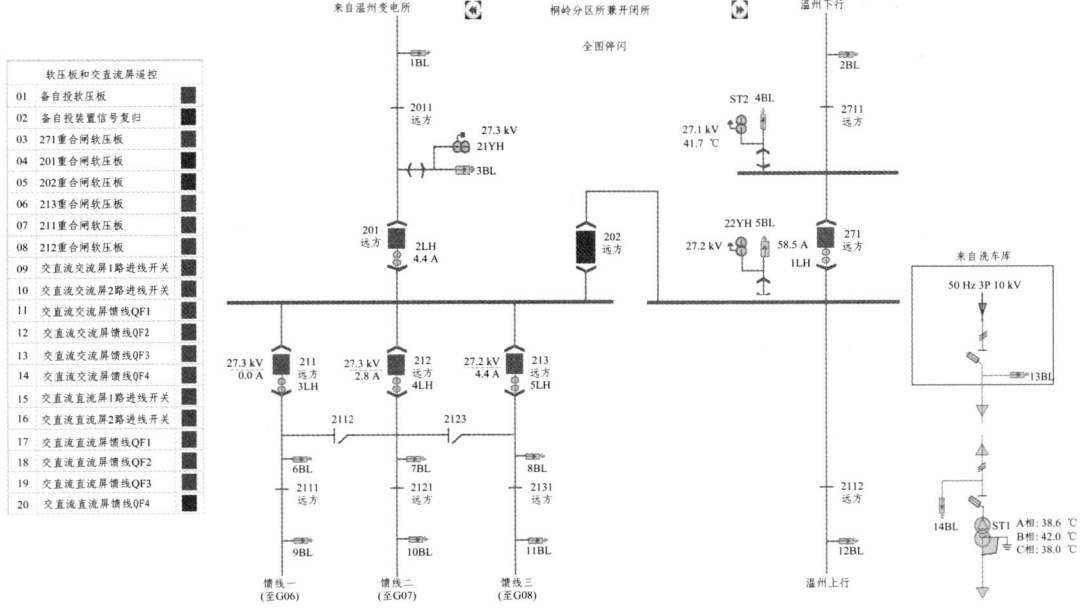

图 1-2-17　桐岭分区兼开闭所

四、箱式变电所

箱式变电所（简称箱变）是一种把高压开关设备配电变压器、低压开关设备、电能计量设备和无功补偿装置等按一定的接线方案组合在一个或几个箱体内的紧凑型成套配电装置（见图 1-2-18），作为线路和分配电能之用，具有成套性强、体积小、结构紧凑、安全可靠、维护方便、可移动等特点。与常规土建筑式变电站相比，同容量的箱式变电站占地面积通常仅为常规变电站的 1/10 ~ 1/5，大大减少了设计工作量、施工量及建筑费用。

27.5 kV 箱式分区所为户外交流封闭开关设备，由安装在全封闭金属开关柜内的户内手推车式真空断路器、隔离开关、电流互感器、电压互感器、自用电变压器、避雷器等组成，按无人值守设计。S1 线南洋大道分区所为箱式变电所。

图 1-2-18　箱式变电所

思考题

1. 主变电所有哪些重要设备？
2. 分区所和开闭所的作用是什么？
3. 无功补偿和有源滤波装置的作用是什么？
4. 箱式变电所由哪些设备组成？

评价表

项目名称	专业基础知识	学生姓名	
任务名称	电力系统概述	分数	
项目		分值	考核得分
1. 主变电所		25	
2. 车站变电所		25	
3. 分区所和开闭所		25	
4. 箱式变电所		25	
教师简要评语：			
		教师签名：	

第三节　接触网系统

【学习目标】

（1）掌握市域铁路接触网概念。
（2）掌握市域铁路柔性接触网设备结构。
（3）掌握市域铁路刚性接触网设备结构。

本节介绍接触网的专业知识，了解接触网系统构成。接触网是沿轨道上空或是轨道旁边架设的向列车供电的特殊形式输电线路。温州轨道交通 S1 线高架线路和车辆段线路采用柔性接触网系统，地下线路采用刚性接触网系统。

一、接触网概念

（一）接触网定义

接触网是电气化轨道交通所特有的、沿路轨架设的、为列车提供电能的特殊供电线路，是电气化轨道交通牵引供电系统的重要组成部分。

（二）接触网的作用

通过列车的受电弓和接触网的滑动接触，电能由接触网传入列车，驱动牵引电动机驱使列车运行。

（三）接触网的种类（见图 1-3-1）

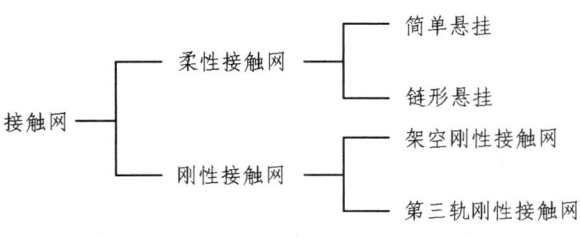

图 1-3-1　接触网种类

二、柔性接触网

柔性接触网系统是沿铁路上空架设的输电线路,柔性接触网系统弹性好、弓网接触良好、接触线受流质量高,并且不受空间、地理位置限制。常用于高架段及车辆段中。在柔性系统中,单个零件制造工艺简单,工艺性能稳定,相互协调性高,提高了整个系统的人车安全性、防火性等。

(一)柔性接触网组成

柔性接触网由支柱和基础、支持装置、定位装置、接触悬挂、附加导线等部件构成(见图 1-3-2)。

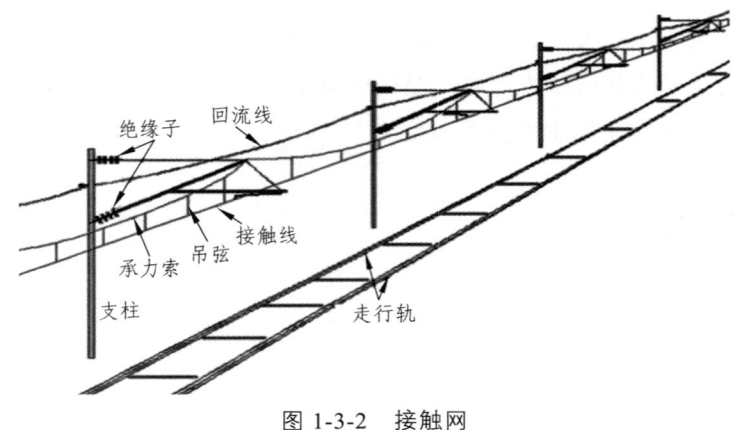

图 1-3-2 接触网

1. 支柱和基础

支柱是用来承受接触悬挂及支持装置负荷,并将其负荷传递给基础或大地,把接触悬挂固定在规定的高度上的接触网支撑设备。

支柱按用途可分为中间柱、转换柱、定位柱、道岔柱、中心柱和锚柱等。

2. 支持装置

支持装置的作用是支撑和固定接触悬挂,同时承受接触悬挂的重力和水平力。主要部分是腕臂(见图 1-3-3)。

3. 定位装置

定位装置的作用是确定接触线的水平距离,不脱离受电弓的接触且使受电弓滑板均匀磨耗。

定位装置主要由定位管、定位环、定位器和连接零件组成(见图 1-3-3)。

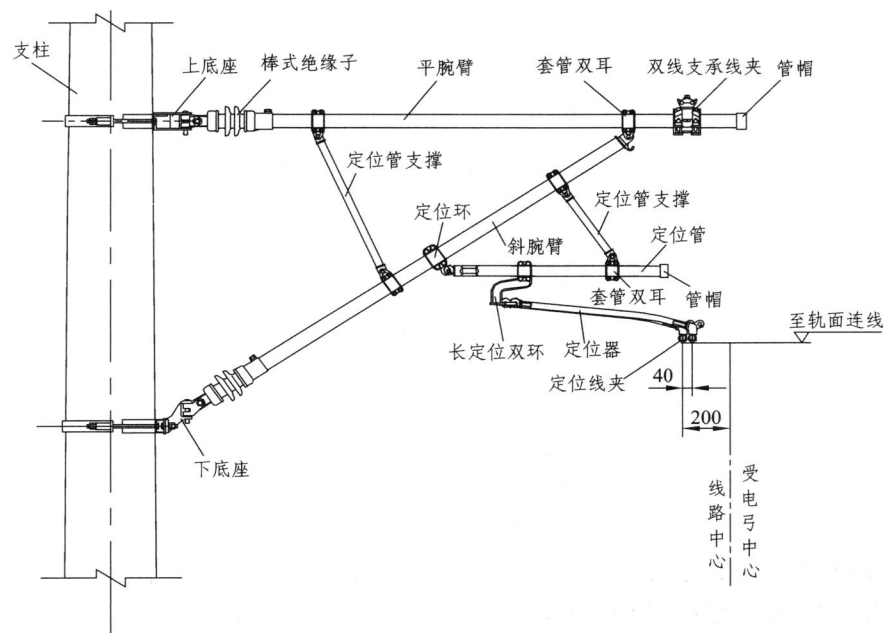

图 1-3-3　腕臂

4. 接触悬挂

接触悬挂的作用是通过与受电弓接触将电能输送给电动车组，从而获取驱动动力源。主要由承力索、接触线和吊弦组成（见图 1-3-3）。

（1）承力索：作用是通过吊弦承受接触线的重量，导通电流，与接触线并联供电，同时保证接触线对轨面相对高度。

（2）接触线：作用是在各种复杂环境中，安全良好地向电力动车组输送电流。

（3）吊弦：作用是把接触线悬吊在承力索上，并确定接触线高度，改善受流质量，同时起到承力索与接触线间导通电流的作用。

（4）锚段及锚段关节：接触网分成若干长度一定且机械、电气上相互独立的分段，称为锚段（见图 1-3-4）。两个锚段相互衔接的部分称为锚段关节（见图 1-3-5）。它们的作用是当电动车组通过时，使受电弓能够平滑地、顺利地、安全地由一个锚段过渡到另一个锚段。

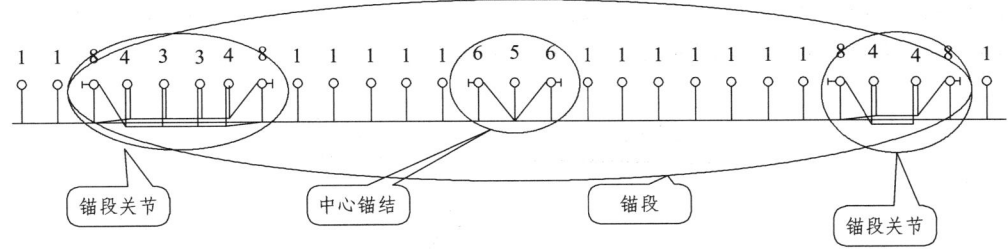

1—单腕臂柱，中间柱；3、4—双腕臂柱；5—中心锚结柱；6—中心锚结下锚柱；
7—中心柱（图中未标出，跨锚段关节时出现）；8—补偿下锚柱。

图 1-3-4　锚段

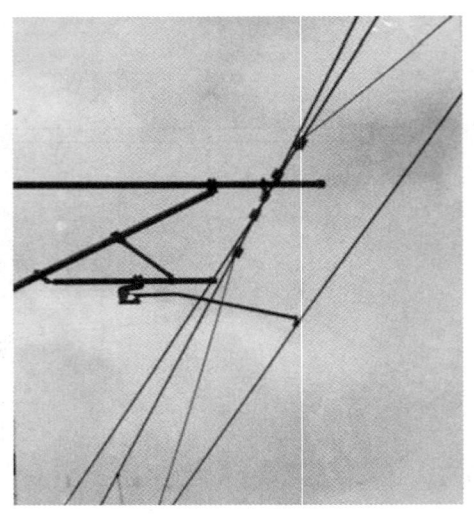

图 1-3-5　中心锚结

（5）补偿装置（坠砣）：补偿装置由补偿器和补偿制动装置组成，作用是通过温度变化使线索沿线路纵向移动，保持接触悬挂良好的工作状态（见图 1-3-6）。

图 1-3-6　坠砣

5. 线　岔

线岔的作用是保证受电弓由一条股道上空的接触线平滑、安全地过渡到另一条股道上空的接触线上，从而完成转换线路的运行目的（见图 1-3-7）。

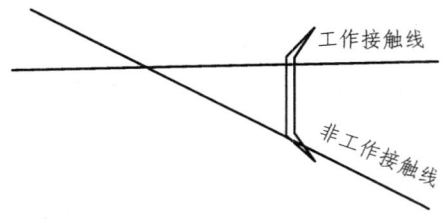

图 1-3-7　线岔

6. 接地保护及回流装置

正线架设贯通的回流线,作为钢轨回流的并联通道,工作接地兼安全接地。地线也叫保护线,确保接触网在短路异常情况下,及时将泄漏电流流回牵引所,使保护装置动作,切断电源。

(1)回流线与支柱不绝缘架设,回流线兼作安全接地。回流线每隔1200~1500 m(根据各区段短路电流和轨道结构等计算)上/下行并联一次接钢轨。

(2)变电所、分区所、开闭所处、上/下行钢轨、架空回流线均通过回流电缆回流至所内集中回流箱。

7. 隔离开关

隔离开关的作用是实现对电分段和线路的控制,满足检修和其他作业停电的要求(见图1-3-8)。

图1-3-8　隔离开关

8. 分段绝缘器

分段绝缘器适用于空间狭小的地下隧道,列车低速运行区段、渡线及折返线与正线电气隔离处,车辆段各供电分段结合处,需要形成特定无电区处。分段绝缘器的构成如图1-3-9所示。

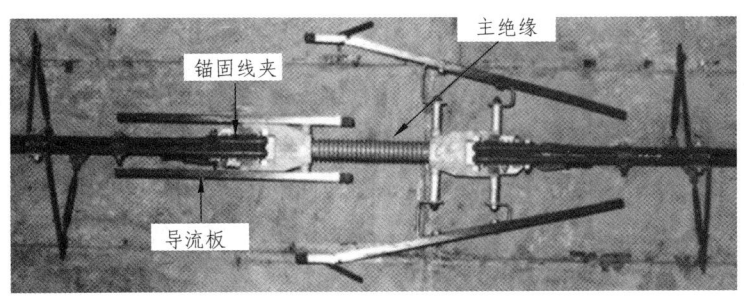

图1-3-9　分段绝缘器

9. 防雷保护

温州地区雷害活动频繁，属高雷区。接触网主要防雷措施如下：

（1）在接触网分相、电分段、隧道口两端、上网点等重点保护部位加装氧化锌避雷器进行防雷。

（2）隧道外（除车站外）架设避雷线。避雷线需每隔 300 m 采用双引下绝缘铜电缆接地。

（3）在 S1 线灵昆特大桥跨瓯江南口处，由于受机场净空限制，架设避雷线困难，每个锚段关节设置 1 处避雷器。

三、刚性接触网

刚性悬挂接触网是将接触导线夹装在汇流排上的一种悬挂方式，依靠汇流排自身的刚性使得接触导线保持在同一安装高度，从而取消链形悬挂承力索而使接触悬挂系统具备最小的结构高度，最大限度利用有限的悬挂空间。刚性悬挂系统中接触导线及汇流排不受张力作用，与柔性接触悬挂系统相比，绝无断线的可能。

（一）刚性接触网的种类

刚性接触网分为接触网第三轨式（见图 1-3-10）和汇流排式（见图 1-3-11）。S1 线采用的是汇流排式刚性接触网。

图 1-3-10　接触轨式

图 1-3-11　汇流排式

汇流排采用 150 mm² 的铜合金接触线，接触导线通过特殊的机械镶嵌于 Π 型汇流排上，与汇流排一起组成接触悬挂。其作用是夹持、固定接触线，承载和传输电能。

汇流排接触网由固定锚栓、绝缘组件、汇流排、接触线、悬吊槽钢、架空地线等部件构成（见图 1-3-12）。其中绝缘子的作用是保持接触悬挂对地的电气绝缘，由于绝缘子是串接在支持装置或接触悬挂中，所以绝缘子应具备承受一定机械负荷的能力（见图 1-3-13）。

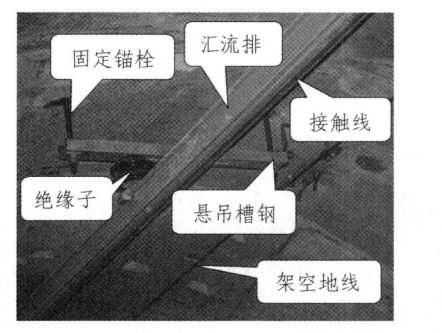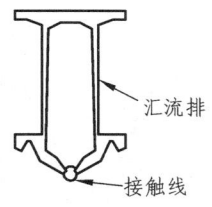

图 1-3-12　汇流排接触网

图 1-3-13　绝缘子

（二）刚性接触网的悬挂形式

刚性接触网的几种悬挂形式如图 1-3-14 所示。

图 1-3-14　刚性接触网的几种悬挂形式

整个锚段布置成正弦波的形状，一个锚段形成半个正弦波，各悬挂点与受电弓中心的距离一般不大于 300 mm，特殊区段除外。刚性接触网悬挂线路布设形式俯视图如图 1-3-15 所示。

图 1-3-15　刚性接触网悬挂线路布设形式俯视图

(三）刚性接触网的分段

刚性接触网系统类似柔性接触网系统,通过分段绝缘器这一特殊装置和绝缘锚段关节（见图 1-3-16）这一特殊结构形式实现接触网系统的电分段。

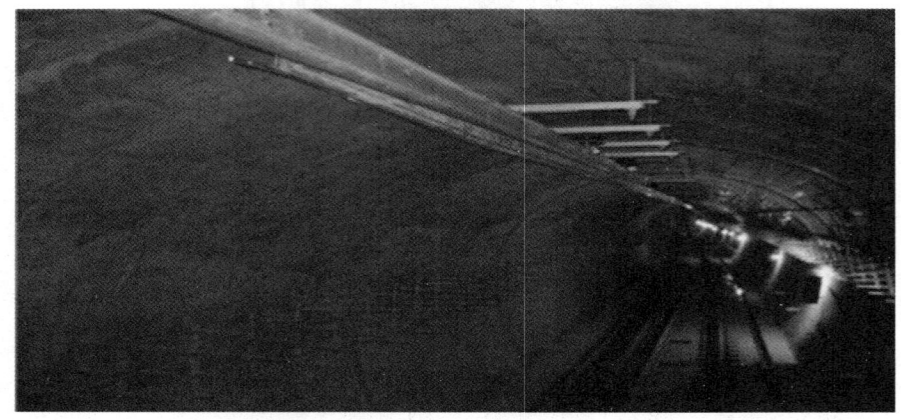

图 1-3-16　绝缘锚段关节

刚性接触网分段绝缘器（见图 1-3-17）是在接触网设备中实现接触线电气断开，但又不影响受电弓与接触线正常滑行的重要电气设备。

图 1-3-17　分段绝缘器

上下行正线接触网分别设置贯通的架空地线，架空地线引至牵引变电所的接地母排上。各金属底座、腕臂底座等均连接至架空地线上。

思考题

1. 接触网有几种悬挂方式？
2. 接触网有哪些种类？
3. 腕臂由哪些设备组成？

4. 汇流排式刚性接触网由哪些部件组成？
5. 刚性与柔性接触网有何特点与区别？

评价表

项目名称	专业基础知识		学生姓名	
任务名称	接触网系统		分数	
项目			分值	考核得分
1. 接触网概念			20	
2. 柔性接触网			40	
3. 刚性接触网			40	
教师简要评语：				
			教师签名：	

第四节 继电保护装置

【学习目标】

（1）掌握继电保护的概念、作用及原理。
（2）掌握市域铁路继电保护配置及动作原理。

继电保护装置是供电系统的重要组成部分，用于供电系统故障预警或故障跳闸，从而保护人员和设备的安全。本节介绍继电保护的作用和原理，以及市域铁路供电系统继电保护的作用、工作原理和要求。

一、继电保护

（一）继电保护的概念

电气设备在运行过程中，有时会出现不正常或故障状态。当电力系统本身发生了故障危及电力系统安全运行时，能够向运行值班人员及时发出警告信号，或者直接向所控制的断路器发出跳闸命令以终止这些事件发展的一种自动化措施和设备，一般通称为继电保护装置。

不正常的工作状态是指电力系统中电器元件的正常工作遭到破坏，但没有发生故障的运行状态，如过负荷、过电压、频率降低、系统震荡等。

故障状态包括各类型的短路，如三相短路、两相短路、单向接地短路等。

（二）继电保护的任务

当电力系统运行中出现不正常运行状态时，保护装置能自动发出报警信号，运行人员可迅速处理，在无人值班的变电所，保护可作用于减负荷或者跳闸，避免事故发生。

当电气设备发生短路故障时，能自动、迅速、有选择地将故障设备从电力系统切除，将事故限制在最小范围内。

（三）继电保护的基本要求

1. 选择性

选择性指当电力系统中的设备或线路发生短路时，继电保护仅将故障的设备或线路从电力系统中切除，保证其余部分仍能正常运行。

在要求保护动作有选择性的同时，还必须考虑保护或断路器有拒动的可能性，即当故障设备或线路的保护或断路器拒动时，应由相邻设备或线路的保护将故障切除。

2. 速动性

速动性指故障发生后，继电保护装置应能尽快地动作切除故障，以减少设备及用户在大电流、低电压状态下的运行时间，降低设备的损坏程度，提高系统并列运行的稳定性。速动性要求动作迅速又能满足选择性要求。

3. 灵敏性

灵敏性指在保护范围内出现故障或不正常工作状态时，保护装置具备正确识别故障的能力。继电保护装置的灵敏性以灵敏系数来衡量。

4. 可靠性

可靠性指继电保护装置在其所规定的保护范围内发生故障或不正常工作时，一定要准确动作，即不能拒动；在发生不属其保护范围内的故障或不正常工作时，一定不要动作，即不能误动。

以上4个基本要求是设计、配置和维护继电保护的依据，又是分析评价继电保护的基础。这四个基本要求之间是相互联系的，但往往又存在着矛盾。因此，在实际工作中需要根据电网的结构和用户的性质辩证地进行统一。

(四)继电保护的基本原理及装置构成

1. 继电保护的基本原理

电力系统发生故障时会引起电流的增加、电压的降低,以及电流与电压间相位的变化。因此,电力系统中所采用的各种继电保护大多数是利用故障时物理量与正常运行时物理量的差别来构成的。利用故障时电气量的变化,便可构成各种原理的继电保护。根据电流的增大,可构成过流保护;根据电压的降低,可构成电压保护;根据电流与电压之间相位角的变化,可构成功率方向保护;根据电压与电流比值的变化,可构成距离保护;根据被保护元件两端电流相位和大小的变化,可构成差动保护;根据不对称短路故障时出现的电流、电压序分量,可构成零序电流保护、负序电流保护。

2. 继电保护装置的构成

无论根据哪种原理构成的继电保护,其组成主要包括3个部分:测量部分、逻辑部分和执行部分(见图1-4-1)。

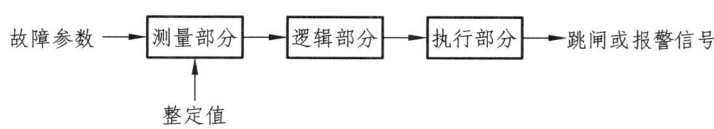

图1-4-1 继电保护原理

1)测量部分

测量从被保护对象输入的有关电气量,并与给的整定值进行比较,根据比较的结果,给出逻辑信号,从而判断保护是否应该启动。

2)逻辑部分

根据测量部分各输出量的大小、性质、输出的逻辑状态出现的顺序或他们的组合,使保护装置按一定的逻辑关系工作,最后确定是否应该使断路器跳闸或发出信号,并将有关命令传给执行部分。

3)执行部分

根据逻辑部分输出的信号,执行跳闸或发出信号等动作命令。

(五)继电保护的分类

继电保护可按以下三种方式分类。

1. 按被保护对象分类

有主保护和后备保护。

(1)主保护是指满足系统稳定和设备安全要求,能以最快的速度有选择地切除被保护元件故障的保护。

（2）后备保护是指当主保护或断路器拒动时用来切除故障的保护。分为近后备保护和远后备保护。

① 近后备保护是当主保护拒动时，由本电力设备或线路的另一套保护来实现的后备保护。例如，主变差动保护是变压器的主保护，高低压侧的过流保护就是近后备。

② 远后备保护是当主保护或断路器拒动时，由相邻电力设备或线路的保护来实现的后备保护。例如，过流保护二段、线路断路器失灵启动母差保护等。

2. 按保护功能分类

有短路故障保护和异常运行保护。前者又可分为主保护、后备保护和辅助保护；后者又可分为过负荷保护、失磁保护、失步保护、低频保护、非全相运行保护等。

3. 按保护动作原理分类

有过电流保护、低电压保护、过电压保护、功率方向保护、距离保护、差动保护、纵联保护、瓦斯保护等。

（六）继电保护用电流互感器

电流互感器保护用电流互感器是将电力系统的一次大电流按照一定变比变换成二次较小电流，供给测量表计和继电器，同时还可以使二次设备与一次高压隔离，保证人身与设备安全。

电流互感器常采用三相星形接线，三相均安装电流互感器，各相流变二次绕组和电流继电器的线圈串联，形成星形连接（见图1-4-2）。

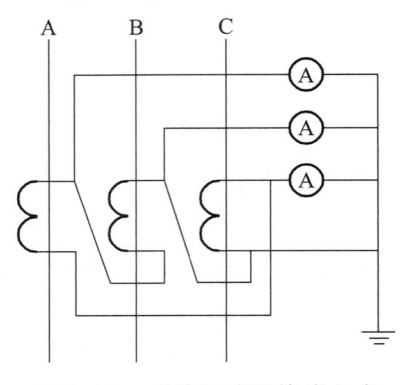

图1-4-2　电流互感器接线方式

二、变电所继电保护及动作原理

（一）失压保护

失压保护就是当电源停电或者由于某种原因电源电压降低过多（欠压）且达到整定值时，保护装置动作自动切除设备电源。

主变电所110 kV进线开关和20 kV馈出开关常设有失压保护。

（二）差动保护

差动保护是指把被保护的电气设备看成一个节点，那么正常时流进被保护设备的电流和流出的电流相等，差动电流等于零。当设备出现故障时，流进被保护设备的电流和流出的电流不相等，差动电流大于零。当差动电流大于差动保护装置的整定值时保护出口动作，将被保护设备的各侧断路器跳开，使故障设备断开电源（见图1-4-3）。

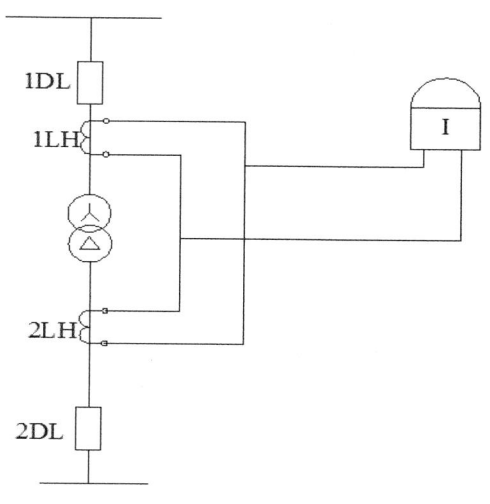

LH—电流互感器；DL—断路器。
图1-4-3 差动保护原理

主变电所110 kV母线和主变压器常设有差动保护。

变压器差动保护是按照循环电流原理构成的，图为差动保护的原理接线图。在变压器两侧装设电流互感器，当两侧电流互感器的同极性端子在同一方向时，差动继电器的工作线圈并联在电流互感器的二次端子上。由于变压器高压侧和低压侧的额定电流不同，必须适当选择两侧电流互感器的变化，使得在正常工作时和外部故障时两侧的二次电流相等，流过差动继电器线圈的电流在理论上等于零。

（三）过电流保护

过电流保护是一种最基本的电流保护，用来反应短路故障和严重的过载故障。保护对象包括线路、发电机、变压器和负载。

过电流保护是指当流过被保护原件中的电流超过预先整定的某个数值时，保护装置启动，并用时限保证动作的选择性，使断路器跳闸或给出报警信号。为保证被保护线路通过最大负荷时不误动作，其动作电流应大于最大负荷电流。

（四）过负荷保护

过负荷保护指被保护区出现超过规定的负荷时，经过较长的延时后会发出信号，断开电流回路，起到保护有效负载的作用。

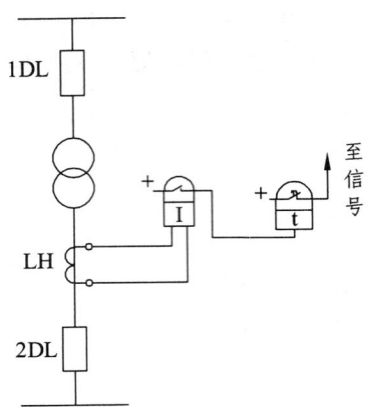

LH—电流互感器；DL—断路器。

图 1-4-4　过负荷保护原理

（五）电流速断保护

电流速断保护多用作线路或电气设备的主保护，当电流增大时瞬间动作，动作时间较短。电流速断保护的优点是接线简单、动作迅速。

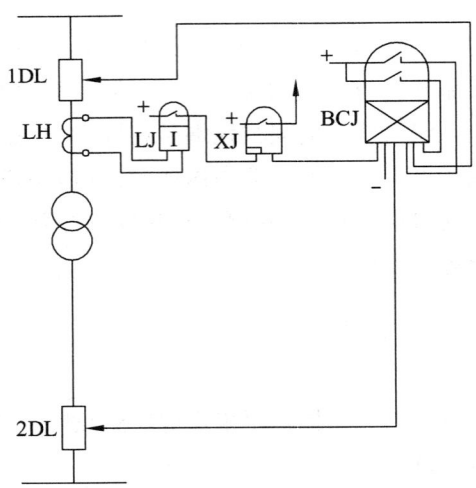

LH—电流互感器；DL—断路器；LJ—电流继电器；XJ—信号继电器；BCJ—保护出口继电器。

图 1-4-5　电流速断保护原理图

（六）阻抗保护

阻抗保护是指用电压与电流的比值（即阻抗）构成的继电保护。阻抗元件的阻抗值是接入该元件的电压与电流的比值：$U/I=Z$，也就是短路点至保护安装处的阻抗值。因线路的阻抗值与距离成正比，所以叫距离保护或阻抗保护。

阻抗保护应用于主所馈线开关和分区所并联开关。

（七）非电量保护

非电量保护是指由非电气量反映的故障动作或发信的保护，一般是指保护的判据不是电量（电流、电压、频率、阻抗等），而是非电量，如瓦斯保护、温度保护等。

1. 瓦斯保护

瓦斯保护是反应变压器油箱内部气体的数量和流动的速度而动作的保护，保护变压器油箱内部各种短路故障，特别是对绕组的相间和匝间短路。由于短路点电弧的作用，将使变压器和其他绝缘材料分解，产生气体。气体从油箱经连通管流向油枕，利用气体数量及流速构成瓦斯保护。

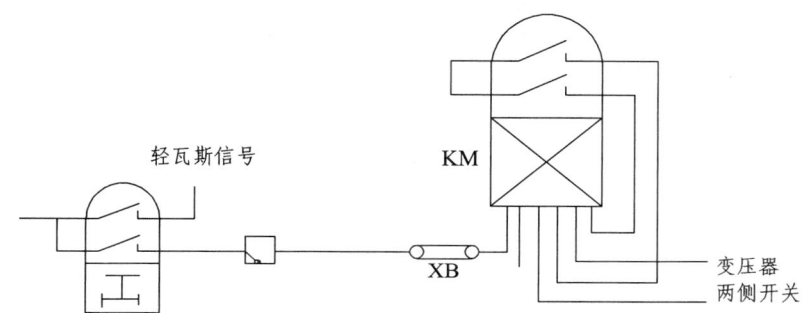

KM—中间继电器；XB—切换片。

图1-4-6 瓦斯保护原理图

图1-4-6中，上面的触点表示"轻瓦斯保护"，动作后经延时发出报警信号；下面的触点表示"瓦斯保护"，动作后启动变压器保护的总出口继电器，使断路器跳闸。

瓦斯保护的缺点是不能反映外部故障（套管和引出线），优点是灵敏度高、结构简单，并能反映变压器油面内部各种类型的故障。

2. PT断线保护

PT断线保护主要是其保护装置的保护熔断器故障，原因主要是二次侧过载、绝缘下降或短路，引起保护装置的电压采样严重畸变，造成保护装置误动或拒动。

3. 备自投装置

备自投装置是指以牵引变压器为例，当运行变压器的进线失压跳闸时且无其他故障信号，另一台热备用变压器就会自动投入使用。

常见的备自投装置有进线备自投、变压器备自投和低压母线分段备自投。

4. 自动重合闸

自动重合闸是线路发生故障时保护动作使断路器自动跳闸后，在瞬时性故障消除后使线路重新投入运行，从而在最短的时间内恢复整个系统的正常运行状态。如故障是持续性的，则断路器再次被跳闸，不再重合。按重合次数，分一次重合闸和多次重合闸。

自动重合闸作用是当暂时故障时提高供电可靠性。纠正继电保护选择性不足，造成误动跳闸。

5．温度保护

温度保护通过测温装置保护变压器正常工作，温度保护分超温报警和跳闸。

（八）400 V 低压继电保护配置及动作原理

（1）20 kV/0.4 kV 变电所 2 路低压进线开关、母联断路器和三级负荷总开关设置长延时保护、短延时保护、速断保护和失压保护。

① 速断保护是主保护，动作电流按额定值 10 倍整定，时限整定值为 0 s。

② 长延时保护是过载保护，是异常运行保护也是主保护的后备保护，动作电流按额定电流整定。

③ 短延时保护是短路保护，是主保护的后备保护，动作电流按额定值 4 倍整定。

（2）低压馈出回路短路器设定长延时保护和速断保护。

思考题

1. 继电保护的基本要求是什么？
2. 继电保护按动作原理分为哪几种？
3. 继电保护的基本原理是什么？
4. 差动保护的原理是什么？

评价表

项目名称	专业基础知识	学生姓名	
任务名称	继电保护配置	分数	
项目		分值	考核得分
1．继电保护的基本要求		25	
2．温州牵引变压器的继电保护种类		25	
3．差动保护动作原理		25	
4．继电保护的基本原理		25	
教师简要评语： 教师签名：			

第五节 电力监控和数据采集系统

【学习目标】

掌握市域铁路电力监控和数据采集系统的基本操作、查看参数和调度操作。

电力监控和数据采集系统简称 SCADA 系统，可以对市域铁路供电系统进行监控和调度操作，完成遥控、遥测、遥信、遥调、遥视，保护及调度管理，辅助完成事故分析及处理等功能，具有信息完整直观，有助于调度人员正确掌握系统运行状态，加快决策，快速诊断出系统故障状态，提高管理效率的特点。

一、基本操作

（一）登录操作

打开 da_sys.exe（系统平台），启动系统进程，打开桌面上的"hmi.exe"（见图 1-5-1）。

图 1-5-1　启动图标

输入用户名和密码，登录 hmi 界面，如未设置登录密码，直接登录即可（见图 1-5-2）。

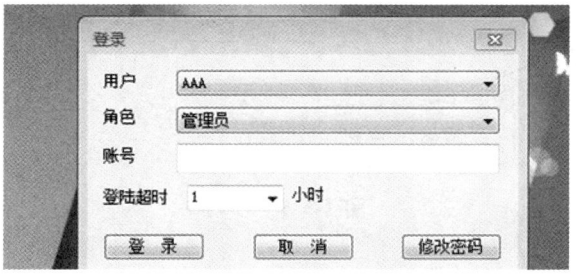

图 1-5-2　登录界面

（二）注销操作

单击鼠标右键，选择"注销"，或者点击菜单栏上的注销图标。在操作完成后选择注销，可以防止别人在未经授权的情况下擅自进行调度操作。其他人员要操作，必须首先选择"登录"进行身份验证。

（三）退　出

点击"退出"按钮，弹出人机界面退出对话框，点击"是"确认退出 hmi 界面（见图 1-5-3）。

图 1-5-3　退出

（四）消　音

在窗口上方的工具条中选择"消音"按钮即可（见图 1-5-4）。

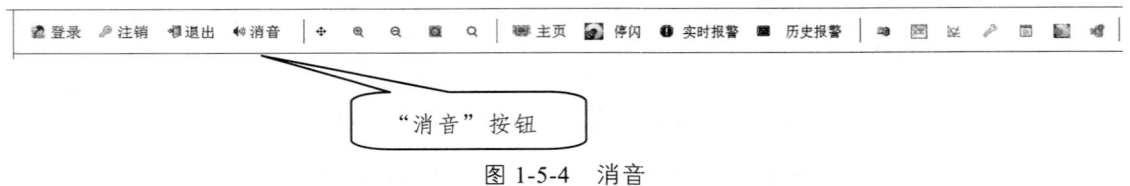

图 1-5-4　消音

报警产生声音后，点击"消音"，报警声音消失。

（五）移　动

当前所显示的图形可以向 x-y 坐标内任意方向移动。要移动图形，点击图 1-5-5 中的移动按钮，图形就可向鼠标移动方向偏移。

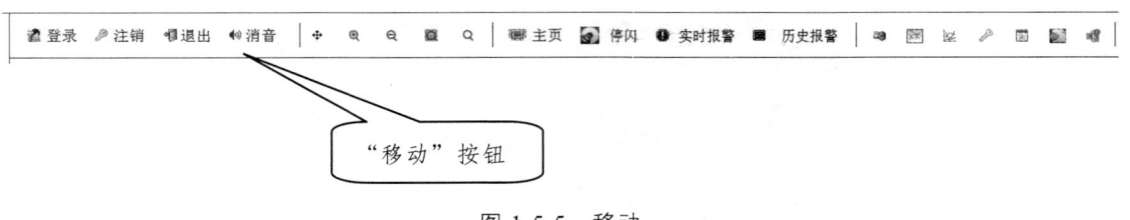

图 1-5-5　移动

（六）放大与缩小

点击放大按钮，画面就会放大，点击缩小按钮，画面即缩小（见图 1-5-6），也可以通到鼠标滚轮实现此功能，滚轮向前为放大，滚轮向后为缩小。

图 1-5-6　放大与缩小

（七）局部放大

点击局部放大按钮（见图 1-5-7），在窗口中用鼠标选中所要放大的区域，放开后选择的区域图形画面就会放大。

图 1-5-7　局部放大

（八）还　原

选择工具条中的"还原"按钮（见图 1-5-8）。当显示的图形小于屏幕区域时，可以在窗口上方的工具条中选择还原功能，使图形正好显示在屏幕范围内。默认情况下，图形画面自动设置到匹配屏幕大小。

图 1-5-8　还原

（九）主　页

选择工具条中的"主页"按钮（见图 1-5-9）。人机界面会切回初始的设置界面。

图 1-5-9　回到主页

（十）停　闪

选择工具条中的"停闪"按钮，会弹出相应的停闪"选择组"框界面。选择需要停闪的站点，点击"确定"即可停闪当前站点设备。

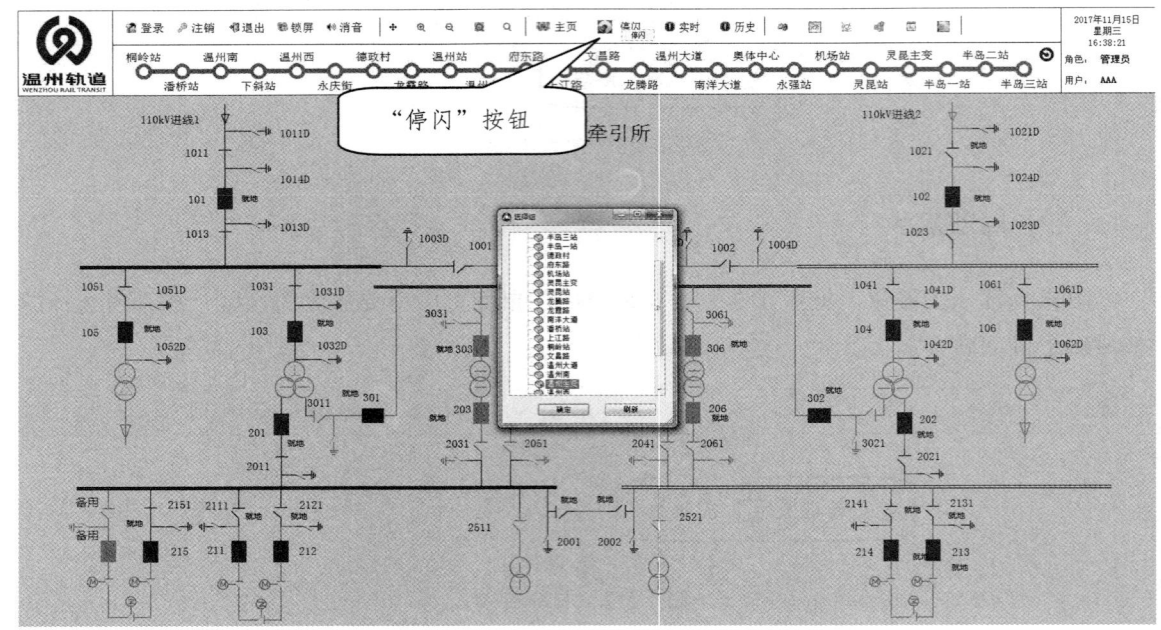

图 1-5-10　停闪

（十一）用户权限配置

点击用户配置按钮（见图 1-5-11），出现用户配置界面。

在此界面中，可以进行添加或者删除用户，修改用户权限等操作，修改完成后，点击保存，重启系统后修改生效。

图 1-5-11　用户权限配置

（十二）趋势图

点击趋势图按钮（见图 1-5-12），弹出趋势图操作界面（见图 1-5-13）。

图 1-5-12　"趋势"按钮

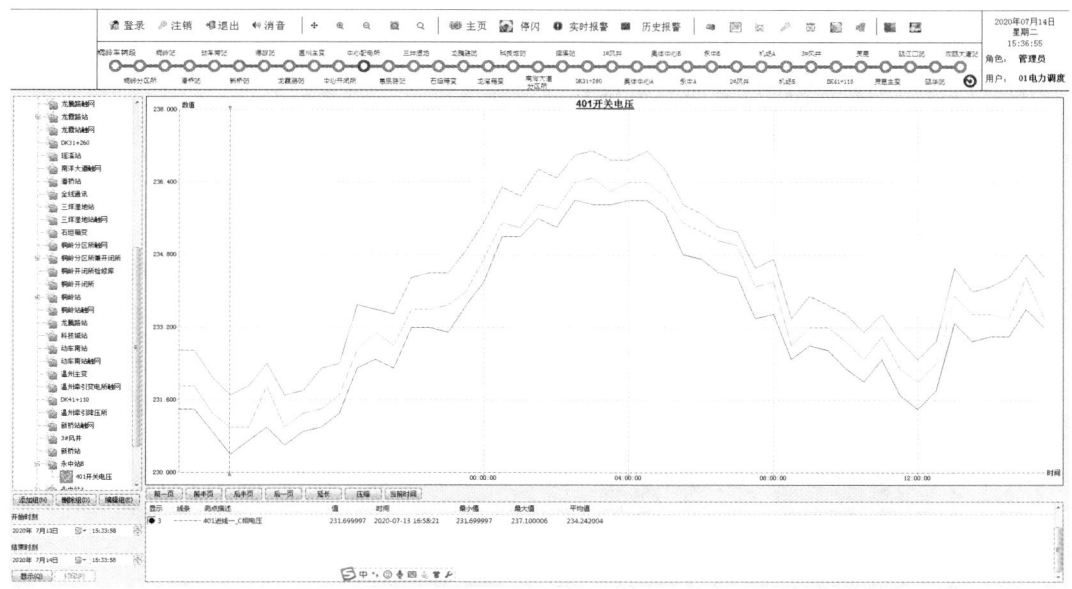

图 1-5-13 趋势图

在此界面中添加测点组设备与所需遥测参数，再点击"显示"，即可显示出一段时间内的遥测变化趋势图，编辑的组别可以保存，方便下次图形查询。

二、参数查询

（一）属性参数查询

在打开的 hmi 界面内，用右键点击设备，出现下拉菜单栏，选择设备属性参数，弹出设备参数界面，可以查询该设备的各种属性参数状态（见图 1-5-14）。

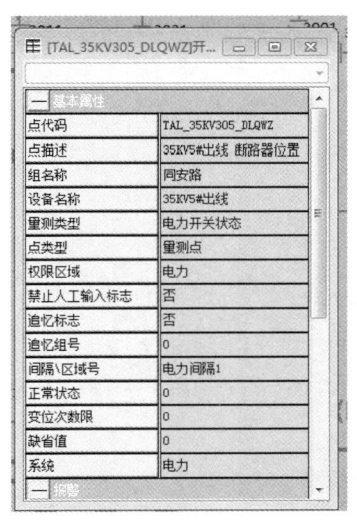 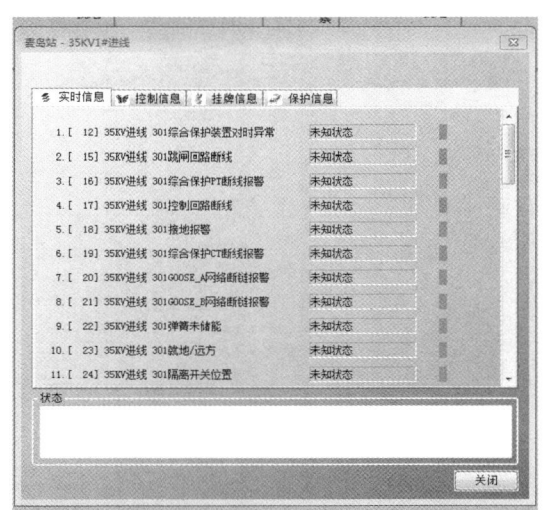

图 1-5-14 属性参数

039

（二）实时参数查询

用右键点击设备，选择设备实时数据查询，弹出设备实时参数界面。

在此界面中，可以查看该设备所有报警信息、保护信息，以及遥测参数的实时状态。

（三）报警与事件

点击左下角的"实时报警"按钮，出现如图 1-5-15 所示的报警与事件界面。

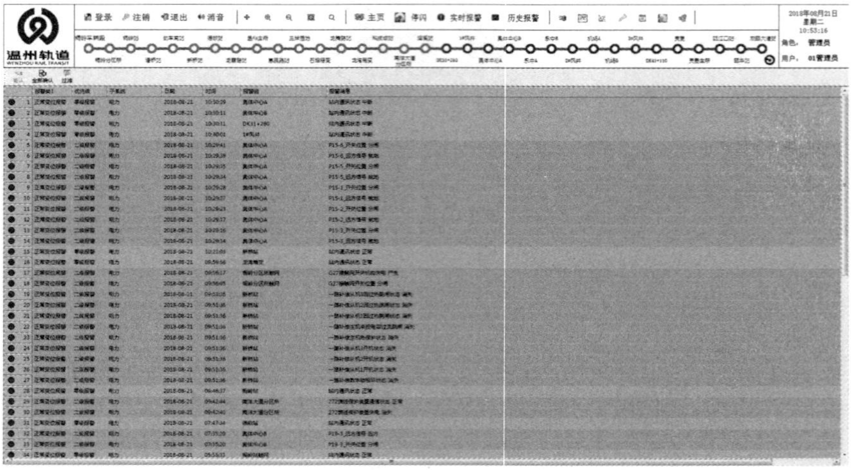

图 1-5-15　报警与事件界面

此界面中，显示报警类别、报警等级、日期、时间、报警站点、报警描述等信息，可以对报警信息进行过滤和确认。报警等级按照事件发生的紧急程度和可能造成的危害程度分为一级、二级和零级三种等级。可以选择单条报警进行确认也可以点击全部确认按钮对报警信息进行确认。点击界面上的过滤按钮弹出报警过滤对话框（见图 1-5-16），可以根据站点或者时间来选择报警信息。

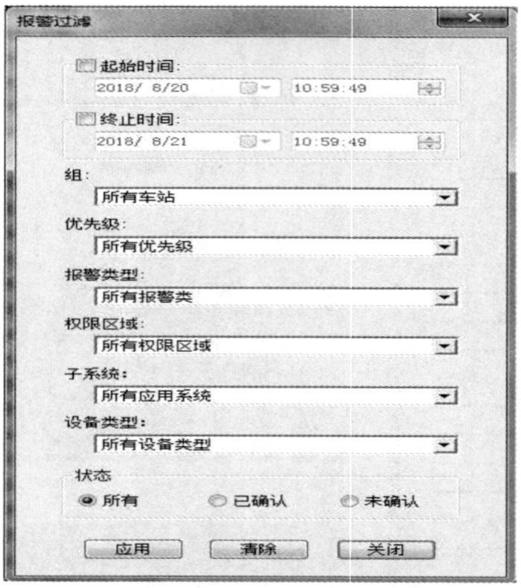

图 1-5-16　报警过滤对话框

点击工具栏上的"历史报警"按钮，会弹出历史报警信息页（见图 1-5-17）。历史报警信息页显示报警等级、报警时刻、站点、系统、类型、属性描述信息。

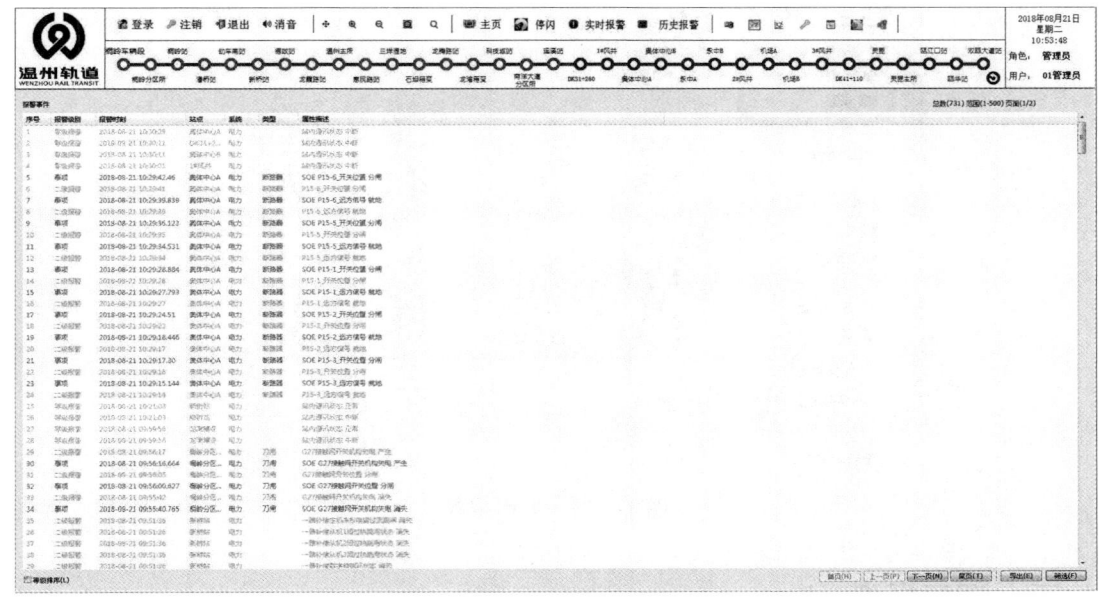

图 1-5-17　历史报警

可以通过报警信息页下方的筛选按钮，选择报警级别、报警时间、报警设备等，对所需要的报警信息进行筛选，也可以通过关键字对报警信息进行搜索（见图 1-5-18）。

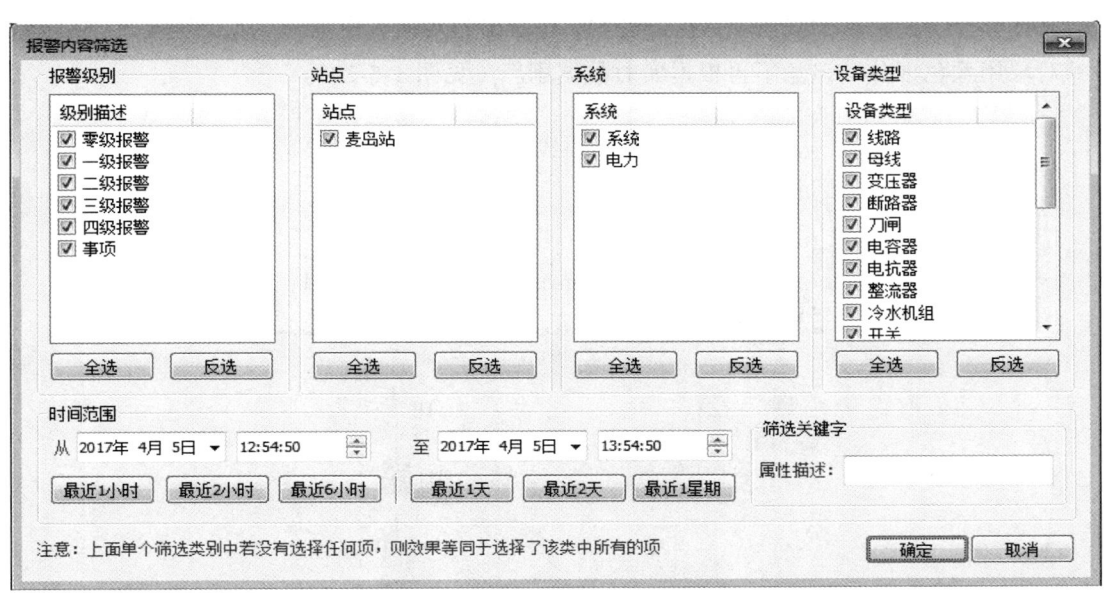

图 1-5-18　历史报警筛选

可以通过'导出'按钮将历史报警信息导出为不可编辑的 PDF 文档，方便打印浏览（见图 1-5-19）。

图 1-5-19　导出报警

三、调度操作

（一）人工置位与置数清除

鼠标移至所要操作的设备上，点击右键，在弹出的对话框中选择"人工置位"，人工置数后的对象用颜色区分，该量不再根据实时数据刷新（见图 1-5-20）。

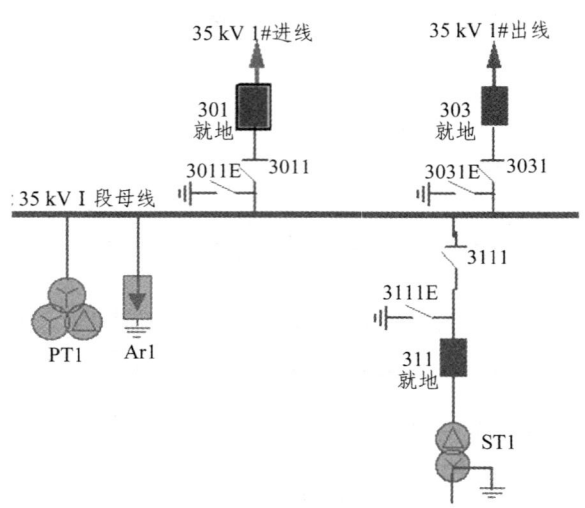

图 1-5-20　人工置位

要清除人工置数，选择"置位清除"即可。清除后设备量恢复实时状态。

（二）停　闪

当开关状态发生变位后，该开关会闪烁，以示提醒。要停止开关闪烁，可以将鼠标移至所要操作的设备上，点击右键，在弹出的对话框中选择"停闪"。

（三）开关状态

开关根据所处的状态不同，有不同的显示风格。通常用红色表示合，用绿色表示分。正常情况下，开关的颜色由其电压等级决定，不同的电压等级对应不同的颜色。当开关被人工置数或者处于异常状态（双遥信矛盾等）时，用不同的颜色表示。具体情况可以通过说明了解。

（四）小车开关状态

小车状态和开关状态相同，红色表示小车摇进，绿色表示小车摇出。

（五）RTU 的远方信号

在一次接线图中都标有所内/调度状态，只有当远方信号为调度时，才有可能进行远方遥控操作。

（六）开关/闸刀远方信号

一次接线图中的开关或闸刀旁有远方或者就地标志，远方表示远方信号为 1，就地表示远方遥信为 0，特殊情况除外。也可通过实时数据参数查看开关/闸刀的远方信号状态（见图1-5-21）。

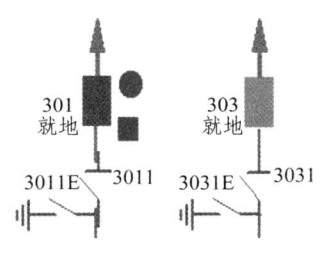

图 1-5-21　开关/闸刀远方信号

（七）遥　控

鼠标移至能遥控操作的设备上，点击右键，在弹出的对话框中选择"远程控制"，在弹出的操作窗口中选择'合闸'或者'分闸'操作，点击预置，当预置返校成功后，自动切换到"遥控执行"项（"遥控执行"的按钮成为使能状态），按下"遥控执行"按钮，执行令发出，等待执行机构动作。如果遥控的条件不具备，则不能进行遥控操作，在遥控对话框中会有文字提醒。遥控操作界面如图 1-5-22 所示。

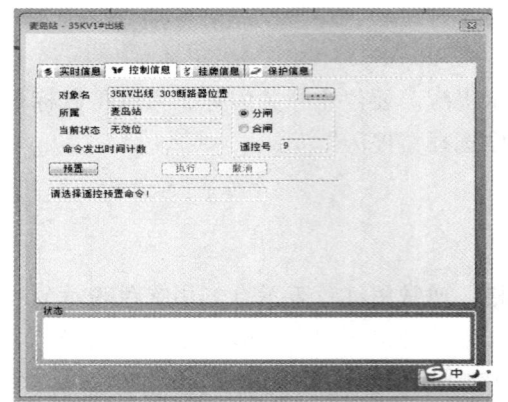 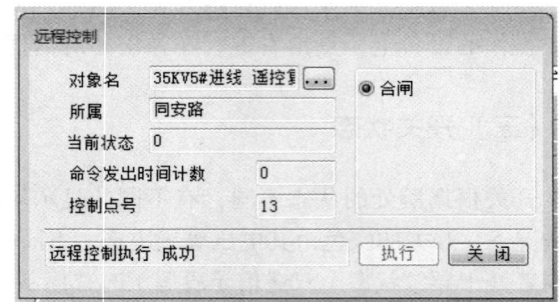

图 1-5-22　遥控界面

（八）遥控复归

鼠标移至能遥控操作的设备上，点击右键，在弹出的对话框中选择"实时数据查询"，在弹出的操作窗口中选择保护信息，找到复归信号。用鼠标左键点击右边的小白框，出现复归遥控小窗口，直接点击执行进行操作，复归成功。

（九）定值表查询

点击界面"定值表"按钮，弹出对应的定值界面，如图 1-5-23 所示。

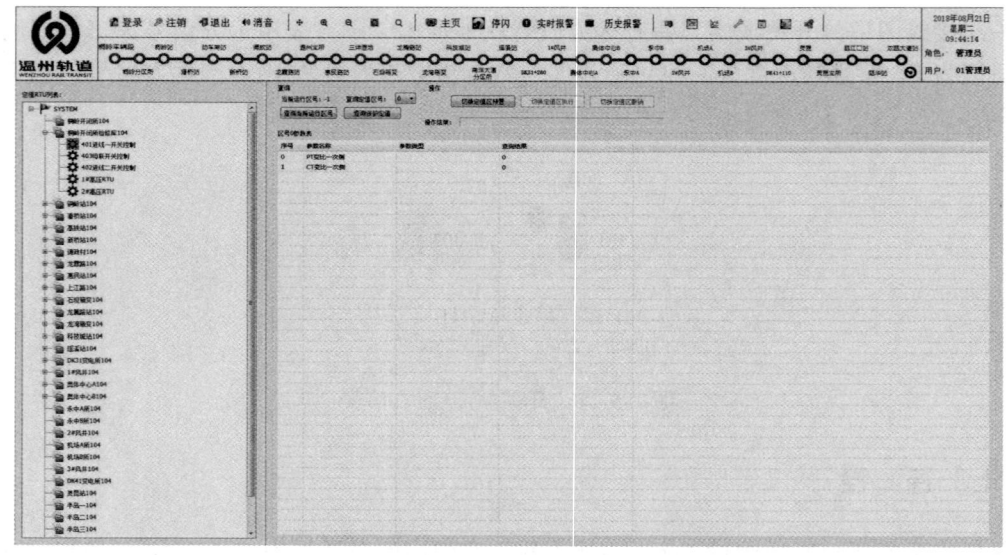

图 1-5-23　定值表查询界面

左侧"定值 RTU 列表"可以选择相应的站点以及所要查询的设备，右侧"查询当前区号"可以查询选择的设备所在的运行区，同时可以通过"查询保护定值"来查询当前设备的保护定值。

对于可以进行定值切换的保护装置，在配置好工程后，可以通过定值表页上的操作部分来进行保护装置的定值切换。

（十）故障报告

通过点击界面"故障报告"按钮，弹出对应的故障报告界面，如图1-5-24所示。

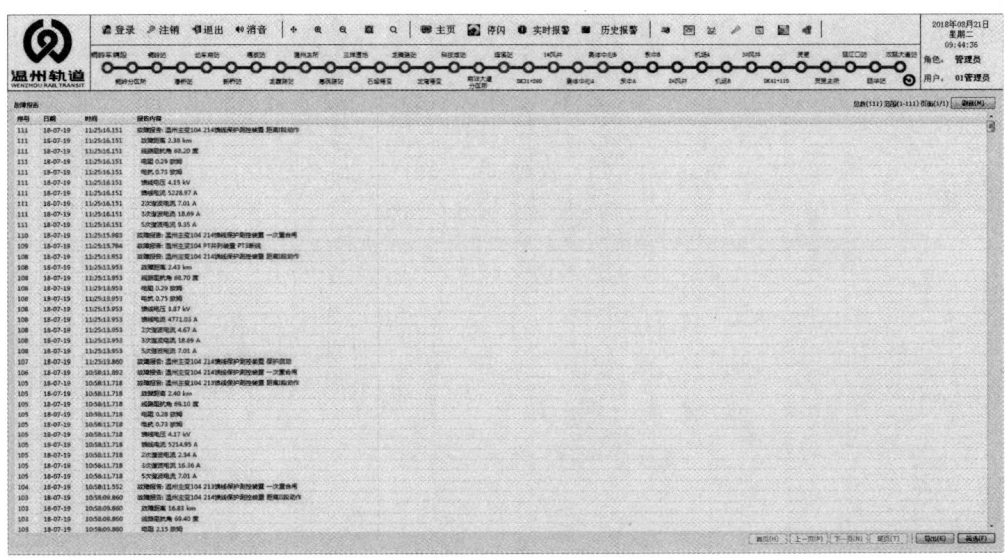

图1-5-24　故障报告界面

故障报告信息是需要查询后才能获取的。平时查看时，为了方便可以通过故障报告筛选按钮来进行查看（见图1-5-25）。

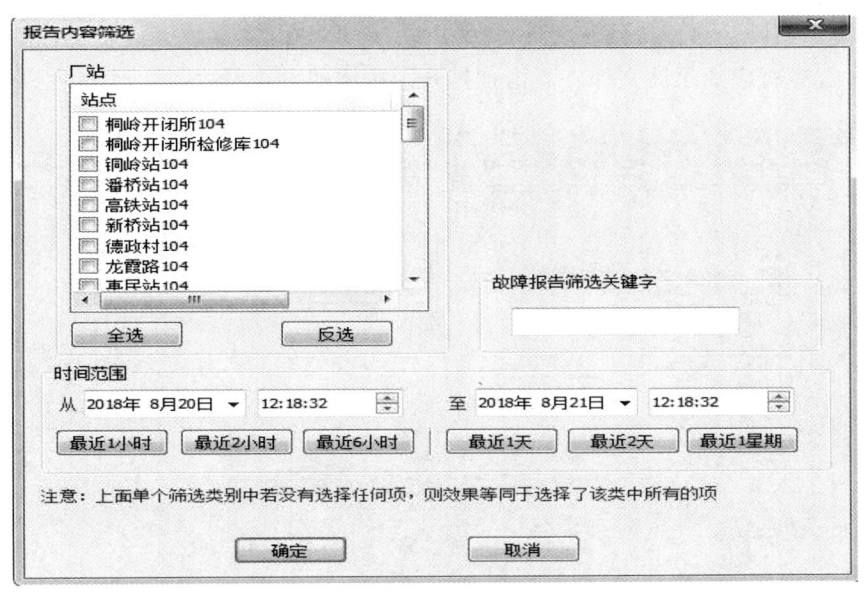

图1-5-25　故障报告筛选

045

通过筛选按钮上的时间或者相应的站点可以准确搜索到对应站点的故障报告信息。

（十一）故障录波

点击界面"故障录波"按钮，弹出对应的故障报告界面（见图 1-5-26）。

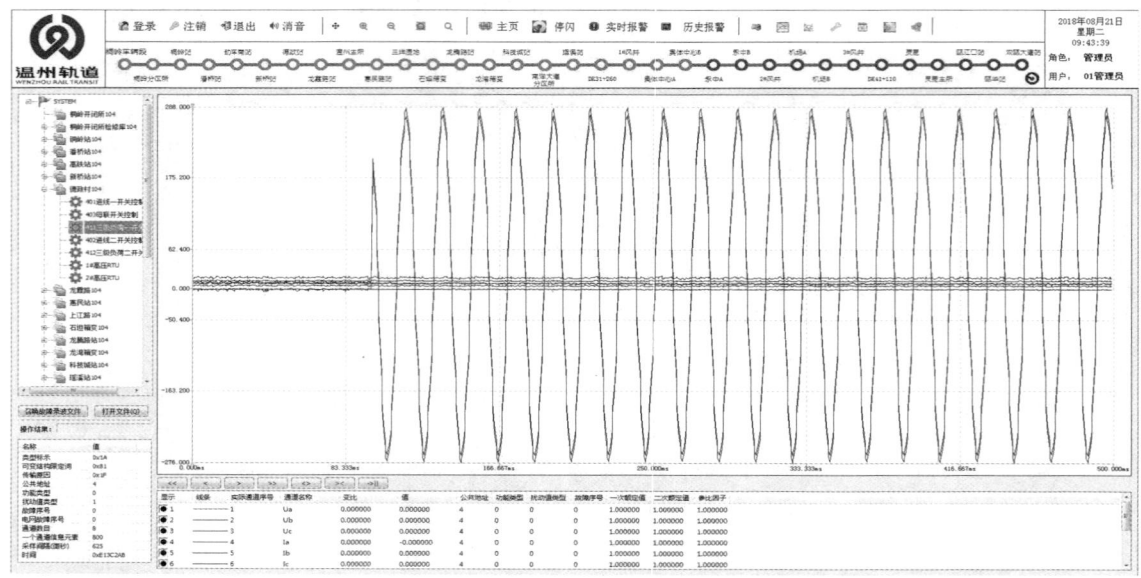

图 1-5-26　故障报告界面

故障录波信息是不会主动上传的，现场设备发生故障后会将录波文件会存放在保护装置中。查看时需要选择对应的故障设备，发送录波召唤命令，才能获取录波信息。

在故障录波界面，选中发生故障的设备，鼠标左键点击下方的"召唤录波文件"按钮，系统会自动发送召唤命令，待录波文件传送完成，会生产相应的 EW.txt 文件，通过界面上的"打开文件"选中对应的录波文件，点击"打开"按钮即可查看故障波形（见图 1-5-27）。

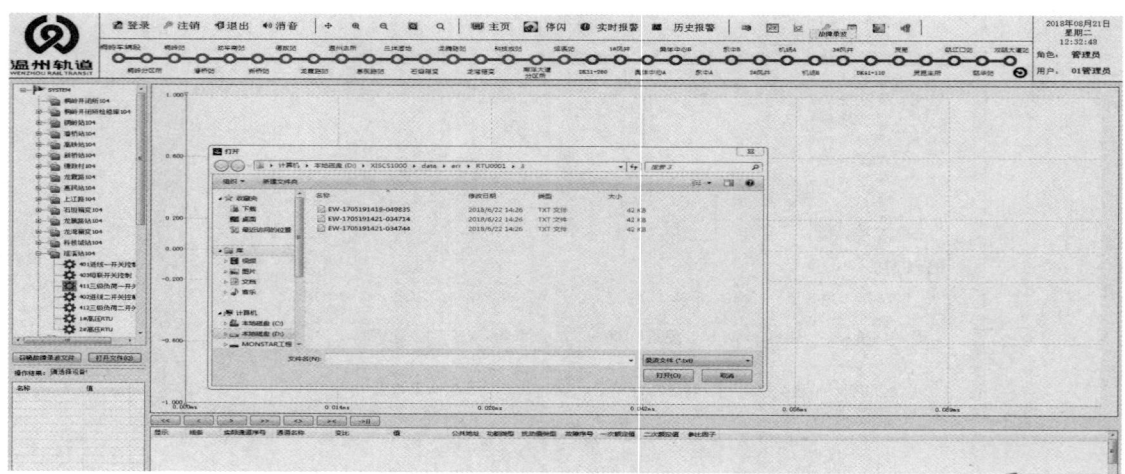

图 1-5-27　召唤录波文件

思考题

1. 电力监控系统有哪些功能？
2. 开关合闸和分闸分别用什么颜色表示？
3. 开关遥控操作的流程是什么？
4. 故障报告可以查询什么内容？

评价表

项目名称	专业基础知识	学生姓名	
任务名称	电力监控和数据采集系统	分数	
项目		分值	考核得分
1. 基本操作		20	
2. 查看参数		40	
3. 调度操作		40	
教师简要评语：			
		教师签名：	

第二章 工作制度和规定

第一节 电调工作制度

【学习目标】

（1）掌握市域铁路电调指挥组织架构。
（2）掌握市域铁路电调岗位职责。
（3）掌握市域铁路调度工作接口。
（4）掌握市域铁路电调交接班制度。
（5）掌握市域铁路电调值班制度。
（6）掌握市域铁路双人确认制度。

电调是市域铁路运行中不可或缺的一个岗位，电调需要十分清晰本岗位的工作内容，忠实履行岗位职责。在日常工作中，建立一个良好的工作制度有利于电调更好地开展工作。本节具体介绍电调的工作制度，包含了电调交接班制度和值班制度。

一、电调指挥组织架构

电调在值班主任的统一领导下，与行调、环调、设调密切配合，共同完成运营指挥任务，电力调度员与行调、环调、设调都属于一级调度，统一指挥所辖的二级调度开展运营生产任务。行车值班员、主所值班员、生产调度、车场调度员属于二级调度，在运营生产中，实行半军事化管理，下级调度必须服从上级调度的命令。电力调度员在指挥组织架构中所处位置如图 2-1-1 所示。

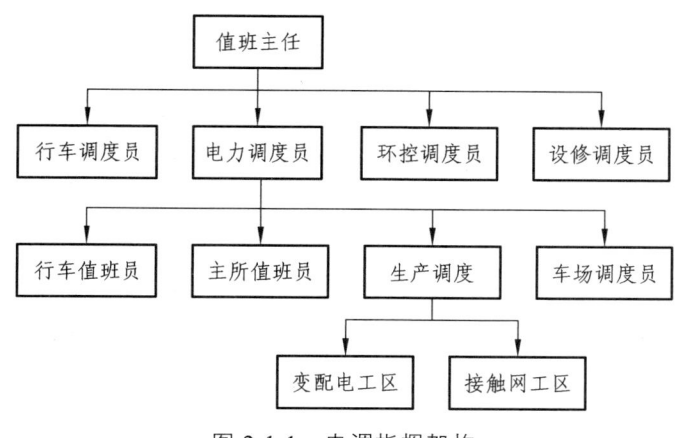

图 2-1-1 电调指挥架构

二、电调岗位职责

（1）认真贯彻执行公司及部门的相关规章制度，在值班主任的领导和指挥下，与其他调度配合，共同完成运营组织工作。

（2）对供电系统设备进行实时监控，负责电调管辖范围内的设备操作管理，根据实际情况采取合理有效的调度指挥手段进行调整，实现运营生产计划安全有序的展开，并及时发现和消除可能影响正常运营的各类安全隐患。

（3）加强各种运营应急处理规章的学习和故障演练，提高应急处理能力，及时、正确处理运营应急事件或事故，最大限度地减少对运营的影响，及时准确记录应急处理经过，通报故障情况和影响，及时调整供电方式，尽快恢复正常运营。

（4）当值调度员审核供电工作票，对施工计划进行推演，及时协调处理施工冲突，组织施工单位按计划施工，确保施工安全和提高施工计划的兑现率；负责审批供电施工作业，组织实施变电所及接触网施工，以满足供电设备运行要求。

（5）传达上级有关运营工作的指令，发布调度命令，布置、检查、落实供电工作计划，确保供电工作顺利进行。

（6）按相关质量要求对每日设备运行的各类报表进行汇总、审核；对影响正常运营事件进行分析，提出具有针对性的整改措施并有效落实。

（7）参与相关事故分析会，提交事件报告，提出合理化建议。

（8）严格履行和地方电网签订的《调度协议》中的各项条款。

（9）参加并完成本岗位的业务培训，不断提升自身业务能力满足运营需求，有义务对新调度员进行培训。

（10）参与制定与本岗位相关的演练脚本、应急预案、规章制度，并积极配合相关部门完成生产任务。

（11）及时、有效完成上级交办的其他工作。

三、电调工作接口

在运营生产过程中,电调除按照岗位职责开展好自己的工作之外,需要与其他岗位调度及值班主任共同配合,协同完成某些工作任务,电调与本班组其他岗位的主要工作接口如下。

(一)与值班主任工作接口

(1)当发生事故和突发事件时,由值班主任指挥各调度员的工作,电调负责了解相关设备的受影响情况,并提供事故、事件和救灾的配合处理方案,经值班主任确认后执行。

(2)供电设备需停电、停用的维修施工,影响到运营或需要进入线路的,需与值班主任共同确认。

(3)值班主任在审核抢修计划时,若涉及影响供电安全或需停送电配合的作业须交电调会审。

(二)与行调工作接口

(1)电调接报变电所跳闸或发生故障时,立即通知行调故障影响范围,行调配合查找跳闸原因,把现场反馈的信息及时通报给电调。电调根据故障情况提供正确的供电方案,同时行调配合电调恢复供电。

(2)事故抢险时,行调电话通知电调立即停电;供电设备临时故障时,电调汇报值班主任同意后即可停电。

(3)正线接触网供电分区停(送)电工作(详见十一章施工)。

(4)在正线施工作业需要供电人员配合接触网挂(拆)接地线工作(详见十一章施工)。

(三)与环调工作接口

(1)车站 400 V 母线停送电或负荷倒切时,提前通知环调确认车站设备停送电条件。

(2)车站发生 400 V 供电故障时,及时通知环调故障信息并共同寻找跳闸原因。

(四)与生产调度工作接口

(1)电调管辖范围内的设备发生故障时,电调应立即向相关生产调度通报故障情况。

(2)紧急情况下,生产调度接到电调故障报告后,通知相关中心的抢修人员直接与控制中心电调联系。

(3)电调负责跟踪所辖设备故障的修复情况,生产调度应及时把故障处理进度反馈给电调。

四、电调交接班制度

交接班是调度班组日常生产和管理工作的重要一环,交接双方要根据倒班制度要求,适时提前到岗进行交接前的准备、预想及正式交接工作，一般通过班前会和班后会（班组长主持）的形式对本班工作进行预想和总结，并通过现场面对面交接的形式对每个岗位进行交接。电调交接班具体要求如下。

（1）交班电调应在交班前 20 min 整理好值班记录并做好交接班准备，接班电调应提前 15 min 到岗。

（2）交班调度员未办完交接手续不得擅离岗位，交班手续完毕后由接班调度员在值班日志上签字，交接班会结束后值班工作由接班者负责。

（3）交接班时，交班电调应按规定将需要交接的内容逐条向接班者详细说明，对遗留未完成的工作应重点强调，对接班电调提出的疑问应仔细解释清楚，不得遗漏交班事项，交接班应包含：

① 检查 SCADA 工作站、大屏幕、调度电话、通信设备是否处于正常状态。

② 调度工作台应保持整齐、清洁，调度台上图纸、资料、文件放置整齐。

③ 交代清楚上级指示、命令、报告、申请及联系事宜等。

④ 尚未结束的倒闸和尚未完成的作业命令及注意事项等。

⑤ 设备运行方式及重要设备的变更情况，设备缺陷及处理情况。

⑥《电调值班日志和交接班记录》《倒闸操作记录本》须填写正确、清楚、齐全。查阅调度作业命令和操作命令记录，与交班电调核对遗留工作、设备变更情况，对设备缺陷进行跟进处理。

⑦ 核对施工计划。

（4）若接班电调因故未到或者有未完成操作，交班电调应继续执行调度任务，不得擅自离岗，并将情况报告值班主任。

（5）在处理事故或进行复杂的操作时，不得进行交接班，待处理完毕或告一段落后，方可交接班。若在交接班过程中发生事故，应立即停止交接班，由交班电调指挥处理，接班电调主动协助。

五、电调值班制度

（1）电调作为供电系统调度、运行、操作和事故处理的指挥者，在值班期间要牢固树立"安全第一"的思想，指挥相关人员协调工作，保证系统安全、经济地运行。

（2）电调值班期间要严肃认真、集中精神，密切监视系统运行情况，做好事故预想，迅速、正确地处理事故，完成调度值班工作。严格执行各种规章制度和贯彻上级指示。

（3）调度信息是指挥决策的重要依据，必须及时、准确，严禁迟报、漏报、瞒报的现象发生。所有调度事项应在值班日志中体现。

（4）电调台应经常保持肃静、整齐、清洁。调度台上图纸、资料、文件放置整齐。当值期间应穿着制服，不闲谈，不玩手机，不看与业务无关书刊，不喝酒，不做与当值调度工作无关之事。

（5）电调发布命令和通话时应使用标准术语，使用录音电话。除紧急情况外，在发布命令和通知时应遵守先拟后发的原则，认真审核、确认无误后方可发出。受令人应按规定填写记录并进行复诵，发令人确认受令人复诵无误后方可给予命令编号、批准时间或完成时间（消令时间）。每个调度命令必须有命令编号和批准时间，否则无效。

（6）全面掌握系统运行情况，审核及执行施工计划，并根据系统现场情况决定运行方式，处理系统设备的异常及事故。

（7）电调值班期间应认真详细地记录工作日志，填写交接班记录。常用的记录、报表应归类保存，严禁将记录、报表外带或复制。

（8）当调度管辖范围内的设备发生异常运行情况时，当值调度员应立即报告值班主任其影响范围，并按现场规程迅速处理。当发生影响列车安全有效运行或安全隐患时，调度员除及时采取措施外，应对上述情况做好记录并向有关领导汇报。

（9）电调度发现电力监控系统信息有误或其他不正常情况时，应及时通知维保单位进行处理。电调进行中央遥控操作时发现 SCADA 系统出现故障、异常时应立即停止遥控操作，并令值守人员现场核对设备状态。无人值守变电所立即转换为有人值守。

（10）电子版和纸质版《电调值班日志和交接班记录》都需要进行存档。

六、双人确认制度

（1）双人确认制度是在行为实施前对现场设备、设施、环境等情况进行检查认定，由双人确认符合安全指标保持安全状态后方可进行作业的制度。

（2）调度员作业之前和作业中，需对本岗位的安全要点和危险源执行"双人确认"制度。

（3）调度员在双人确认过程中必须严格执行标准用语并复诵。

（4）没有进行双人确认的情况下不得进行相关安全操作或执行相关安全命令。

（5）双人确认的原则：

① 目的确认：执行命令前，需确认意图、目的是否正确一致。

② 条件确认：执行命令前，需确认满足执行命令的安全前提条件、无敌对条件存在。

③ 过程确认：执行命令时，确认操作步骤、方式正确。

④ 结果确认：执行命令后，确认命令操作成功、结果正确。

（6）电调岗位需要双人确认的关键作业内容：

① 执行停送电操作。

② 下发拆挂地线命令。

③ 执行变电所倒闸操作。

④ 下发倒闸命令。

⑤ 审核工作票内容。

思考题

1. 电调的岗位职责是什么？
2. 电调交接班需交接的主要内容有哪些？

3. 双人确认的原则是什么？

4. 电调岗位需要双人确认的关键作业内容有哪些？

评价表

项目名称	工作制度和规定	学生姓名	
任务名称	电调工作制度	分数	
项目		分值	考核得分
1. 电调指挥组织架构		20	
2. 电调岗位职责		20	
3. 电调交接班制度		20	
4. 电调值班制度		20	
5. 双人确认制度		20	
教师简要评语：			
		教师签名：	

第二节　电力系统安全规定

【学习目标】

（1）掌握市域铁路电力系统作业现场的基本条件、一般安全要求、高压设备的巡视、倒闸操作。

（2）掌握市域铁路电力系统电气设备的检修作业、在六氟化硫（SF_6）电气设备上的工作、保证安全的技术措施。

为加强电力系统作业现场管理，规范各类工作人员的行为，保证人身、电网和设备安全，依据行业及公司有关安全规定，结合市域铁路电力系统作业的实际情况，制定的电力系统安全规定是电力专业人员作业时必须遵守的规定。

一、电力系统安全规定

（一）作业现场的基本条件

（1）作业现场的生产条件和安全设施等应符合有关标准规范的要求，工作人员的劳动防护用品应合格、齐备。常见的防护用品有绝缘鞋、绝缘手套、绝缘棒等、防护服和安全带（见图 2-2-1）。绝缘手套和绝缘靴用特种橡胶制成，并经过严格的耐压试验。

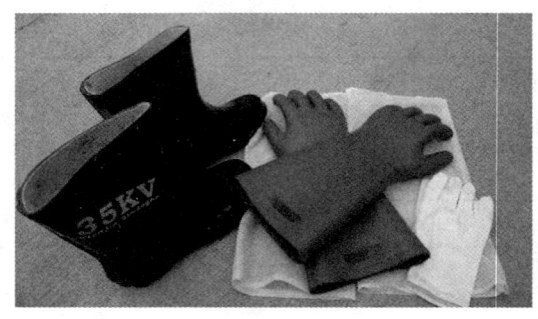

图 2-2-1　常见的防护用品

（2）经常有人工作的场所及施工车辆上宜配备急救箱，存放急救用品，并应指定专人经常检查、补充或更换。

（3）现场使用的安全工器具应合格并符合有关要求。绝缘工具应定期进行绝缘测试，确认合格后方可使用。

（4）各类作业人员应熟悉作业现场和工作岗位存在的危险因素、防范措施及事故紧急处理措施。

（5）电气设备分为高压和低压两种：

① 高压电气设备：电压等级在 1 000 V 及以上者；

② 低压电气设备：电压等级在 1 000 V 以下者。

（二）一般安全要求

（1）运行人员应熟悉电气设备，单独操作人员或运行值班负责人员还应具备相应的实际工作经验。

（2）变、配电所高压设备符合下列条件者，可由单人操作：

① 室内高压设备的隔离室设有遮拦，遮拦的高度在 1.7 m 以上，安装牢固并加锁者。

② 室内高压断路器（开关）的操动机构（操作机构）用墙或金属板与该断路器（开关）隔离或装有远方操动机构（操作机构）者。

（3）无论高压设备是否带电，工作人员不得单独移开或越过遮拦进行工作；若有必要移开遮拦时，应有监护人在场，并符合表 2-2-1 的安全距离。

表 2-2-1　设备不停电时的安全距离

电压等级/kV	安全距离/m
10 及以下	0.70
20、35	1.00
110	1.50
220	3.00

（4）运行中的高压设备中性点接地系统的中性点应视作带电体，在运行中若必须进行中性点接地点断开的工作时，应先建立有效的旁路接地后方可进行断开工作。

（三）高压设备的巡视

（1）单人巡视高压设备时，不准进行其他工作，不准移开或越过遮拦。

（2）雷雨天气需要巡视室外高压设备时，应穿绝缘靴，严禁靠近避雷器和避雷针。

（3）火灾、地震、台风、冰雪、洪水、泥石流、沙尘暴等灾害发生时，如需要对设备进行巡视，应制定必要的安全措施，得到设备运行单位分管领导的批准，并至少两人一组，巡视人员应与派出部门之间保持通信联络。

（4）高压设备发生接地故障时，室内不准接近故障点 4 m 以内，室外不准接近故障点 8 m 以内。进入上述范围人员应穿绝缘靴，接触设备的外壳和构架时，应戴绝缘手套。

（四）倒闸操作

（1）倒闸操作应根据值班调度员或运行值班负责人的指令，受令人复诵无误后执行。发布指令应准确、清晰，使用规范的调度术语和设备双重名称，即设备名称和编号。发令人和受令人应先互报单位和姓名，发布指令的全过程（包括对方复诵指令）和听取指令报告时要录音并做好记录。操作人员（包括监护人）应了解操作目的和操作顺序。对指令有疑问时应向发令人询问清楚后执行。

（2）倒闸操作可以通过就地操作、遥控操作、程序操作完成。遥控操作、程序操作的设备应满足有关技术条件。

（3）倒闸操作的分类：

① 监护操作：由两人同时进行的操作。

监护操作时，其中对设备较为熟悉的一人作监护。特别重要和复杂的倒闸操作，由熟练的运行人员操作，运行值班负责人监护。

② 单人操作：由一人完成的操作。

实行单人操作的设备、项目及运行人员需经设备运行管理单位批准，人员应通过专项考核。单人操作时不得进行登高或登杆操作。

③ 检修人员操作：由检修人员完成的操作。

经设备运行单位考试合格、批准的本单位的检修人员，可进行 220 kV 及以下的电气设备由热备用至检修或由检修至热备用的监护操作，监护人应是同一单位的检修人员或设备运行人员。

（4）在发生人身触电事故时，可以不经许可，即刻断开有关设备的电源，但事后应立即报告 OCC（或设备运行管理单位）和上级部门。

（5）同一变、配电所的倒闸作业票应事先连续编号，计算机生成的倒闸作业票应在正式出票前连续编号，倒闸作业票按编号顺序使用。作废的倒闸作业票应注明"作废"字样，未执行的应注明"未执行"字样，已操作的应注明"已执行"字样。倒闸作业票应保存一年。

（五）电气设备的检修作业

电气设备根据其使用要求及设备本身特性，需要定期或不定期地进行检修，以保证设备以安全可靠的状态运行。根据设备的电压等级及作业内容，常见的检修作业类别如下。

（1）高压设备的停电作业：在停电的高压设备上进行的作业及在低压设备和二次回路上进行的需要高压设备停电的作业。

（2）高压设备远离带电部分的作业：在作业人员与高压设备的带电部分之间保持规定的安全距离的条件下，在高压设备外壳及附近区域进行的作业。

（3）低压设备作业：分为低压设备停电作业和不停电作业。

（六）在六氟化硫（SF_6）电气设备上的工作

六氟化硫是超高压绝缘介质材料，可作为良好的气体绝缘体，被广泛用于电气设备的气体绝缘，也用于高压开关中灭弧。六氟化硫是一种无色、无臭、无毒、不燃的稳定气体，所以六氟化硫（SF_6）电气设备维护要遵守以下规定。

（1）装有 SF_6 设备的配电装置室和 SF_6 气体实验室应装设强力通风装置，风口应设置在室内底部。

（2）在室内，设备充装 SF_6 气体时，周围环境相对湿度应不大于 80%，同时应开启通风系统，并避免 SF_6 气体泄漏到工作区。工作区空气中 SF_6 气体含量不得超过 1 000 μL/L（即 $1\,000 \times 10^{-6}$ ppm）。

（3）主控制室与 SF_6 配电装置室间要采取气密性隔离措施。SF_6 配电装置室与其下方电缆层、电缆隧道相通的孔洞都应封堵。SF_6 配电装置室及下方电缆层隧道的门上应设置"注意通风"的标志。

（4）SF_6 配电装置室、电缆层（隧道）的排风机电源开关应设置在门外。

（5）在 SF_6 配电装置室低位区应安装能报警的氧量仪和 SF_6 气体泄漏报警仪（见图 2-2-2），在工作人员入口处应装设显示器。上述仪器应定期检验，保证完好。

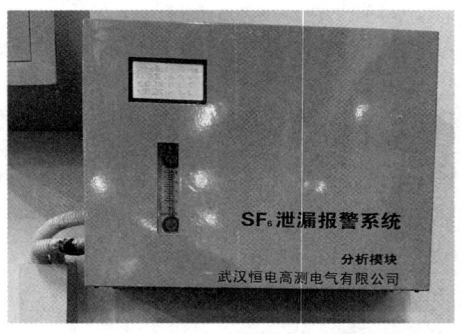

图 2-2-2　SF_6 气体泄漏报警仪

（6）工作人员进入 SF_6 配电装置室，入口处若无 SF_6 气体含量显示器（见图 2-2-3），应先通风 15 min，并用检漏仪测量 SF_6 气体含量合格。尽量避免一人进入 SF_6 配电装置室进行巡视，严禁一人进入配电装置室从事检修工作。

图 2-2-3 SF₆气体含量显示器

（7）工作人员不准在 SF₆ 设备防爆膜附近停留。若在巡视中发现异常情况，应立即报告，查明原因，采取有效措施进行处理。

（8）进入 SF₆ 配电装置低位区或电缆沟进行工作前，应先检测含氧量（不低于 18%）和 SF₆ 气体含量是否合格。

（9）在变、配电所内禁止进行 SF₆ 配电装置的气箱解体作业。

（10）设备内的 SF₆ 气体不准向大气排放，应采取净化装置回收，经处理检测合格后方准再使用。回收时，作业人员应站在上风侧。

（11）从 SF₆ 气体钢瓶引出气体时，应使用减压阀降压。当瓶内压力降至 9.8×10^4 Pa（1个大气压）时，即停止引出气体，并关紧气瓶阀门，盖上瓶帽。

（12）SF₆ 配电装置发生大量泄漏等紧急情况时，人员应迅速撤出现场，开启所有排风机进行排风。未佩戴防毒面具或正压式空气呼吸器的人员禁止入内。只有经过充分的自然排风或强制排风，并用检漏仪测量 SF₆ 气体含量合格，用仪器检测含氧量（不低于 18%）合格后，人员才准进入。发生设备防爆膜破裂时，应停电处理，并用汽油或丙酮擦拭干净。

（13）进行气体采样和处理一般渗漏时，要戴防毒面具或正压式空气呼吸器，并进行通风。

（14）对 SF₆ 断路器（开关）进行操作时，禁止检修人员在其外壳上进行工作。

（15）对 SF₆ 进行充、放气及泄漏处理后，作业人员应洗澡，把用过的工器具、防护用具清洗干净。

（16）SF₆ 气瓶应放置在阴凉干燥、通风良好、敞开的专门场所，直立保存，并应远离热源和油污的地方，防潮、防阳光暴晒，并不得有水分或油污粘在阀门上。搬运时，应轻装轻卸。

二、保证安全的措施

根据设备的电压等级及作业内容，在进行检修作业时必须采取一系列措施保证作业安全和设备安全，常见的保证安全的措施主要有技术措施和组织措施两类。

（一）技术措施

常见保证安全的技术措施主要有停电、验电、接地、悬挂标示牌及装设防护栅。

1. 停　电

检修设备停电时，应把各方面的电源完全断开（任何运行中的星形接线设备的中性点，应视为带电设备）。禁止在只经断路器（开关）断开电源的设备上工作。应拉开隔离开关（刀闸），手车开关应拉至试验或检修位置。各方面应有一个明显的断开点，若无法观察到停电设备的断开点，应有能够反映设备运行状态的电气和机械指示。对与停电设备有关的变压器和电压互感器，应将设备各侧断开，防止向停电检修设备反送电。

2. 验　电

装设接地线前验电可以确定停电设备是否无电压，以保证装设接地线人员的安全，防止带电装设接地线或带电合接地隔离开关等恶性事故的发生。对无法进行直接验电的设备，可以进行间接验电。即检查隔离开关（刀闸）的机械指示位置、电气指示、仪表及带电显示装置指示的变化，且至少应有两个及以上指示已同时发生对应变化。若进行遥控操作，则应同时检查隔离开关（刀闸）的状态指示、遥测、遥信信号及带电显示装置的指示进行间接验电。

3. 接　地

（1）对于可能送电至停电设备的各方面都应装设接地线（见图 2-2-4）或合上接地刀闸，所装接地线与带电部分应考虑接地线摆动时仍符合安全距离的规定。

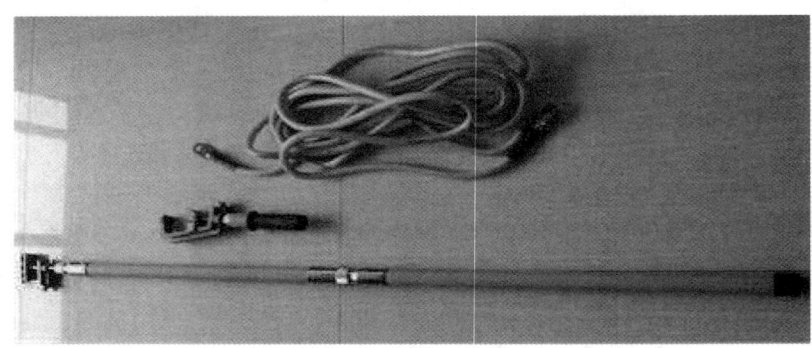

图 2-2-4　接地线

（2）接地线、接地刀闸与检修设备之间不得连有断路器（开关）或熔断器。若由于设备原因，接地刀闸与检修设备之间连有断路器（开关），则在接地刀闸和断路器（开关）合上后，应有保证断路器（开关）不会分闸的措施。

4. 悬挂标示牌及装设防护栅

若由于设备原因，接地刀闸与检修设备之间连有断路器（开关），现场操作时，在接地刀闸和断路器（开关）合上后，应在断路器（开关）操作把手上悬挂"禁止分闸！"的标示牌；远动操作时，在显示屏上进行操作的断路器（开关）和隔离开关（刀闸）的操作处均应相应设置"禁止合闸，有人工作！"或"禁止合闸，线路有人工作！"以及"禁止分闸！"等标记（见图 2-2-5）。

图 2-2-5　标示牌

（二）组织措施

常见保证安全的组织措施主要有：工作票制度，指在电气设备上工作应先填写工作票；工作许可制度，指电气设备上工作应得到许可后才能进行；工作监护制度，指工作现场必须有一人对所有工作人员的工作进行监护；工作间断、转移和终结制度。

1. 工作票制度

（1）工作票是进行高压变配电系统作业的书面依据，填写时要字迹清楚、正确，不得用铅笔书写，不得涂改（见图 2-2-6）。工作票填写要一式两份，一份交施工负责人，一份交值班员。施工负责人据此办理准许作业手续，值班员据此办理安全措施。

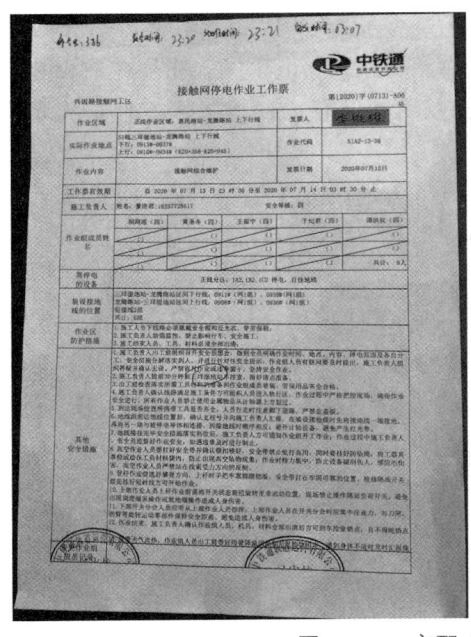 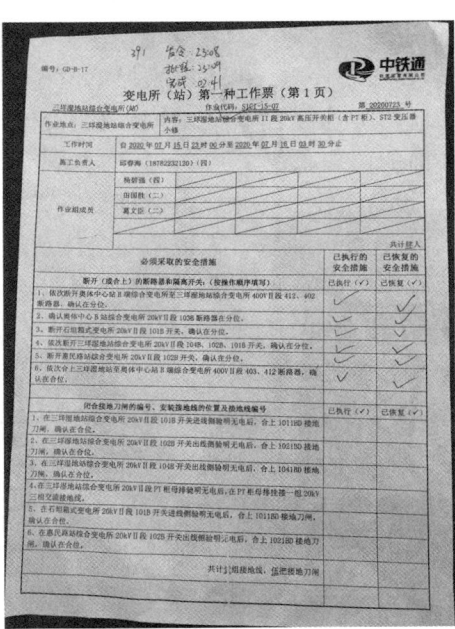

图 2-2-6　变配电和接触网工作票

（2）事故抢修、情况紧急时可不开工作票，但应向电调报告事故概况，听从电调的指挥，在作业前必须按规定做好安全措施，并将作业时间、地点、内容及批准人的姓名记入有关记录中。

（3）根据作业性质不同，工作票分为两种：

① 第一种工作票用于高压设备停电作业及低压 400 V 电源主母线的停电作业。

② 第二种工作票用于高压设备远离带电部分的作业、低压设备上的停电与不停电作业，以及在二次回路上进行的不需高压设备停电的作业。

（4）第一种工作票的有效时间一般不得超过 7 天，遇抢修、大中修时，不得超过 30 天，若在规定的工作时间内作业不能完成，应提前半小时向电调办理许可延时手续。第二种工作票的有效时间最长为 24 h，不得延长。

（5）工作中工作票污损影响继续使用时，应将工作票重新填写。

（6）签发人在工作前要尽早将工作票交给施工负责人和值班员，使之有足够的时间熟悉工作票的内容及做好准备工作。

（7）为保证电调有足够时间审核工作票，并保证发现问题时能及时通知签发人更改及重新发票。工作票必须提前一天传给电调，特殊情况下向电调说明延迟传票的理由，但最迟不得超过作业开始前 4 h。作业前 30 min 在施工所在地由施工负责人向当班电调核对工作票，并向当班电调申请办理准许作业手续。

（8）施工负责人和值班员对工作票内容有不同意见时，要向签发人及时提出，经认真分析，确认无误后方可作业。

（9）工作票中明确的作业组成员一般不应更换，若必须更换时，应经签发人同意，若签发人不在，可经施工负责人同意。施工负责人的更换必须经签发人同意（作业过程中不允许更换施工负责人）。以上两种情况均要在工作票上签字，并报电调备案。

（10）非供电专业人员在变电所工作时须遵守下列规定：

① 若需设备停电，由供电维保单位签发工作票，办理停电手续。并须在取得相应作业证的人员的监护下进行工作。工作票一份交给值班员，另一份交给监护人。监护人负责有关电气安全方面的监护职责。

② 若设备不需要停电，由值班员负责做好电气方面的安全措施（如加设防护栅，悬挂标示牌等），向有关作业负责人说明安全注意事项，并记录在运行日志或有关记录中。必要时可派取得相应作业证的人员进行电气安全监护。

③ 一个作业组的施工负责人同时只能接受一张工作票。一张工作票只能发给一个作业组。同一张工作票的签发人、施工负责人和值班员不得相互兼任。

④ 工作票签发人和施工负责人由供电维保单位指定具备相应资格人员担任并书面公布。工作票的签发人及施工负责人资格名单应报电调备案。

⑤ 凡是已终结的工作票，须在工作票正页盖上"已执行"印章；凡是因故未执行的工作票，须在工作票正页盖上"作废"印章。

（11）相关人员的职责：

① 工作票签发人：

a. 安排的作业项目是必要和可行的。

b. 采取的安全措施是正确和完备的。
c. 配备的施工负责人和作业组成员的人数和条件符合规定。
② 施工负责人：
a. 复查工作票中必须采取的安全措施符合规定要求。
b. 按照有关规定和工作票要求办理准许作业手续。
c. 复查值班人员所做的安全措施符合工作票要求。
d. 按照有关规定和工作票要求组织开展现场作业。
e. 时刻在场监护作业组成员的作业安全。
f. 对修后设备质量进行检验。
③ 值班员：
a. 复查工作票必须采取的安全措施符合规定要求。
b. 按照有关规定和工作票要求办理安全措施。
c. 对修后设备质量进行检验。

2. 工作许可制度

（1）在做好安全措施后，施工负责人要到作业地点进行下列工作：
① 会同值班员按工作票的要求共同检查作业地点的安全措施。
② 向全体作业人员指明作业许可范围，附近有电的设备（停电作业）及其有关注意事项。
（2）经施工负责人确认符合要求后，值班员和施工负责人在两份工作票上签字后，工作票一份交给施工负责人，另一份值班员留存，即可开始作业。
（3）安全措施由施工负责人现场监督值班人员办理。无人值班的变电所，由班组负责人指定符合条件的人员担当值班员，由施工负责人指定符合条件的作业组成员担当助理值班员。若工作票需相邻变电所同步办理安全措施时，施工负责人可指定符合条件的作业组成员予以办理。
（4）电力电缆停电检修时，必须将需检修的电缆两端可靠接地。作业手续可在电缆任意一端的变电所办理。
（5）每次开工前，施工负责人要在作业地点向全体作业组成员宣讲工作票，布置安全措施。
（6）停电作业时，在消除作业命令之前，禁止向停电的设备上送电，在紧急情况下必须送电时要按下列规定办理：
① 通知施工负责人，说明原因，暂时结束作业。
② 拆除临时防护栅、接地线和标示牌，恢复常设防护栅和标示牌。
③ 属于电调管辖的设备按电调的命令送电，其他设备由供电维保单位批准送电。
④ 值班员要将送电的原因、范围、时间、批准人的姓名等记入运行日志和有关记录中。
⑤ 停电作业的设备，在结束作业前需要试加工作电压时，要按下列规定办理：
a. 确认作业地点的人员、机具均已撤至安全地带。
b. 确认被试设备具备试加工作电压的条件。

c. 拆除妨碍送电的临时防护栅、接地线和标示牌，恢复常设防护栅和标示牌。

d. 施工负责人会同值班员对有关部分进行全面检查，确认可以送电后，在施工负责人的监护下，由值班人员进行试加工作电压的操作。

e. 试加工作电压完毕后，如需继续作业，必须由值班人员根据工作票的要求，重新办理安全措施。

3、工作监护制度

（1）当进行高压设备远离带电部分的作业和低压设备不停电作业时，施工负责人主要是负责监护作业组成员的作业安全，不参加具体作业。

（2）当进行设备的停电作业时，施工负责人除监护作业组成员的作业外，在下列情况下可以参加工作：

① 当全所停电时。

② 部分设备停电，距带电部分较远或有可靠的防护设施，作业人员不致触及带电部分时。

③ 当作业人员较多，或作业范围较广，施工负责人监护不到时，可另设监护人。设置的监护人员由施工负责人指定取得相应作业证的作业组成员担当。

④ 当作业需要时，可派遣不少于 2 人的小组（包括监护人）到其他地点进行相关工作，其作业人员应取得相应作业证。禁止任何人在高压设备间隔、高压柜、容器设备内单独停留作业。

⑤ 值班员发现不安全因素要及时提出并要求其立即纠正，若发现有危及人身、行车、设备安全的紧急情况时，有权停止其作业、收回工作票、令其撤出作业地点。

4. 作业间断、转移和工作票终结制度

（1）作业中需暂时中断工作离开作业地点时，施工负责人负责将人员撤至安全地带，材料、零部件和机具要放置牢靠，并与带电部分之间保持足够的安全距离。继续工作时，须重新检查安全措施符合工作票要求后方可开工。

（2）在作业中断期间，未征得施工负责人同意，作业组成员不得擅自进入作业地点。每次开工和收工除按上述规定执行外，在收工时还应清理作业场地，开放封闭的通道，开工时施工负责人还要向作业组成员宣讲工作票，由值班员布置好安全措施后方可开始工作。

（3）在同一个电气连接部分使用同一张工作票在几个工作地点工作时，全部安全措施在开工前一次做完，施工负责人在转移工作地点时，应向作业组员交代带电范围、安全措施和注意事项。

（4）当工作全部完成时，由作业组成员负责清理作业地点，施工负责人会同值班员检查作业中涉及的所有设备，确认设备状况、状态，有无遗留物件等。确认无误后按照下列程序办理工作票终结手续：

① 在施工负责人监护下，值班人员对安全措施进行恢复。

② 施工负责人向电调申请销令。

③ 施工负责人向车站值班员（或行调）办理销点手续。

④ 使用过的工作票由承修班组负责保管，工作票保存时间不少于 3 个月。

思考题

1. 保护安全的技术措施有哪些？
2. 不同电压等级电气的安全距离是多少？
3. 第一种工作票和第二种工作票的定义分别是什么？
4. 施工负责人的职责是什么？

评价表

项目名称	工作制度和规定	学生姓名	
任务名称	电力系统安全规定	分数	
项目		分值	考核得分
1. 作业现场的基本条件/一般安全要求/高压设备的巡视		40	
2. 倒闸操作/电气设备的检修作业/保证安全的技术措施/在六氟化硫（SF6）电气设备上的工作		30	
3. 实际操作		30	
教师简要评语：			
		教师签名：	

第三节 电力系统调度管理

【学习目标】

（1）掌握市域铁路作业命令的办理、工作票审批制度、检修施工作业。
（2）掌握市域铁路电调命令管理办法、调度管辖范围。

电力系统调度管理讲述的电调实际工作的内容和方法，利用调度指挥手段完成各项生产任务。

一、电力系统调度管理

（一）作业命令的办理

（1）对变电所有权停电的设备，可按规定自行停电、办理准许作业手续。对变电所无权自行停电的设备要按下列要求办理：

① 属电调管辖的设备，作业前由施工负责人申请停电。电调审查无误后发布停电作业命令。电调在发布停电作业命令时，受令人认真复诵，经确认无误后，方可给命令编号和批准时间。发令人和受令人同时填写《作业命令记录》。并由值班员将命令编号和批准时间填入工作票。

② 对不属于电调管辖的设备停电时，由电调向用电主管部门办理停电作业的手续，施工负责人按照电调命令执行。

（2）在同一个停电范围内有几个作业组同时作业时，对每一个作业组，电调必须分别下达停电作业命令。

（二）工作票审批制度

（1）工作票是在进行作业时的书面依据（见图 2-3-1），应字迹清楚、正确、不得用铅笔书写和涂改。当值电调如发现工作票字迹不清、脏污破损等可以退回开票部门或不予受理。工作票填写要一式两份，一份交施工负责人，一份交电调。施工负责人据此办理准许作业手续。工作票的作业内容、作业代码、施工计划时间、安全防护措施等应与《周施工行车通告》《日补充计划通告》《临时补修计划通告》中的施工计划内容相符，不得出现作业范围和施工地线超出施工计划区域，工作票上的设备编号采用统一调度编号。

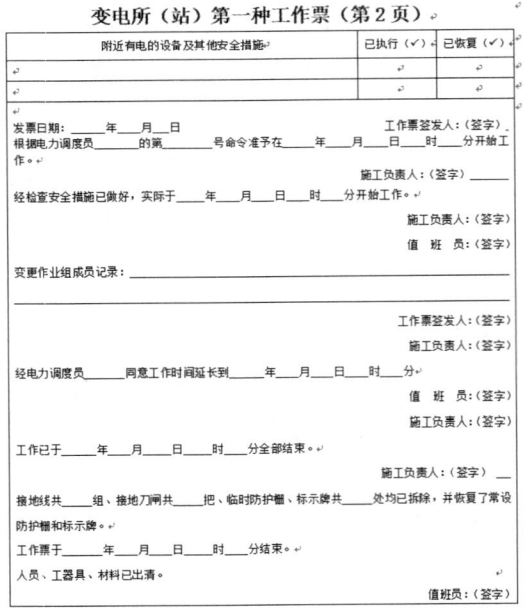

图 2-3-1　工作票格式

（2）工作票必须提前一天提交给当值电调，特殊情况下需向当值电调说明延迟交票的理由，但最迟不得超过作业开始前 4 h。事故抢修和处理紧急故障可不开工作票，但在故障处理完毕后须在 24 h 内补交工作票，其他所有作业均需先开工作票。

（3）上传给当值电调的工作票必须有施工负责人和专业工程师及以上人员的双方审核签字，方可有效。

（4）工作票内容不得随意更改，如需更改应在更改处标注清楚，并签名（盖章）、签注日期。一张工作票面上的更改不得超过两处，否则应重新开票。

（5）变电所第一种工作票的有效时间一般不超过 7 天，遇抢修、大中修时，不超过 30 天。变电所第二种工作票有效时间最长为一天，不得延长。接触网第一种工作票的有效期不得超过 7 天。工作票污损影响继续使用时，应将工作票重新填写。工作票保存时间不小于 3 个月。

（6）工作票中的作业组成员一般不应更换，若必须更换时，应经专业工程师同意。若专业工程师不在，可经施工负责人同意，但施工负责人更换时必须经专业工程师同意，并在工作票上签字，提前报当值电调备案。作业过程中不允许更换施工负责人。

（7）一个施工负责人同时只能接受一张工作票，一张工作票只能发给一个作业组，同一张工作票的签发人和施工负责人必须由两人分别担当，不得相互兼任。工作票签发人和施工负责人应由有相应资质的人员担任。

（8）在一个电气连接部分内，同时只允许一个作业组在一项设备上进行高压试验。如必须在同一连接部分内同时进行检修和高压试验工作时，可将高压试验与检修作业合并为一项作业，由现场施工负责人全面负责现场作业安全防护和作业安排。

（9）工作票在作业前 30 min 在施工所在地由施工负责人向当值电调宣读工作票，并向当值电调申请办理准许工作手续。

（10）变电所第一种工作票中，当值电调仅对必须采取的安全措施中要求断开的开关、隔离开关进行操控，该项安全措施满足要求后，当值电调与现场人员核对开关状态，电调确认具备施工条件后再根据工作流程发布作业批准时间，通知施工负责人按工作票内容做安全措施。

（11）变电所第二种工作票在当值电调确认具备施工条件后，发布作业批准时间。

（12）变电所第一种工作票的安全措施中，必须保证施工作业区域与所有来电方向保持至少有一个明显的断开点，且各断开点作业区域内侧至少有一组临时接地线或接地隔离开关，保证作业安全。接触网第一种工作票中的作业范围、停电范围、防护配合要求不得超出《周施工行车通告》《日补充计划通告》《临时补修计划通告》的计划要求，且接触网的地线位置必须切断各来电方向，并包括全部施工作业范围。

（13）电调管辖范围内，凡影响供电设备运行的施工作业，均需根据工作票进行施工。如其他部门施工需供电设备停电的或需配合挂拆地线的，应由维保单位供电部相关专业开具工作票，并按配合作业的要求组织施工。

（三）检修施工作业

（1）凡经批准的重大检修施工或影响电力系统安全运行的施工，必须由维保单位供电部评估影响范围，在施工前提交详细的施工方案至调度部备案。调度部制定相应的运营方案和事故预案，并提交相关部门审批。

（2）设备停役正式批复以调度下达的指令为准，维保单位供电部负责通知相关设备停役影响的用户。

（3）凡设备在复役时有核相、冲击合闸试验、带负荷试验和做与系统有关的试验要求的，申请检修单位应将试验方案或要求提交至调度部，在得到调度部同意后，再进行相关设备的复役申请，否则电调将不予安排和推迟进行。

（4）供电设备的检修作业应纳入周计划中，所有计划必须统筹安排，同一设备上不同的施工内容或施工单位必须合并施工，尽量减少设备停役次数。所有计划按《施工管理规则》申报至调度部。

（5）计划检修如因故不能按批准的时间如期开工或取消该项施工的，应至少在施工开始前4h通知电调。设备检修提前完工，应及时向电调报告工作完毕。设备检修不能按时完工的，应在原批准的结束时间前半小时报电调，调度员根据实际情况有权许可延时或暂停该项施工，延时施工的必须办理相关延期手续。

（6）电调在组织检修施工作业前，应将所有的停电作业申请进行综合安排，审查作业内容和安全措施，确定停电范围。

（7）接触网施工，检修施工负责人应提前到车站办理请点登记手续，并通过车站值班员向行调申请作业。行调应根据已审批的《周施工行车通告》《日补充计划通告》《临时补修计划通告》进行核对，确认无误后方可向电调申请停电操作，操作结束后，由行调及时发布施工承认号，在得到命令后，作业负责人应确认作业起止时间及作业范围，在采取必要的安全防护措施后施工检修作业方可开始。

（8）任何人员均不得擅自变更安全措施或检修设备的接线方式。若因检修需要必须作临时变更时，现场负责人应向设备归口单位确认，报电调并得到同意后方可进行施工。

（9）检修工作结束后，变电所内的检修由现场负责人向车站值班员办理销点手续，现场负责人向电调申请销令。

（10）现场工作结束后，施工负责人必须迅速向电调汇报如下内容：

① 工作地点装设的接地线等安全措施是否全部拆除。

② 施工人员是否已全部安全撤离到安全区域。

③ 设备线路是否有变更。

④ 设备是否存在缺陷。

⑤ 相位是否变动。

⑥ 试验结果是否合格。

⑦ 设备、线路是否已具备送电条件。

（11）轨行区施工时，电调只有在接到同一停电范围的所有作业均已结束、行调确认具备送电条件时，方可发令送电。严禁"约时"送电。

（12）凡在检修中的设备由于系统运行需要，电调有权发布调度命令要求检修、试验人员立即停止工作，并尽快将已停役的设备恢复到具备送电条件状态。

（13）需要经地调批准的作业，需要至少提前15天将申请提交至调度部。

（14）接触网停送电及拆挂地线有关规定

在接触网下方或其带电体附近进行作业时，施工作业部门或单位应根据作业性质、作业时与接触网的距离,以及相关规定,在提报计划时注明：不需停电（2 m外）、需停电挂地线（距离接触网1 m及以内）、需停电但不需挂地线（距离接触网1 m以外,2 m及以内）、须带电。

（15）非运营期间,一个供电分区内的上/下行线开行调试列车或工程列车时,原则上邻线不予办理非行车类施工作业。

（16）非运营期间,一个供电分区内上/下行接触网进行停电施工,原则上邻线接触网也应做停电防护;运营期间的抢修施工,上/下行接触网是否带电由现场抢修总负责人视情况决定。

（17）车辆段单个供电分区停电进行检修作业时,做好施工预想、加强防护并安排熟悉现场的监护人员监护作业。

（18）电调在执行正线接触网停/送电时,须接到行调填写的《停电通知单》（见图 2-3-2）/《送电通知单》,确认后方可执行。

停电通知单

停电号码：　　　　号

停电理由								
停电区段								
要求停电区段于 行调	年	月 场调	日	时 批准具备停电条件	分	值班主任确认		
						电调确认签收		
电调　　确认停电区段于　　　年　　月　　日　　时　　分 停电完成。						行调确认签收		
						值班主任确认		
通知记录	桐岭车辆段	桐岭	潘桥	动车南	新桥	德政	龙霞路	惠民路
	三垟湿地	龙腾路	科技城	瑶溪	奥体中心	永中	机场	灵昆
	瓯江口	瓯华	双瓯大道					

图 2-3-2　停电通知单

（19）电调在执行正线接触网拆挂地线时,须填写的《挂/拆地线通知单》（见图 2-3-3）交行调同意后执行。

S1 线挂/拆地线通知单

作业项目				挂地线通知					拆地线通知				
日期	作业代码	地线位置	地线组数	同意挂地线时间	行或场调签名	电调签名	完成时间	电调签名	行或场调签名	同意拆地线时间	行或场调签名	电调签名	完成时间	电调签名	行或场调签名

图 2-3-3　挂/拆地线通知单

二、电调命令管理办法

(一) 调度命令术语

为保证调度命令在发布、执行过程中的专业性和唯一性，应使用同一的调度命令术语，避免产生歧义（见表 2-3-1）。阿拉伯数字特殊读音规定："0"读"洞"、"1"读"幺"、"2"读"两"、"7"读"拐"。

表 2-3-1　调度命令术语

编号	调度术语	定义
1	调度管辖	供电设备的运行状态、倒闸操作均应按所辖调度员的调度命令进行
2	调度命令	调度员对其所辖的设备发布有关运行、操作和事故处理命令
3	调度许可	设备由下级调度机构管辖，但在进行该设备运行状态改变的有关操作前必须报告值班电调，并征得许可后才能进行
4	调度同意	调度员对供电人员提出的申请给予同意
5	直接调度	调度员直接向现场人员发布有关运行、操作和事故处理命令
6	发布命令	调度员正式给现场人员发布调度命令
7	接收命令	现场人员正式接受调度员发布的调度命令
8	复诵命令	现场人员正式接受调度员发布的调度命令时，依照命令的步骤和内容，给调度员复诵一遍
9	完成命令	现场人员正式接受调度员发布的调度命令，向调度员报告已完成调度命令的步骤和内容
10	拒绝命令	现场人员发现调度员发布的调度命令是错误的或执行将危及人身、设备和系统安全，拒绝接受调度命令
11	设备停役	设备停役：在运行（或备用）中的设备经调度操作后，停止运行（或备用）
12	设备复役	将已具备送电条件的设备投入运行
13	设备试运行	新装或大修后的设备加入供电系统进行必要的试验和检查，并随时可以停止运行
14	开始时间	检修人员做好安全措施后向电调申请开始作业，电调给出的开始时间
15	完成时间	作业结束，检修人员向电调汇报作业情况及完成时间
16	拉开/合上××隔离开关（开关）	将××隔离开关（或开关）切断/接通
17	电气设备运行状态	开关和隔离开关都在合闸位置
18	电气设备热备用状态	开关在断开位置，隔离开关仍在合闸位置
19	电气设备冷备用状态	开关和隔离开关在断开位置，该设备与其他带电设备部分之间有明显的断开点
20	电气设备检修状态	电气设备两侧装设了保护接地线并已做好安全防护
21	合上	把开关或隔离开关放在接通位置

续表

编号	调度术语	定　义
22	拉开	把开关或隔离开关放在断开位置
23	合环	在电力系统中将不同线路、变压器并列运行形成环路的操作
24	解环	在电力系统中并列运行方式改成分列运行的操作
25	跳闸	开关因继电保护动作从合闸位置变为断开位置
26	强送	设备因故障跳闸后，未经检查即送电
27	试送	设备因故障跳闸后经初步检查后再送电
28	充电	不带电的设备与电源接通，但不带负荷
29	验电	用验电工具验明设备是否带电
30	放电	设备停电后，用工具将电荷放掉
31	核相	用校验工具核对两路电源带电设备两端的相位
32	挂（拆）接地线（或合上，拉开接地闸刀）	用接地线（或接地闸刀）将设备与大地接通（或断开）
33	带电巡线	在线路有电时或线路未接地的情况下进行线路巡视
34	停电巡线	在线路停电并接好接地线情况下巡视线路
35	××保护信号复归	将××保护信号恢复原位
36	遥控	调度员在控制中心对变电所设备进行操作
37	站控	操作人员在变电所内对设备进行操作

（二）调度命令的分类

（1）操作命令：包括主变电所、车站综合变电所、接触网和电力线路的倒闸操命令。

（2）作业命令：包括主变电所、车站综合变电所、接触网、电力线路的停电作业命令和间接带电作业命令（指借助绝缘工具间接在带电设备上进行的作业或二次侧作业）。

（3）口头命令：单项操作，命令断开断路器、拉合隔离开关、拆接地线等单项操作。

事故抢修或危及人身、设备、行车安全的紧急情况下，电调可发布口头命令进行单项操作（不超过3个倒闸步骤），口头命令必须经受令人复诵，确认无误后方可执行，并做好记录（记录发令人和受令人的姓名、命令内容和发布时间）。

（三）各类设备的倒闸操作术语

（1）断路器、隔离开关：断开、合上。

（2）手车：拉出、推进。

（3）操作电源：断开、合上。

（4）地线装置：挂接、拆除。

（5）重合闸装置、自动投切装置、继电保护装置：投入、退出。

（6）电调命令的编号（以温州为例）：设备倒闸命令为201-299，作业命令编号为301-399。命令号循环使用，一个循环周期内不得重复使用。

（四）调度命令发布程序

（1）发令人确认受令处所、受令人姓名，按倒闸操作票发布操作命令；按作业任务发布作业命令。
（2）受令人复诵命令内容，报受令人姓名。
（3）发令人确认无误后发布命令编号、批准时间。
（4）受令人应对命令编号和批准时间复诵，发令人进行确认。

（五）调度命令的消令程序（见表2-3-2）

（1）消令人确认命令内容完成后，与发令人联系互报姓名，消令人向发令人提出所要消除的命令编号，并汇报命令内容完成情况及完成时间。
（2）发令人确认消令人并核实命令内容完成后发送消令时间、发令人姓名。
（3）消令人应是受令人，在特殊情况下必须变更时，应申明理由、核对命令编号，确认现场清理完毕、具备送电条件，允许代消。

表2-3-2　变电所当地倒闸命令

序号	流程	发布命令时用语	
		发令人	受令人
1	准备发令	××所，我是电调××，请接受倒闸命令。	××所受令人××，请发令
2	发布发令时间	发令时间：××时××分	复诵发令时间
3	双方互报姓名	发令人：××	受令人：××
4	发布倒闸命令内容	××所操作命令：批准××所执行××（倒闸操作内容）操作。	复诵倒闸命令内容
5	发布命令编号	命令编号：××	复诵命令编号
6	发布批准时间	批准时间：××时××分	复诵批准时间
7	消令人申请消令		××所消令人××，××所××号倒闸操作命令已完成，请求消令。
8	发布倒闸完成时间	完成时间：××时××分	复诵完成时间
9	双方互报姓名	电调××	消令人××

（六）地调命令的管理

地调发布的操作命令若涉及倒闸操作时，应向值班主任、部室领导汇报后执行。
接受地调命令时，应录音、复诵、并按要求在调度值班日志上做好记录，执行完毕及时报告完成时间及操作后的运行方式。

受理地调的逐项命令,应按照命令的顺序逐项依次转发。原则上应至少提前一个班次接受地调预令。

三、调度管辖范围

调度管辖范围是指调度机构对供电系统设备调度范围的分工,一般根据系统构成情况划分。清晰的调度管辖范围划分保证了调度工作的安全。以温州 S1 线供电系统为例,调度管辖范围划分如下。

(1)温州站主变电所:上轨 1191 线、田轨 1192 线线路及两侧间隔,属地调管辖设备。温轨变 110 kV 母分,温轨变 3 号、4 号主变中性点接地方式及分接开关,属地调许可设备。温轨变 110 kV 母线及母线设备,温轨变 1 号、2 号、3 号、4 号主变及其间隔,温轨变 27.5 kV 及 20 kV 系统,属电调管辖(见图 2-3-4)。

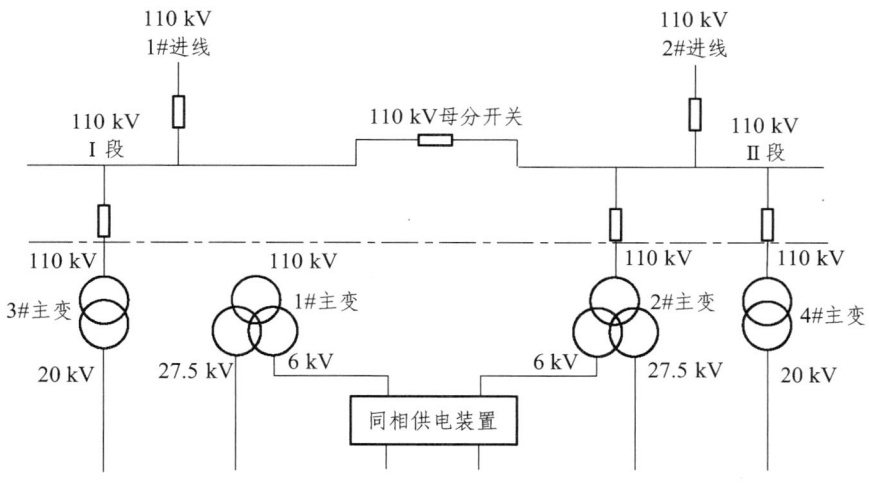

图 2-3-4 主变电所调度管辖

(2)灵昆站主变电所:苏起百昆 1089 线线路及四侧间隔,属地调管辖设备。昆轨变 3 号、4 号主变中性点接地方式及分接开关,属地调许可设备。昆轨变 110 kV Ⅰ 段、Ⅱ 段母线及母线设备,昆轨变 110 kV 母分开关,昆轨变 110 kV 进线 2 间隔,昆轨变 1 号、2 号、3 号、4 号主变及其两侧间隔,昆轨变 27.5 kV 及 20 kV 系统,属电调管辖设备。

(3)20 kV/0.4 kV 变电所:20 kV 高压一次设备及其二次控制设备,400 V 低压设备和 400 V 低压总开关二次控制设备均由电调管辖。

(4)10 kV/0.4 kV 变电所:10 kV 高压一次设备及其二次控制设备,400 V 低压设备和 400 V 低压总开关二次控制设备均由电调管辖。

(5)正线接触网:正线、辅助线的接触网及隔离开关均由电调管辖。

(6)分区所、开闭所:27.5 kV 高压一次设备及其二次控制设备,400 V 低压设备均由电调管辖。

（7）车辆段：除检修库、洗车库和轮对检测棚的隔离开关归场调管辖外，车辆段内其余接触网及隔离开关归电调管辖。

思考题

1. 作业命令办理有什么要求？
2. 工作票审核应注意哪些内容？
3. 现场工作结束后，施工负责人必须迅速向电调汇报什么内容？
4. 温州站主变电所的调度管辖范围是什么？

评价表

项目名称	工作制度和规定	学生姓名	
任务名称	电力系统调度管理	分数	
项目		分值	考核得分
1. 作业命令的办理		10	
2. 工作票审批制度		10	
3. 检修施工作业		20	
4. 调度命令术语		20	
5. 电调命令管理办法		20	
6. 调度管辖范围		20	
教师简要评语：			
		教师签名：	

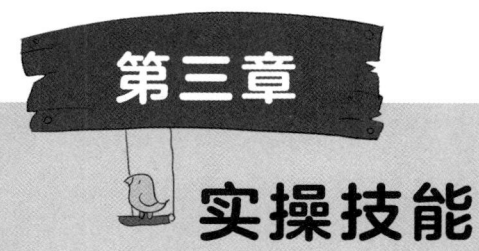

第三章 实操技能

第一节 电力系统倒闸操作

【学习目标】

(1) 掌握市域铁路电气设备状态。
(2) 掌握市域铁路倒闸操作的原则。
(3) 掌握市域铁路倒闸操作基本要求。

倒闸操作是电调最基本也是最重要的业务技能,其直接改变电气设备的运行方式和运行状态,因而是一件责任重大的工作。若发生误操作施工,可能导致设备的损坏,危及人身安全并造成大面积停电,对城市轨道交通运营单位带来巨大损失。

一、电气设备状态

(1) 运行状态:指设备的断路器及隔离开关都在合闸位置,将电源至受电端间的电路接通(包括辅助设备,如电压互感器、避雷器等)。图 3-1-1 为三工位隔离开关和断路器,红色代表合闸,绿色代表分闸(下同)。

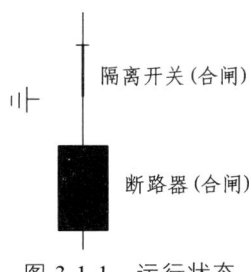

图 3-1-1 运行状态

（2）热备用状态：指设备的断路器在断开位置，而隔离开关在合闸位置，断路器一经合闸，电路即接通为"运行状态"（见图3-1-2）。

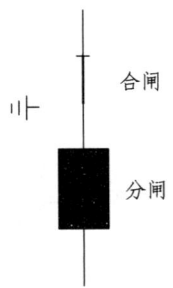

图 3-1-2　热备用状态

（3）冷备用状态：指设备的断路器及隔离开关均在断开位置。其显著特点是该设备与其他带电部分之间有明显的断开点（见图3-1-3）。

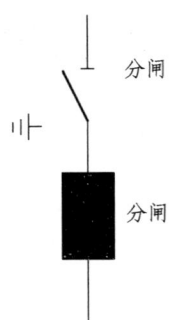

图 3-1-3　冷备用状态

（4）检修状态：指设备的断路器及隔离开关均已断开，检修设备两侧装设了保护接地线（或合上了接地隔离开关），并悬挂工作标示牌，安装了临时遮拦等（见图3-1-4）。

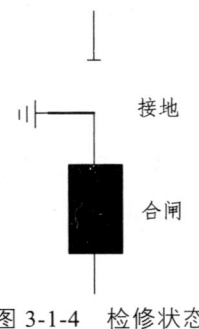

图 3-1-4　检修状态

二、倒闸操作的原则

（1）一个倒闸操作命令只允许执行一个倒闸操作任务，一个所一次只受理一个命令，一个操作组一次只能接受一项倒闸操作任务。

（2）倒闸操作必须由两人进行，一人操作一人监护。操作时，监护人唱票，操作人应大声复诵，并手指设备操作把手，模拟操作动作。监护人确认后，发出"对！执行。"的命令后，由操作人执行操作。

（3）发生人身触电时，现场人员可不经许可立即断开有关开关和隔离开关。事后通知电调，电调做好记录，配合现场人员抢救。

（4）电调在进行倒闸操作的过程中，如有误操作应立即停止操作，联系现场人员，再次操作前必须与供电人员确认设备正常。

三、倒闸操作的基本要求

在拉、合闸时必须用断路器接通或断开回路的负荷电流及短路电流，绝对禁止用隔离开关接通或切断回路负荷电流。

（一）线路停送电操作（见图3-1-5）

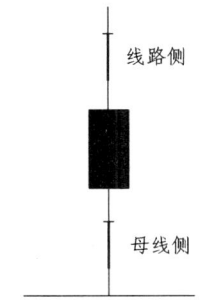

图3-1-5　线路停送电操作

（1）线路送电：从电源侧进行，在检查确认断路器在断开位置后，按先合上母线侧隔离开关，再合上线路侧（负荷侧）隔离开关，最后合上断路器的顺序操作。

（2）线路停电：从负荷侧进行，拉开断路器后，检查确认断路器在断开位置，然后拉开负荷侧隔离开关，最后拉开母线侧隔离开关。

（二）变压器操作（见图3-1-6）

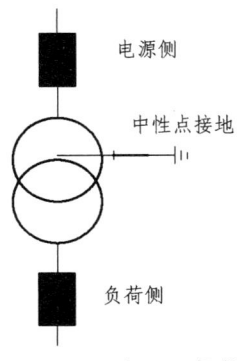

图3-1-6　变压器操作

（1）变压器送电：送电前应将变压器中性点接地，送电时先合电源侧断路器，后合负荷侧断路器。

（2）变压器停电：停电前应将变压器中性点接地，停电时先拉负荷侧断路器，后拉电源侧断路器。

（3）不准用隔离开关对变压器进行冲击。运行中切换变压器中性点接地隔离开关时，应先合后拉。

（三）倒母线操作

倒母线操作是指双母线接线方式的变电站（开关站）将一组母线上的部分或全部线路、变压器倒换到另一组母线上运行或热备用的操作，即先合上母联断路器，再将待停母线的负荷倒至运行母线。

（四）允许隔离开关进行的操作

（1）系统无接地时拉合电压互感器。

（2）拉合无雷击的避雷器。

（3）拉合不超过 5 A 的母线充电电流。

（4）在没有接地故障时，拉合变压器中性点接地隔离开关或消弧线圈隔离开关。

（5）断路器在合闸状态下，拉合与断路器并联的旁路电流。

（6）等电位操作（如倒母线操作）。

（7）用隔离开关进行的解列、合环、拉合空载变压器和空载线路等特殊操作，都须符合有关规定或事先经过计算、试验和设备主管单位领导批准。

（五）SCADA 上执行倒闸操作

SCADA 上执行倒闸操作时，应严格遵守以下操作程序：

（1）操作人员要分别核对鼠标指点处的设备名称、编号正确，由操作人点击被操作设备打开操作界面，监护人核对设备名称、编号及实际运行状态是否与操作票一致。

（2）由监护人按照操作票的顺序逐项唱票，操作人用鼠标指点应操作设备并复诵，监护人同时检查，确认操作人复诵无误后，发出"对、执行"的操作指令，操作人点出操作对话框，核对操作指令，操作人、监护人确认设备名称、操作内容无误后，监护人发出"执行"操作指令。

（3）监护人在操作人完成操作并确认设备变位正确后，在该操作项目上确认。如果设备现场设有检查项目配合人员（有操作权利人员），也要严格执行唱票复诵制度；双方先联系到位，确认对讲机完好后，由监护人通过对讲机（电话）按照操作票唱票，现场配合人员逐项认真检查开关、隔离开关的机械分合位置、电气指示等，确认无误后再复诵。监护人听到现场人员复诵后，同操作人共同检查当地监控后台遥测、遥信量以及相关保护等位置信号正确后，在该检查项目后确认。严禁操作项目与检查项目一并确认。现场检查项目配合人员只允许进行检查项目和拉、合刀闸操作电源的操作。遥控操作时出现异常或"五防"禁止操作时，应立即停止操作，查明原因，不得随意解除闭锁。凡有可能引起误操作的高压电气设备，均应装设防误装置，防误装置应实现以下功能（简称五防）：

① 防止误分、误合断路器；
② 防止带负荷拉、合隔离开关；
③ 防止带电挂（合）接地线（接地刀闸）；
④ 防止带接地线（接地刀闸）合断路器（隔离开关）；
⑤ 防止误入带电间隔。

在远动装置良好状况下，应尽量采用远动操作，确保运行安全。

电调远动操作时，变电所应做好应急倒闸准备工作，监视设备动作情况，发生异常时，及时向电调汇报。

（六）电调发布操作命令的执行

（1）在属电调管辖的设备上进行倒闸作业应有电调发布的倒闸操作命令，电调命令应由现场操作监护人员在受令后复诵，双方均应认真填写倒闸操作票，命令编号及批准时间。倒闸作业完毕后，操作人员应立即向电调报告，由电调确认完成时间，倒闸作业方告结束。

（2）当现场操作人员对倒闸令提出疑问时，电调应立即重新审核倒闸操作票，如倒闸票正确，要求现场操作人员立即执行；如倒闸票确实存在错误，需重新拟定正确的倒闸票后，在重新发令现场操作人员执行。

（3）一般情况下，变电所的倒闸操作由电调直接进行操作，如 SCADA 出现故障，则电调直接发正令给现场倒闸操作人员。主所设备的倒闸操作将设备改到冷备用由电调操作，如 SCADA 出现故障，则电调提前下发预令，实际操作前下发正令，操作组接正令后方可执行操作。

思考题

1. 倒闸操作应注意什么？
2. 什么情况下可以用隔离开关操作？
3. 设备有哪几种电气状态？分别绘制图示。
4. 线路倒闸的操作顺序是什么？

评价表

项目名称	实操技能		学生姓名	
任务名称	电力系统倒闸操作		分数	
项目			分值	考核得分
1. 倒闸操作的原则			30	
2. 实际操作			40	
3. 倒闸操作的基本要求			30	
教师简要评语：				
			教师签名：	

 第二节　电调标准化作业流程

【学习目标】

掌握市域铁路电调标准化作业流程。

人的不安全行为不论是有意还是无意的，最终多数都可归结为错误的操作。由于每个人所受的教育训练、工作经历、技术水平等可能存在很大的差异，因而造成失误的原因也各不相同。为了减少操作错误，就需要制定作业标准。作业标准是经验和科学的总结，体现了安全、舒适、优质、高效的客观规律，因此，只要按照它进行作业，就能有效地防止错误操作。各城市轨道交通电调的标准化作业略有不同，但基本大同小异，现以温州 S1 线电调标准化作业流程为例（见表 3-2-1）。

表 3-2-1　电调标准化作业流程

电调日常作业标准程序			
作业项目	序号	对象	操作步骤
交接班内容	1	接班调度	检查 SCADA 工作站、大屏幕、调度电话、视频监控系统是否处于正常状态
	2	接班调度	调度工作台应保持整齐、清洁，调度台上图纸、资料、文件放置整齐
	3	接班调度	检查《电调工作日志》《电调交接班记录本》《倒闸操作记录本》是否填写正确、清楚、齐全
	4	接班调度	交接清楚上级指示、命令、报告、申请及联系事宜等
	5	接班调度	尚未结束的倒闸和尚未完成的作业命令及注意事项等

续表

作业项目	序号	对象	操作步骤
交接班内容	6	接班调度	了解设备运行方式及重要设备的变更情况、设备缺陷及处理情况
	7	接班调度	查阅调度作业命令和操作命令记录,与交班电调核对遗留工作
	8	接班调度	核对当日施工计划,审核工作票
当班作业流程	1	当班调度	提前15 min到岗,按标准流程完成接班工作并参加交接班会
	2	当班调度	按标准流程检查SCADA系统,监控SCADA系统运行
	3	当班调度	班中完成部门或班组安排的培训学习任务
	4	当班调度	运营突发故障时,向值班主任提供可靠的处理意见,服从值班主任的领导,组织人员、工器具对故障进行处理
	5	当班调度	能够及时发现缺陷和隐患,并组织处理。对可预见的运营安全隐患,要有充分的事故预想准备
	6	当班调度	审查当天施工计划,并协助值班主任审批临时施工计划和抢修作业
	7	当班调度	根据作业内容拟写倒闸操作票,并执行倒闸操作
	8	当班调度	与行调办理停送电签认手续,按规定程序执行停送电操作
	9	当班调度	组织开展施工作业,发布施工作业命令,掌握施工进度及作业情况
	10	当班调度	梳理交班事项,填写交班记录,逐项交接清楚
SCADA系统检查	1	当班调度	检查主变电所开关设备状态,1#、2#进线及接触网馈线负荷电流,110 kV、27.5 kV、20 kV母线电压
	2	当班调度	检查桐岭车辆段分区兼开闭所及分区所开关设备状态、母线电压和负荷电流
	3	当班调度	依次检查各车站变电所开关设备状态和进出线电压电流、变压器电流、温度及400 V电压电流
	4	当班调度	检查车辆段开闭所1#、2#进线电压电流和交直流屏模拟量
	5	当班调度	检查全线接触网开关设备状态及带电情况
	6	当班调度	检查报警管理器报警信息是否正常,声音报警是否正常
	7	当班调度	切换至主变电所界面作为主监控界面
审核工作票	1	当班调度	作业代码、作业内容、作业地点、工作时间、施工负责人等信息是否和施工计划或作业方案一致
	2	当班调度	变配电:需停电的设备范围是否正确、倒闸顺序是否满足作业安全条件
	3	当班调度	变配电:作业区域必须采取的安全措施内容、设备编号是否正确和完整
	4	当班调度	变配电:其他安全措施包括需要装设的地线、防护标识和带电设备提示是否正确和完整
	5	当班调度	接触网:需停电的设备范围是否正确、满足作业安全条件
	6	当班调度	接触网:装设接地线的位置和组数是否正确和完整
	7	当班调度	接触网:作业区域的防护措施或其他安全措施是否正确和完整

续表

\multicolumn{4}{	c	}{电调日常作业标准程序}
作业项目	序号	对象	操作步骤
接触网停电流程	1	双人确认	审核行调的《停电通知单》，确认停电理由、停电区段、要求停电时间及行调和值班主任签字
	2	双人确认	核对停电区段、停电时间和当日施工计划是否有冲突
	3	监控调度	确认无误后在《停电通知单》电调确认一栏填写姓名或代码
	4	双人确认	根据《停电通知单》的停电区段调取相应的倒闸卡片
	5	操作调度	选择相关主所和接触网图SCADA界面确认设备状态是否正常
	6	监控调度	根据倒闸卡片倒闸步骤手指口呼操作相应的开关
	7	操作调度	复诵监控调度的命令，在得到监控调度"执行"命令后执行倒闸操作
	8	双人确认	实时确认开关状态变化及报警管理器的报警信息是否正常
	9	双人确认	《停电通知单》要求停电区段停电完成后确认接触网供电分区停电情况是否正确
	10	监控调度	确认无误后在《停电通知单》完成一栏填写姓名或代码及完成时间
接触网送电流程	1	双人确认	审核行调的《送电通知单》，确认送电理由、送电区段、要求送电时间及行调和值班主任签字
	2	双人确认	核对送电区段、送电时间和当日施工完成情况是否有冲突
	3	监控调度	确认无误后在《送电通知单》电调确认一栏签字确认
	4	操作调度	根据《送电通知单》的送电区段调取相应的倒闸卡片
	5	操作调度	选择温州牵引所、灵昆主所和接触网图SCADA界面确认设备状态是否正常
	6	监控调度	根据倒闸卡片倒闸步骤手指口呼操作相应的开关
	7	操作调度	复诵监控调度的命令，在得到监控调度"执行"命令后执行倒闸操作
	8	双人确认	实时确认开关状态变化及报警管理器的报警信息是否正常
	9	双人确认	要求送电区段送电完成后确认接触网供电分区带电情况是否正确
	10	监控调度	确认无误后在《送电通知单》完成一栏填写姓名或代码及完成时间
施工组织	1	双人确认	和施工负责人确认身份及"该项施工已完成车站请点，作业人员和工器具已到位"
	2	双人确认	和施工负责人仔细核对相应工作票内容
	3	双人确认	按工作票停电要求组织停电并做好记录
	4	双人确认	停电完成后和施工负责人确认现场设备状态是否停电正确。确认"本次施工是否已具备作业条件"
	5	双人确认	电调按程序发令，许可施工负责人开始施工并要求其按工作票做好安全防护措施
	6	双人确认	施工结束后，和施工负责人确认"安全措施已全部拆除，人员工器具已出清，设备已恢复正常，设备线路已具备送电条件和施工结束时间"

续表

电调日常作业标准程序				
作业项目	序号	对象	操作步骤
施工组织	7	双人确认	电调按程序消令,许可施工负责人结束施工
	8	双人确认	根据施工负责人申请,现场人员撤离至安全区域后组织对停电设备进行送电
	9	双人确认	送电完成后和施工负责人确认现场设备状态。设备运行正常后,方可允许施工人员离开
倒闸操作监护流程(示例:温州主所至桐岭下行供电分区(1A1、1C1)停电)	1	监控调度	监护调度员口呼:"桐岭分区兼开闭所。"
	2	操作调度	操作调度员调出桐岭分区兼开闭所界面,复诵:"桐岭分区兼开闭所。"
	3	监控调度	监护调度员手指桐岭分区兼开闭所断路器271,口呼:"确认断路器271分位。"
	4	操作调度	操作调度员确认并复诵:"确认断路器271分位。"
	5	监控调度	监护调度员口呼:"温州牵引所。"
	6	操作调度	操作调度员调出温州牵引所界面,复诵:"温州牵引所。"
	7	监控调度	监护调度员手指温州牵引所断路器211,口呼:"断开断路器211。"
	8	操作调度	操作调度员复诵:"断开断路器211。"
	9	操作调度	操作调度员选中断路器211并进行分闸操作
	10	操作调度	操作调度员口呼:"断路器211已断开。"
	11	监控调度	监护调度员手指温州牵引所隔离开关2111,口呼:"断开隔离开关2111。"
	12	操作调度	操作调度员复诵:"断开隔离开关2111。"
	13	操作调度	操作调度员选中隔离开关2111并进行分闸操作
	14	操作调度	操作调度员口呼:"隔离开关2111已断开。"
	15	监控调度	监护调度员手指温州牵引所接触网隔离开关Z01,口呼:"断开接触网隔离开关Z01。"
	16	操作调度	操作调度员复诵:"断开接触网隔离开关Z01。"
	17	操作调度	操作调度员选中接触网隔离开关Z01并进行分闸操作
	18	操作调度	操作调度员口呼:"接触网隔离开关Z01已断开。"
接触网配合拆挂地线	1	双人确认	审核行调的《拆/挂地线通知单》,确认地线位置,要求挂地线的时候,行调与值班主任签字
	2	发令调度	通过录音电话与现场拆挂地线人员进行下令,明确地线位置、发令时间、发令人
	3	监督调度	确定其发令内容正确无误
	4	现场人员	凭施工负责人证请点办理进入轨行区拆挂地线
	5	现场人员	结束后出清轨行区向行调销点
	6	现场人员	与电调再次确认拆挂地线位置,并明确已完成作业内容
	7	发令调度	复诵现场人员上报信息,确认后记录完成时间
	8	双人确认	填写《拆/挂地线通知单》,并交于行调

思考题

1. 电调作业标准的作用是什么？
2. 电调停电的标准化作业流程是什么？
3. 电调审核工作票的标准化作业流程是什么？

评价表

项目名称	实操技能		学生姓名	
任务名称	标准化作业流程		分数	
项目			分值	考核得分
电调标准化作业流程			100	
教师简要评语：				
			教师签名：	

第三节　电调台账填写标准

【学习目标】

（1）掌握市域铁路电调值班日志及交接班记录的填写标准。
（2）掌握市域铁路电调倒闸操作票的填写标准。

台账填写规范是每一个电调必须具备的业务素质，也是在日后安全检查和发生事件事故后调查人员必查的项目，直接关系到调度员的日常工作表现。因此，调度员必须认真对待所需填写的台账。

电调日常需要填写的台账有《电调值班日志》《电调交接班记录》《倒闸操作票》《停送电通知单》等，每一本台账都有填写标准，现以温州轨道交通S1线电调台账举例。

一、值班日志及交接班记录

（一）填写说明

（1）字体均采用宋体（正文）5号，不允许分行。
（2）时间栏和地点栏居中填写，内容栏和电调的交班记录栏左对齐填写。

（3）填写当值班次、当班日期时间和当班调度名字。

（4）在值班日志内填写当班工作记录：倒闸操作、施工作业、故障处理、演练等内容。填写格式见模板（见图3-3-1）。

（5）每条交班记录后面需记录第一交班调度代码和日期，后面调度负责更新信息记录。

（6）已处理故障、工作信息和通知需交接3天以上。

（7）交班记事栏里由当班电调填写故障信息、设备状态、运行方式、通知、工作信息等内容。填写格式见填写模板（见图3-3-2）。

（8）在内容未超出一页范围时，台账页面设置为维持值班日志和交接班记录各一页。

（9）已使用命令号由当班调度填写、电量信息由夜班调度填写。

（10）台账需正反打印，交接班调度需在最后一栏手写签字确认，放于指定文件夹存档。

（二）填写模板

电调值班日志

班次		当班调度		日期时间	年　　月　　日　　一
时间	地点	内容			
20:45	×××站	倒闸及发令操作：命令号×××，操作人：×××，完成时间：××：××。			
22:10	动车南	S1C1-04-10施工请点，命令号：378，批准时间，22:12，受令人：××，销点时间：02:57			
04:30	×××站	故障记录：×××××××××××××××× 故障原因：×××××××××××××××× 处理经过：××××××××××××××××对行车有影响故障需填写事件报告			
04:30	×××站	接触网失电演练开始			

图3-3-1　电调值班日志模板

电调交接班记录

交接记录：
待处理故障记录
1. 工单号：050801　故障现象：奥体中心站 SF6 超高报警及主机故障原因为 SF6 探测器损坏，导致超高报警及主机故障。处理经过：6/19 日更换新的传感器后，奥体 SF6 主机及传感器均恢复正常。（P010　2019/6/3）
已处理故障记录
1. 工单号：050801　故障现象：温轨变："第十槽有异常告警"。处理时间：2018\06\02。处理措施：重启服务器。处理人：陈某。（P010　2019/6/3）
设备状态、运行方式变更
1. 接触网状态：A1、1B1、1C1、1A2、1A3、1B2、1B3、1C2、1C3、1D1、1D2、1D3 供电分区及供电线带电。
2. 运行方式变更：2#主变热备，1#主变运行。（P006　2019/5/31）
工作信息及通知
1. 通知：各班请知晓"6 月 1 日—6 月 4 日田轨 1192 线配合地方停电方案"。（P008 2019/5/30）
2. 供电部接触网专业东段接挂地线负责人李佳璇 5 月 31 日—6 月 20 日休假，地线负责人交给刘宝存 18358778681。（P003　2019/5/30）
3. 地调发布灵昆主所送电的预令，已保存在桌面文件夹。（P006 2019/5/31）

倒闸命令号		作业命令号					
总电量		牵引部分		电力部分		抄表时间	
交班人签名				接班人签名			

图 3-3-2　电调交接班记录模板

二、倒闸操作票

（一）填写说明

（1）字迹需清晰、规整、大小适中。

（2）在发令人栏、监护人栏后空白处签名，在工作日期后空白处填写操作时期（格式：年.月.日）（见图3-3-3）。

（3）在拟定栏后空白处签名，审核栏后空白处签名，拟定日期栏后空白处填写拟定日期。

（4）在操作任务栏、地点栏、命令号栏、操作内容栏里由拟票人填写操作班组需倒闸操作事项。

（5）发令时间栏、批准时间栏、受令人栏、备注栏由发令人填写，若倒闸操作票由电调操作，只需填写完成时间并在备注栏里注明：电调操作。

（6）在操作完后，由操作人盖上执行章并签名，在时间栏后空白处填写时间。

（7）若需作废，盖上作废章，在原因栏后空白处注明原因，在时间栏后空白处填写时间。

（8）若填写错误，在填写错误处划去，修改内容后并盖章。

（9）第一个和最后一个填写的人，在封面上填写日期。

（二）填写模板

倒闸操作票

操作任务	温州牵引所27.5 kV断路器211由运行改冷备用		发令人	调度A	监护人	调度B	命令号	×××
地点	操作内容			受令人	发令时间	批准时间	完成时间	备注
温州牵引所	1. 拉开温州牵引所27.5 kV断路器211并确认			值班员	××:××	××:××	××:××	
	2. 检查温州牵引所27.5 kV隔离开关在分闸位置							
	3. 拉开温州牵引所27.5 kV隔离开关2111							
	4. 检查温州牵引所27.5 kV隔离开关2111在分闸位置							
拟票人：调度A	拟票日期：××××/××/××				审票人：调度B	工作日期：××××/××/××		

图3-3-3　倒闸操作票模板

三、停送电通知单

（一）填写说明

（1）字迹需清晰、规整、大小适中。

（2）电调在签字处填写电调代码，无电调代码则填写姓名（见图3-3-4）。

（3）停送电理由、区段及其他调度签字处由行调或值班主任填写，但电调需对停送电理由及区段进行复查确认。

（4）时间用阿拉伯数字填写。

（二）填写模板

停（送）电通知单

停（送）电号码：　　　号

停（送）电理由								
停（送）电区段								
要求停(送)电区段于　　年　　月　　日　　时　　分 行调　　　　场调　　　　批准具备停（送）电条件						值班主任确认		
						电调确认签收		P001
电调 P001 确认停（送）电区段于 2020 年 09 月 10 日 21 时 35 分停（送）电完成。						行调确认签收		
						值班主任确认		
通知记录	××站	××站	××站	××站	××站	××站	××站	××站
	××站	××站	××站	××站	××站	××站	××站	××站

图3-3-4　停（送）电通知单模板

思考题

1. 值班日志需要记录的内容有哪些？
2. 电调倒闸操作票的填写说明是什么？
3. 停送电通知单需要电调填写的内容有哪些？

评价表

项目名称	实操技能	学生姓名	
任务名称	台账填写标准	分数	
项目		分值	考核得分
1. 电调工作日志		40	
2. 电调倒闸操作票		40	
3. 停送电通知单		20	
教师简要评语： 　　　　　　　　　　　　　　　　　　　　　　　　　　教师签名：			

第四章 故障应急处理

第一节 供电故障处理的原则

【学习目标】

掌握市域铁路供电故障处理的原则。

市域铁路供电系统常见故障包括接触网故障、断路器故障、同相供电装置故障、外部电源故障。接触网故障发生频率高，对行车影响较大，接触网故障主要包括接触网异物、接触网断线和接触网失电等故障，特别是接触网失电会引起行车中断，所以要保持接触网正常供电和故障后迅速恢复供电。

电调是调度系统的重要组成部分，是供电设备安全运行和应急处置的指挥主体，负责发生故障时故障信息的发现和通报、抢修人员的安排和故障处理的跟进。电调在处理故障时应遵守以下原则：

（1）电调是供电系统事故处理的指挥官，对事故处理的正确和迅速负责，在事故处理时应做到：

① 防止事故扩大，消除事故的根源，迅速解除对人身和设备安全的威胁。

② 与行调员密切配合，果断采取启用备用设备、越区供电、分段试送电、划小单元供电等有效措施，缩短停电时间，保持接触网及各车站供电设备的继续运行。

（2）供电设备发生故障、事故时，电调要立即通知 OCC 值班主任、各调度、生产调度，由值班主任根据故障性质启动应急预案并任命现场抢修负责人。事故抢修中现场抢修负责人、生产调度需每隔一段时间主动向电调报告抢修进展情况。

（3）供电设备遇有危及人身、设备和行车安全的紧急情况时，电调可立即进行远动操作，可对权限范围内的设备停电或向现场人员下达停电倒闸操作命令。紧急情况时，变电所值班员可先行断开有关的开关和隔离开关，再报告电调，但再合闸时必须有电调的命令。

（4）在处理事故时，各部门相关人员如有疑义，可以向电调提出合理化建议，但不能干预电调正常调度指挥。事故处理过程中，电调有应详细记录事故处理过程，事故处理完毕后及时完成事故分析报告。

（5）事故处理完毕后，抢修负责人应尽快向电调、生产调度汇报故障设备损坏情况、处理过程、遗留问题等。电调将事故概况和处理结果及尚需处理事项及时通知相关调度和供电相关人员，对需继续处理的事项电调应积极协助配合。

（6）变电所发生故障中断供电时，应及时通知生产调度并尽快改变供电运行方式，迅速恢复对接触网、车站一、二级负荷的供电。

（7）接触网馈线开关发生故障（事故）跳闸，影响列车正常运行、调试、检修时，电调应立即与生产调度联系，查找事故原因，尽快恢复对接触网的供电。

（8）主变电所馈线断路器跳闸重合失败后，电调应立即通知相关工区准备出动。同时通过行调了解跳闸供电区段各列车情况、站区接触网有无异常；通知停电区段列车降弓。若经询问无异常现象，可撤除重合闸后试送电，试送电原则上不超过1次（其中上、下行同时跳闸并且重合闸都不成功情况下，试送电前应同行调、主变电所人员确认均无异常情况，不得盲目试送电，可采用断开一行上网开关，先试送该行馈线成功后，再试送另一行，如另一行仍失败，则应停止送电，组织巡视）。

（9）当列车故障或发生其他事故需接触网停电处理时，电调应积极与行调配合，确定停电区段和采取的安全措施。

（10）当供电系统特别是牵引供电系统发生事故时，有关值班人员应迅速正确地向电调报告发生的时间、现象、设备名称、跳闸开关、继电保护的动作情况和电压、电流的变化等。

（11）变电所发生事故时，当值人员应及时与电调联系，听从电调指挥。在没有接到调度指令前任何人不得靠近、触摸或检修故障设备。

（12）当设备在运行中发现缺陷时，由供电专业人员现场确认能否坚持运行或需带电/停电处理。

（13）事故处理或抢修时可不开工作票，但必须经电调批准并做好安全措施后方可工作。

思考题

1. 供电系统的常见故障有哪些？
2. 供电故障处理的原则有哪些？

评价表

项目名称	供电故障应急处理	学生姓名	
任务名称	供电故障处理的原则	分数	
项目		分值	考核得分
供电故障处理的原则		100	
教师简要评语： 教师签名：			

第二节 供电故障处理程序

> 【学习目标】
>
> 掌握市域铁路供电故障处理程序。

市域铁路供电设备多，发生的故障分布广泛，故障对运营安全威胁大。供电故障处理程序是电调利用调度指挥手段保证运营安全的重要方法，也是电调业务能力的核心模块。

一、主变电所全所失电应急处理

（一）总体思路

主变电所全所失电是指 2 路进线电源同时失电，会造成大面积的接触网和车站停电。停电区域接触网由另一座主变电所通过南洋大道分区所，再通过故障主变电所 27.5 kV 母排恢复供电。停电区段各车站通过奥体中心站环网联络开关，再通过故障主变电所跨所供电装置恢复供电。

（二）处理程序

（1）电调立即通知值班主任、行调、环调、车辆段场调故障情况和影响范围，要求行调扣停受影响区域内的列车，列车降弓。

（2）通知维保单位生产调度立即安排抢修人员前往故障主变电所抢修并巡视全线变电所设备。

（3）与温州地方电网调度（以下简称"地调"）联系，询问失电原因及预计恢复时间，如地调答复恢复时间较长或无法判断时，立即组织由另一座正常运行主变电所支援供电。

（4）向地调申请同时拉开两路 110 kV 线路开关，合上两台电力变压器中性点接地闸刀，等待 110 kV 电源来电。并将 1#、2#、3#、4#主变低压侧开关改为冷备用。

（5）值班主任同意支援供电方案后，电调按《控制中心应急处理程序》相关倒闸步骤执行恢复失电区域接触网供电。

（6）电调通知行调接触网已恢复供电，向司机确认列车网压是否正常。

（7）电调向环调确认具备送电条件后，远控退出故障牵引所 20 kV 母分开关备自投，按《控制中心应急处理程序》相关倒闸步骤执行恢复失电车站供电。远控恢复停电区段各车站 400 V 供电。

（8）通知值班主任、行调、环调、场调、维保单位生产调度接触网和车站停电区域及相邻供电分区已恢复供电。

（9）通知维保单位供电专业人员加强设备巡视并在重要设备站点驻守。

（10）密切关注主变电所负荷情况。

（11）对故障处理做好记录，填补相关台账，并形成报告。

（三）主变电所全所失电应急处理流程（见图 4-2-1）

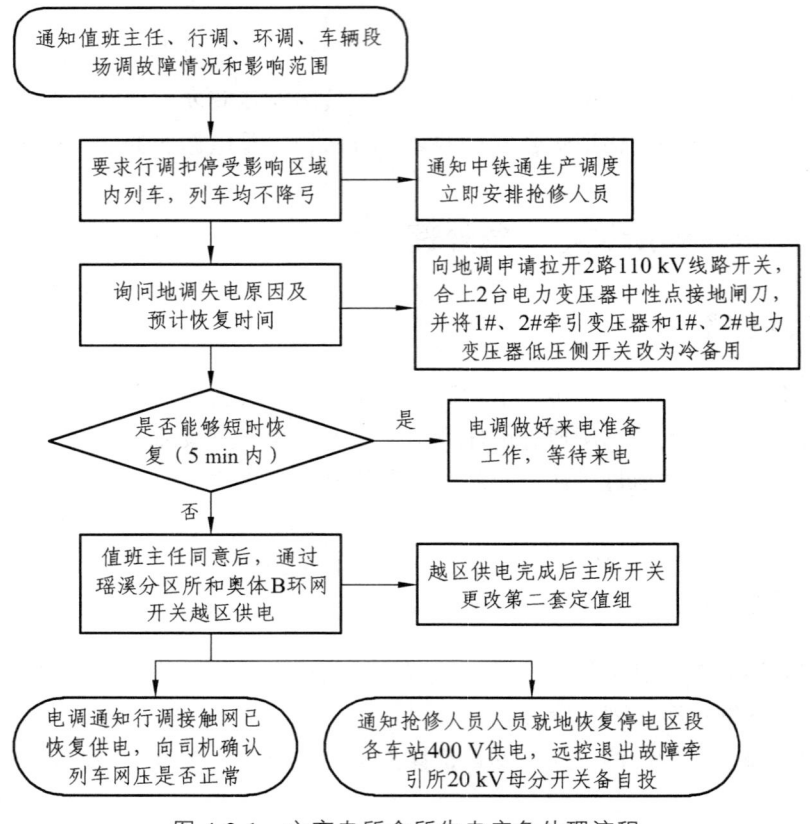

图 4-2-1　主变电所全所失电应急处理流程

二、主变电所 110 kV 一路进线故障应急处理

（一）总体思路

主变电所一路进线失电会造成该所供电不可靠，可能会影响其供电区域内接触网和车站供电。通过启用正常 110 kV 回路带牵引负荷运行，投入备用牵引变压器恢复接触网正常供电，通过闭合 20 kV 母联开关恢复车站 400 V 正常供电。

（二）处理程序

（1）电调通过 SCADA 判断故障类型，并立即通知值班主任、行调、环调、场调、维保单位生产调度故障情况和影响范围。和主所值班员确认设备状态。

（2）要求维保单位生产调度立即安排抢修人员前往故障主变电所抢修。

（3）与地调联系，询问故障情况，预计恢复时间。向地调申请故障线路改冷备用。

（4）如主用电源失电，电调查看备用牵引变压器是否自切，20 kV 母分开关是否自投成功。

① 主用电源失电而备用牵引变压器未自投，要求行调通知失电区域列车停车电调远控投入备用牵引变压器。

② 20 kV 母分开关自投失败，电调远控合闸 20 kV 母分开关，退出母分备自投功能。

（5）电调远控恢复各车站 400 V 开关，密切关注全线接触网网压变化情况，监控电力系统运行状况。

（6）要求各专业人员巡视车站各自管辖设备的运行状态。

（7）故障 110 kV 线路恢复正常后，待运营结束后经地调许可后投入运行。

（8）对故障处理做好记录，填补相关台账，并形成报告。

（三）主变电所 110 kV 单进线失压应急处理流程（见图 4-2-2）

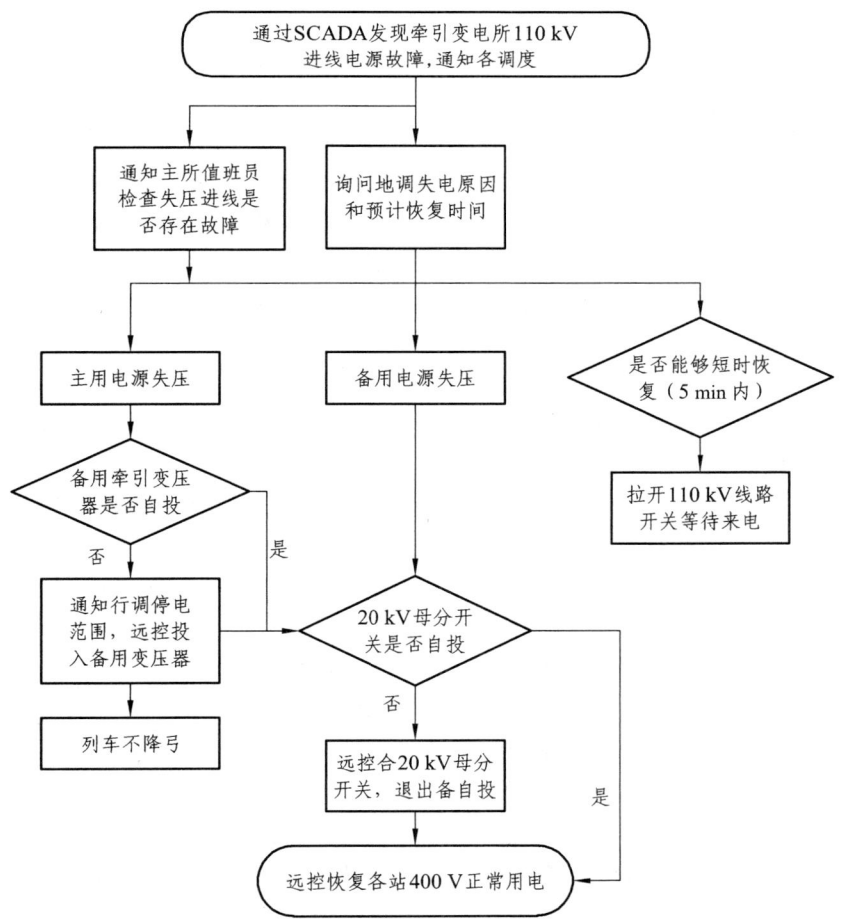

图 4-2-2　主变电所 110 kV 单进线失压应急处理流程

三、主变电所牵引变压器故障应急处理

（一）总体思路

主变电所牵引变压器故障会导致其供电区域内接触网失电。牵引变压器高压侧开关跳闸，可通过投入备用牵引变压器或越区供电，保证接触网正常供电。

（二）牵引变压器故障处理流程

1. 牵引变压器主变本体保护动作处理流程

（1）电调根据 SCADA 后台报文迅速判断故障类型及影响，并与主所值班人员核对设备状态。通知生产调度立即安排抢修人员前往抢修。

（2）安排维保单位抢修人员对故障牵引变压器高低压侧开关设备进行检查。

（3）如故障牵引变压器未跳闸，要求抢修人员加强对设备的检查和监视，联系行调具备条件时切换备用牵引变压器运行。

（4）如故障牵引变压器跳闸，高低压侧开关改冷备用。查看备用牵引变压器是否自投成功。

（5）如备用牵引变压器未自投，电调远控投入备用牵引变压器。

（6）如远控投入备用牵引变压器失败，按正线接触网越区供电方案执行。

（7）接触网恢复供电后，立即通知值班主任、行调全线接触网已恢复正常供电。

（8）电调密切关注受影响区段接触网网压变化情况，监控电力系统运行状况。

（9）现场抢修人员确认设备恢复正常，待运营结束后恢复正常运行方式。通知故障牵引所值班人员加强对设备的巡视，有问题及时汇报电调。

（10）填补相关台账，跟进事故处理进度，并形成报告。

2. 牵引变压器 110 kV 低电压启动过电流保护动作处理流程

（1）电调根据 SCADA 后台报文迅速判断故障类型及影响并与主所值班人员核对设备状态。通知生产调度立即安排抢修人员前往抢修。

（2）电调远控故障牵引变压器改冷备用，依次断开低压侧馈线开关。

（3）安排维保单位抢修人员对故障牵引变压器高低压侧开关设备进行检查。

（4）跟现场人员确认备用牵引变压器投入情况，并确认各设备开关状态。如备用牵引变压器未自投，电调远控投入备用牵引变压器。

（5）如备用变压器投入不成功或试送不成功，电调按相关接触网越区供电方案执行。

（6）备用变压器运控投入成功后，先试送 27.5 kV 母线，再逐个试送馈线开关。

（7）如单馈线试送不成功，按接触网跳闸（重合失败）方案处理。

（8）接触网恢复供电后，立即通知值班主任、行调、场调。

（9）电调密切关注受影响区段接触网网压变化情况，监控电力系统运行状况。

（10）现场抢修人员确认设备恢复正常，待运营结束后恢复正常运行方式。通知维保单位生产调度安排人员在故障变压所值守，并汇报值班主任以及相关调度岗位。

（11）填补相关台账，跟进事故处理进度，并形成报告。

3. 牵引变压器低压侧开关跳闸处理流程

（1）电调根据 SCADA 后台报文迅速判断故障类型及影响并与主所值班人员核对设备状态。通知生产调度立即安排抢修人员前往抢修。

（2）电调远控故障牵引变压器改冷备用，依次断开低压侧馈线开关。

（3）安排维保单位抢修人员对故障牵引变压器高低压侧开关设备进行检查。

（4）如抢修人员发现故障点且无法隔离，按接触网越区供电方案执行。

（5）如抢修人员未发现故障点，可安排对 27.5 kV 母排进行试送，试送成功后，再试送各馈线开关。

（6）试送各馈线开关失败，按接触网跳闸（重合失败）方案处理流程处理。

（7）如试送母线失败，按接触网越区供电方案执行。

（8）接触网恢复供电后，通知值班主任、行调。

（9）电调密切关注受影响区段接触网网压变化情况，监控电力系统运行状况。

（10）现场抢修人员确认设备恢复正常，待运营结束后恢复正常运行方式。通知维保单位生产调度安排人员在故障变压所值守，并汇报值班主任以及相关调度岗位。

（11）填补相关台账，跟进事故处理进度，并形成报告。

（三）主变电所牵引主变保护动作应急处理流程（见图 4-2-3）

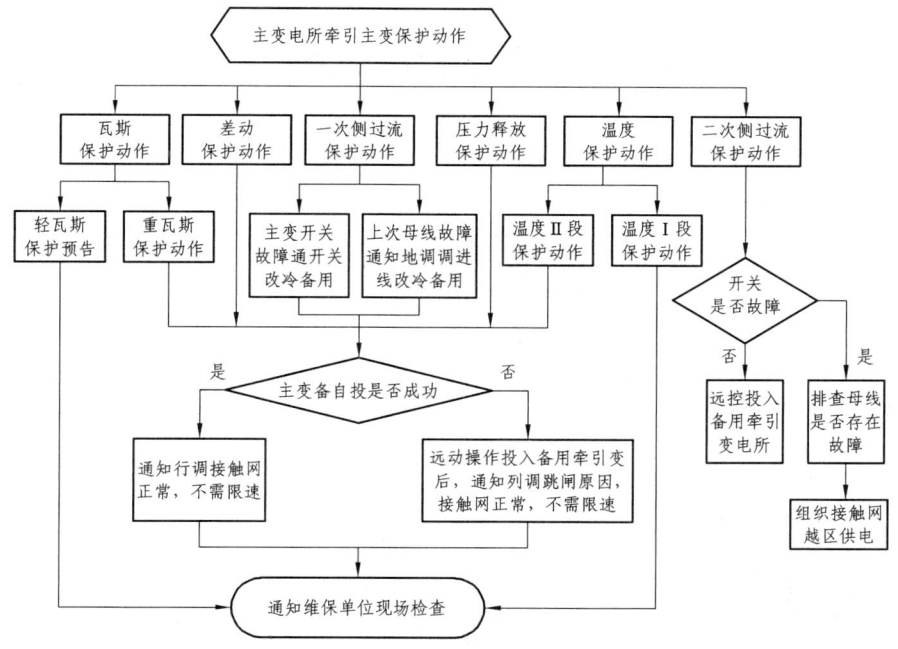

图 4-2-3　主变电所牵引主变保护动作应急处理流程

四、主变电所电力变压器故障应急处理

（一）总体思路

主变电所电力变压器故障会导致其供电区域内车站供电不稳定，通过主变电所 20 kV 母联开关合闸或合上奥体中心站环网联络开关,恢复车站低压负荷供电。

(二)处理程序

(1)电调根据 SCADA 后台报文迅速判断故障类型及影响,并与现场人员核对设备状态。

(2)电调立即通知值班主任、行调、环调、维保单位生产调度故障情况。

(3)通知维保单位生产调度派抢修人员前往故障主变电所进行抢修。

(4)将故障电力变压器改至冷备用等待抢修。

(5)向地调申请合上故障电力变压器中性点接地闸刀。

(6)如 20 kV 母联开关自投成功,电调远控恢复受影响车站 400 V 开关。

(7)如 20 kV 母联开关未自投,电调确认失电母线上所有 20 kV 馈线开关在分位,电调远控车站 403 开关恢复各站 400 V 用电。

(8)经检查牵引所 20 kV 母排及馈线开关正常,电调合上 20 kV 母联开关,合上 20 kV 馈线开关,远控恢复各站 400 V 用电。

(9)检查全线 400 V 供电情况,视情况投入三级负荷。

(10)现场抢修人员确认设备恢复正常,将电力变压器恢复到热备用状态,待运营结束后恢复正常运行方式。通知维保单位生产调度安排人员在故障主变电所值守,并汇报调度。

(11)通知维保单位生产调度要求相关人员巡视车站各自管辖设备的运行状态。

(12)填补相关台账,跟进事故处理进度,并形成报告。

(三)主变电所电力主变保护动作应急处理流程(见图 4-2-4)

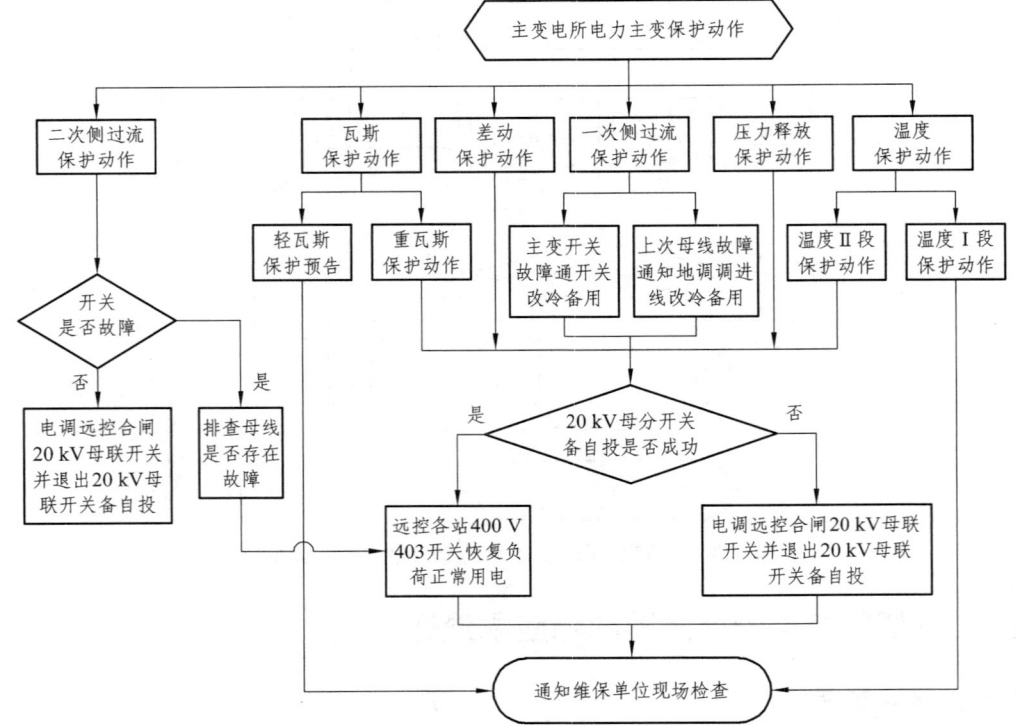

图 4-2-4 主变电所电力主变保护动作应急处理流程

五、同相供电装置故障应急处理

（一）总体思路

同相供电装置主要用于提高接触网电能质量，其故障对供电影响不大。退出故障的同相供电装置，投入备用的同相供电装置。

（二）处理程序

（1）电调根据 SCADA 后台报文迅速判断故障类型及影响。

（2）电调立即通知值班主任、行调、场调、维保单位生产调度故障情况。

（3）通知维保单位生产调度派抢修人员前往故障同相供电装置所在的主变电所进行抢修。

（4）与现场人员核对设备运行状态是否与 SCADA 显示一致，如不一致以现场为准。

（5）如备用同相装置未自投，电调远控投入备用同相供电装置。

（6）电调密切关注正线以及车辆段接触网网压变化情况，监控电力系统运行状况，通知行调、场调接触网恢复正常供电。

（7）现场抢修人员确认设备恢复正常，待运营结束后恢复正常运行方式。通知维保单位生产调度安排人员在主变电所值守，并汇报值班主任以及相关调度岗位。

（8）填补相关台账，跟进事故处理进度，并形成报告。

六、SCADA 故障应急处理

（一）总体思路

SCADA 故障会导致控制中心无法对供电设备进线监控。安排维保单位人员对全线供电设备进行巡视，并派人员在重要场所驻站。

（二）处理程序

（1）电调发现 SCADA 系统异常，通报值班主任、行调、环调、维保单位生产调度故障情况。通知维保单位生产调度派遣抢修人员进行处理，并要求维保单位生产调度安排全线重要站点（如主变电所、分区所、开闭所、地下车站站等）驻站值班。加强各综合变电所设备巡视，有异常情况立即汇报电调。

（2）电调全力配合现场抢修人员的相关工作，保持与现场抢修人员的信息沟通，实时跟进故障处理进度。

（3）故障排除后，及时通知值班主任、行调、环调故障处理情况，恢复正常调度工作，通知变电所临时值班人员确认所内设备运行正常后方可撤离。

（4）填补相关台账，跟进事故处理进度，并形成报告。

（5）如在倒闸操作过程中出现 SCADA 通信中断，应立即停止倒闸操作，并与现场人员核对所内设备状态并确认设备运行正常，如果故障短时无法修复，电调可通过录音电话发令给现场供电人员，继续完成倒闸操作。在故障未恢复前，将该所由无人值守改为有人值守。有异常情况及时与电调联系。待故障恢复确认设备正常后，值班人员才能撤离。

七、20 kV 环网故障应急处理

（一）总体思路

20 kV 环网故障会导致其供电区域内车站部分负荷失电，通过闭合故障影响车站 400 V 母联开关来恢复低压负荷供电。

（二）处理程序

（1）电调通过 SCADA 后台报警发现主变电所 20 kV 馈线开关跳闸，立即与现场人员确认开关情况并通报值班主任、行调、环调、维保单位生产调度故障情况。要求维保单位生产调度派抢修人员前往故障主变电所及相关车站变电所抢修。

（2）电调无法判断故障点，将跳闸 20 kV 馈线开关改冷备用。远控恢复受影响车站 400 V 用电。

（3）远控恢复受影响车站 400 V 用电过程中，如遇 400 V 开关跳闸，组织对设备进行抢修。

（4）抢修人员到达现场后确认故障点后，电调可隔离故障点后通过恢复主变电所跳闸 20 kV 馈线开关恢复正常线路正常供电。

（5）通知维保单位生产调度安排人员加强供电设备巡视，视具体情况组织抢修。

（6）跟进事故处理进度，填补相关台账，并形成报告。

（三）20 kV 环网故障应急处理流程（见图 4-2-5）

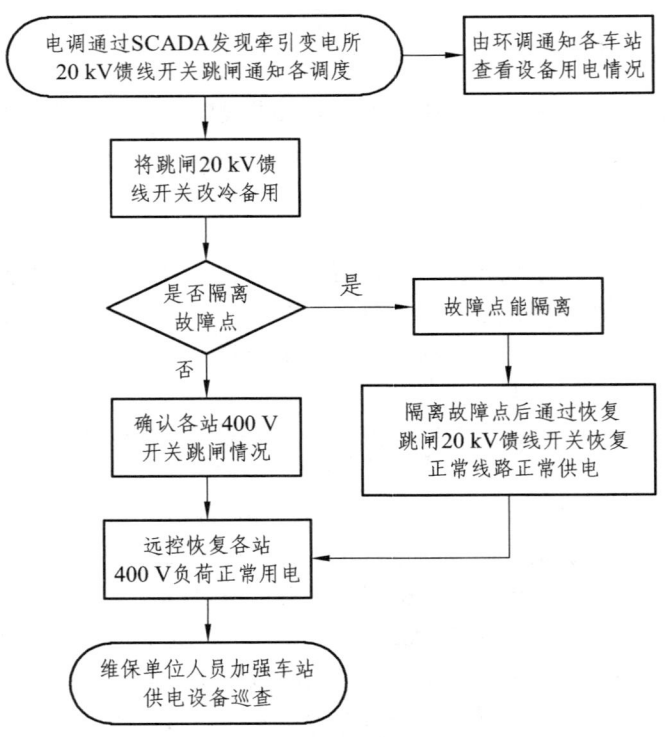

图 4-2-5　20 kV 环网故障应急处理流程

八、车站综合变压器故障应急处理

（一）总体思路

车站综合变压器故障会导致该车站部分负荷失电。隔离故障动力变压器，通过 400 V 母联开关来恢复停电区段低压负荷供电。

（二）处理程序

（1）电调通过 SCADA 后台报警迅速判断故障类型及影响，通知值班主任、行调、环调、维保单位生产调度故障情况。

（2）要求维保单位生产调度派变电人员检查同一环网分区内各变电所设备情况。

（3）如主变电所 20 kV 馈线开关跳闸电调短时间内无法判断故障点，电调远控受影响车站的 400 V 开关恢复车站设备正常供电。

（4）远控恢复受影响车站 400 V 用电过程中，如遇 400 V 开关跳闸，组织对设备进行抢修。

（5）如电调确认综合变压器故障导致跳闸，将故障综合变压器改冷备用，确认并合上主变电所 20 kV 馈线开关，远控受影响车站的 400 V 开关恢复车站设备正常供电。

（6）如车站 20 kV 综合变压器进线开关跳闸，远控受影响车站的 400 V 开关恢复车站设备正常供电。

（7）通知维保单位生产调度安排人员加强供电设备巡视，组织故障抢修；设备恢复正常，待运营结束后恢复正常供电方式。

（8）填补相关台账，跟进事故处理进度，并形成报告。

（三）车站综合变压器故障应急处理流程（见图 4-2-6）

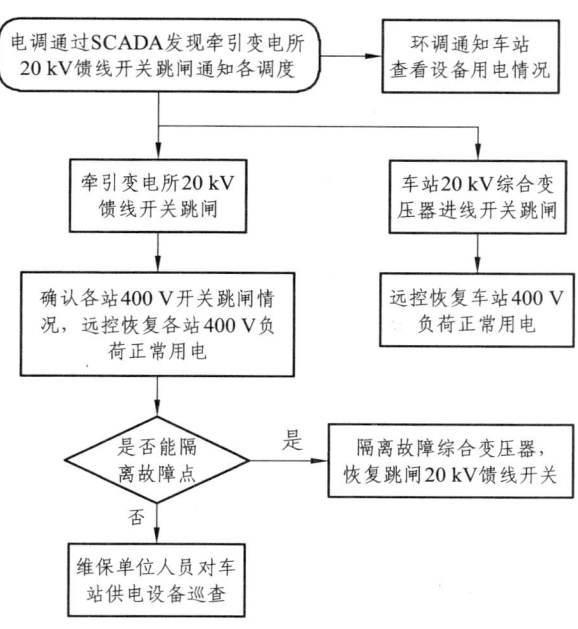

图 4-2-6　车站综合变压器故障应急处理流程

九、车站 400 V 单段母线失电应急处理

（一）总体思路

车站 400 V 单段母线失电会导致车站部分负荷失电。按现场专业人员的检查意见进行处理。

（二）处理程序

（1）电调通过 SCADA 后台报警发现综合变电所 400 V 进线开关跳闸并迅速判断故障类型及影响，通知值班主任、行调、环调、维保单位生产调度故障情况。

（2）要求维保单位生产调度派抢修人员前往故障变电所抢修，与抢修人员确认开关是何种保护动作。

（3）如 400 V 馈出开关跳闸，通知环调安排人员排查该线路 400 V 设备。故障修复后，恢复送电。

（4）如 400 V 进线开关跳闸。要求抢修人员检查该段母线上的所有馈出开关、400 V 母线和 400 V 进线开关是否有故障。

（5）若确认 400 V 进线开关跳闸是由母线上的馈出开关故障或线路负荷故障引起的，把故障回路的开关断开后合上 400 V 进线开关。

（6）若确认 400 V 进线开关跳闸是由 400 V 母线故障或进线开关故障引起的，切除对应变压器后，现场拉开所有馈出开关，跳闸 400 V 进线开关和 400 V 母联开关摇至试验位。故障排除后，用 400 V 进线开关试送故障母排，然后逐个试送馈出开关，发现异常再另行处理。

（7）跟进事故处理进度，填补相关台账，并形成报告。

（三）车站 400 V 单段母线失电应急处理流程（见图 4-2-7）

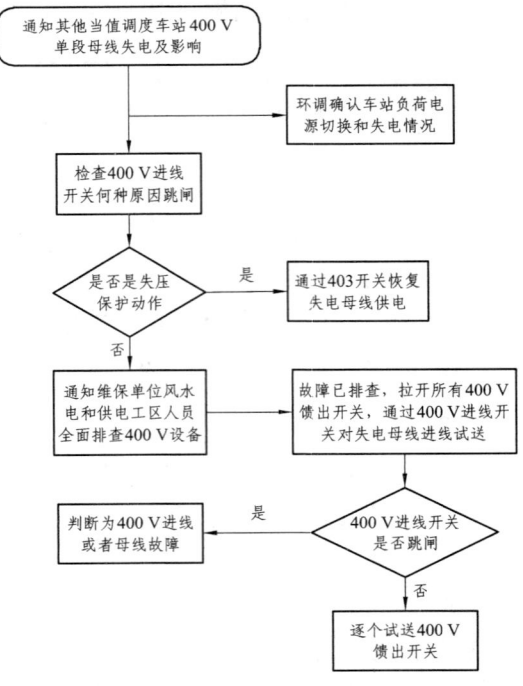

图 4-2-7　车站变电所 400 V 单段母线失电应急处理流程

十、接触网故障应急处理

（一）总体思路

接触网故障原多种多样，其故障原因也不同。

（1）查看断路器保护动作情况、电流电压值、故标指示距离等，根据跳闸报告内容判断（以下电流电压值归算至一次侧数值进行判断）。

（2）电压低（17 000 V 以下）、电流较大（1 000 A 以上）阻抗角在 70°左右，可以判断为金属性接地故障。

（3）电压较高（20 000 V 以上）、电流较小（1 000 A 左右）、阻抗角在 40°以下，可以判断为过负荷（列车过负荷阻抗角为 10°~25°）。

（4）上下行同时跳闸，且两个馈线跳闸报告基本一致，可判断为上跨电力线或其他高空金属物同时坠落在上下接触网上并接地。

（5）跳闸报告中谐波含量较大且出现二次谐波，可判定为列车内部故障。

（6）两相邻所同行（上行或下行）同时跳闸（阻抗角根据各所情况分析），可判定为列车带电过分相或分相开关闭合。

（二）接触网越区供电实施方案

（1）通过分区所越区供电方案：如牵引所故障退出运行时，由另一牵引所通过分区所和牵引所 27.5 kV 母排实现越区供电。

① 将故障牵引所 1#、2#牵引变电器低压侧改冷备用。
② 确认分区所上下行并联开关在分位。
③ 拉开相邻供电分区的牵引所上下行 27.5 kV 馈线开关。
④ 合上分区所越区闸刀，如分区所越区闸刀无法合闸，合上分区所分相闸刀。
⑤ 合上相邻供电分区正常牵引所上下行 27.5 kV 馈线开关。
⑥ 通知行调、场调接触网已恢复供电。

（2）正线支援车辆段越区供电方案 1（温州牵引所断路器跳闸）：

① 确认温州牵引所开关 215，车辆段开关 201 在分位。
② 拉开车辆段馈线开关 211、212、213。
③ 合上车辆段母分开关 202，确认母排带电正常。
④ 合上车辆段馈线开关 211、212、213。
⑤ 通知场调车辆段接触网已恢复供电。

（3）正线支援车辆段越区供电方案 2（车辆段变电所断路器 201 跳闸）：

① 确认并拉开车辆段变电所所有馈线开关。
② 拉开相邻正线上下行邻供电分区馈线开关。
③ 合上接触网联络隔离开关 G01、G02，合上车辆段接触网越区隔离开关 G11。
④ 合上相邻正线上下行邻供电分区馈线开关。
⑤ 通知场调车辆段接触网已恢复供电。

(三)接触网供电越区供电应急处理流程(见图4-2-8)

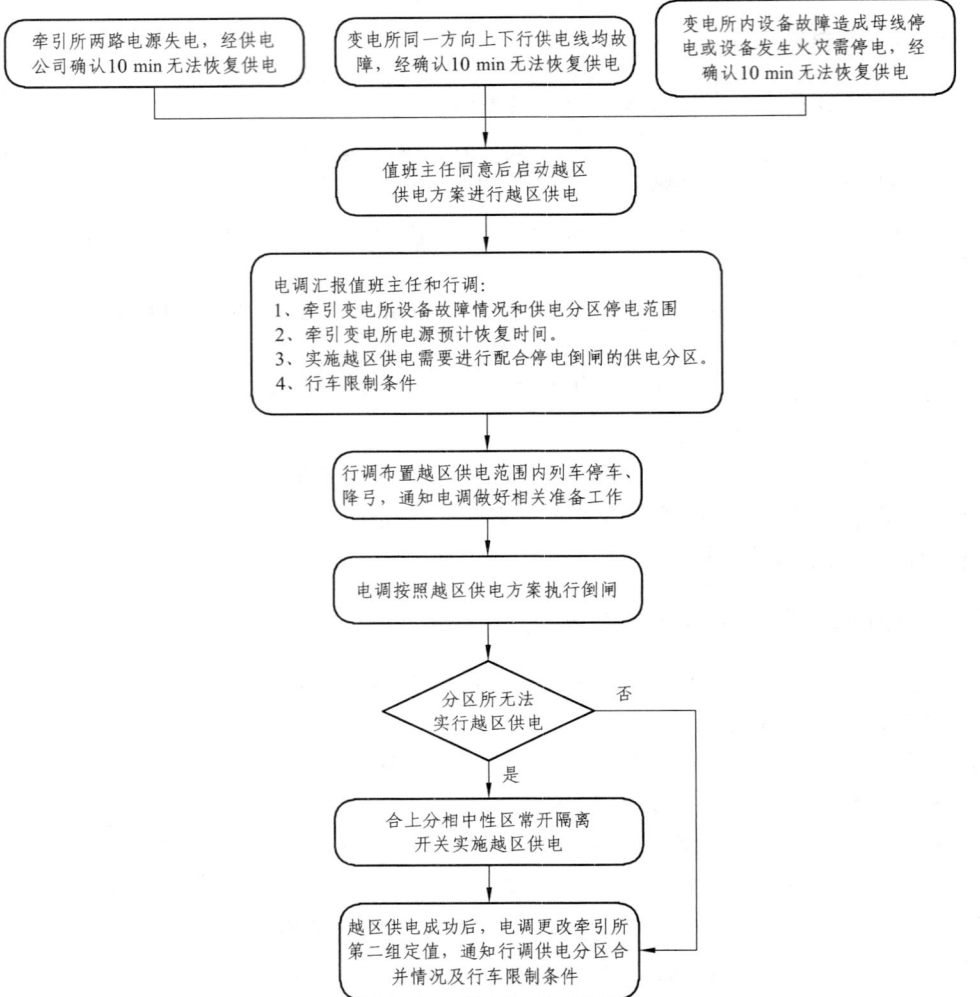

图 4-2-8 接触网供电越区供电应急处理流程

(四)接触网负荷性跳闸应急处置

(1)根据跳闸报告内容判断:电压较高(20 000 V 以上)电流较小(1 000 A 左右)、阻抗角在40°以下,可以判断为过负荷(列车过负荷阻抗角为10°~25°)。

(2)电调通知值班主任、行调、环调、维保单位生产调度故障情况,要求维保单位生产调度派抢修人员前往相关变电所巡视设备。

(3)如重合闸失败,电调通知行调故障区域内列车降弓,再组织对故障区域接触网进行试送电。

(4)试送电成功,按接触网故障跳闸(重合成功)处置。通知行调接触网已带电,跳闸原因为过负荷跳闸,注意控制行车密度,通知司机注意网压。

(5)如试送电失败按接触网故障跳闸(重合失败)处置。

(6)填补相关台账,跟进事故处理进度,并形成报告。

（五）接触网故障跳闸重合成功应急处置

（1）电调通过 SCADA 判断跳闸开关和影响范围，通知值班主任、行调、维保单位生产调度故障情况，要求维保单位生产调度派抢修人员前往跳闸变电所抢修。

（2）电调通知行调后续列车加强关注接触网网压，维保单位生产调度安排人员登乘列车观察接触网设备有无异常。

（3）电调加强对 SCADA 的监控，及时跟进后续信息。

（4）如维保单位人员和司机反映设备存在异常或接触网再次跳闸，应及时通报故障信息，视情况安排抢修。

（5）填补相关台账，跟进事故处理进度，并形成报告。

（六）接触网负荷性跳闸应急处理流程（见图 4-2-9）

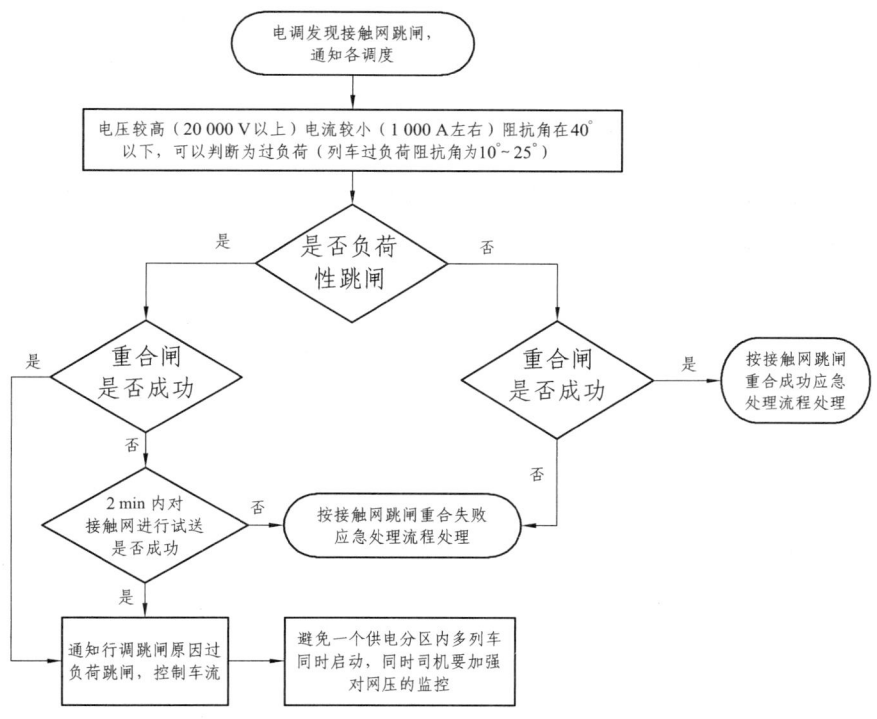

图 4-2-9　接触网负荷性跳闸应急处理流程

（七）接触网故障跳闸重合失败应急处置

（1）通知值班主任、行调、维保单位生产调度故障情况，禁止后续列车进入故障区域。

（2）根据故障报文判断故障类型和区域，要求维保单位生产调度派抢修人寻找故障点。抢修人员需要进入轨行区或者使用接触网工程车及时通知行调。

（3）通过行调了解故障区域内列车运行情况、列车降弓、故障区域内是否有施工作业、相关单位对接触网设备是否有异常信息反馈。

（4）未发现故障地点和跳闸原因，安排进行试送电。试送前撤出本线开关重合闸。并注意观察电流值、故标、保护等情况。在下列情况下不能进行试送电：

① 未确认停电供电臂内所有列车已经降弓（除已确认列车无故障外）。
② 接触网巡视人员在查找故障，未与电调员取得联系确认撤离到安全地带。
③ 抢修人员申请停电登车顶检查，尚未销令。
④ 相邻线路有 V 形天窗作业，未取得联系。

（5）试送电失败，电调根据故标指示，初步判断故障区段，立即通知维保单位抢修人员奔赴故标指示地点附近进行巡视。

（6）判断为接触网故障时，电调通知值班主任和行调需对接触网进行抢修。严禁 V 型天窗和未挂地线对接触网进行抢修作业。

（7）接触网故障电调可利用接触网开关划小单元切除故障区段，恢复正常区段接触网供电，安排对临线接触网进行停电并挂地线。

（8）判断为供电线或断路器故障的，电调远控拉开故障馈线开关和接触网上网闸刀，通过相邻供电分区进行越区供电。

（9）判断为列车故障时，隔离故障列车后，组织对接触网试送电。

（10）试送成功后通知行调可安排故障区域内列车逐列进行升弓，如判断为列车故障的通知行调安排列车救援。

（11）填补相关台账，跟进事故处理进度，并形成报告。

（八）接触网故障跳闸（重合失败）应急处理流程（见图 4-2-10）

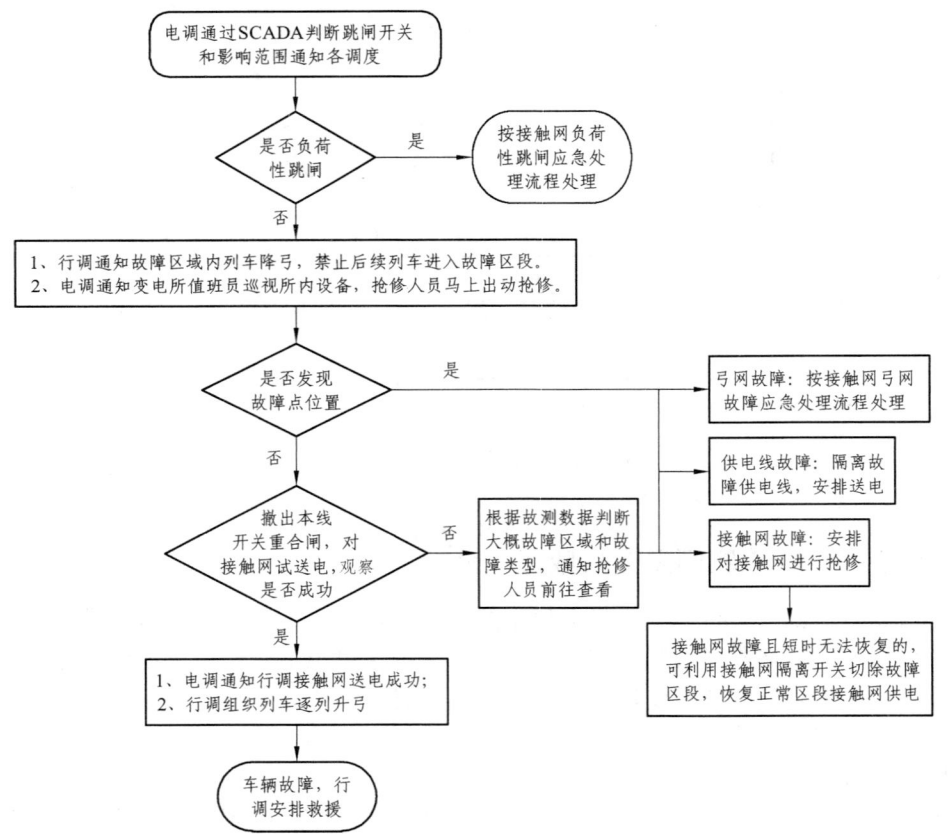

图 4-2-10　接触网故障馈线开关跳闸（重合失败）应急处理流程

（九）接触网弓网故障应急处置

（1）通过行调、现场人员了解故障发生时间、位置、车次号及弓网损坏情况，寻找第一故障点。

（2）通知维保单位生产调度安排抢修人员前往故障区域进行抢修，登乘本线或者临线列车巡查设备。

（3）如造成接触网跳闸立即通知行调，按《接触网故障馈线开关跳闸（重合失败）应急处理程序》处理，根据故测数据寻找故障点。

（4）若现场抢修人员反映接触网损坏不能行车需立即停电处置，通知值班主任和行调按接触网故障抢修处理。

（5）若现场抢修人员反映受电弓损坏，需降弓处理，可以降弓通过的，换弓运行或退出运行；无法降弓的，安排抢修人员登车顶处理或列车救援，作业区域接触网需垂停并挂接地线。

（6）如需抢修人员登车顶处理，作业区域接触网需垂停并挂接地线。

（7）如列车可以继续运行，换弓运行至前方车站，后续列车通过故障点应限速通过。

（8）填补相关台账，跟进事故处理进度，并形成报告。

（十）接触网弓网故障应急处理流程（见图4-2-11）

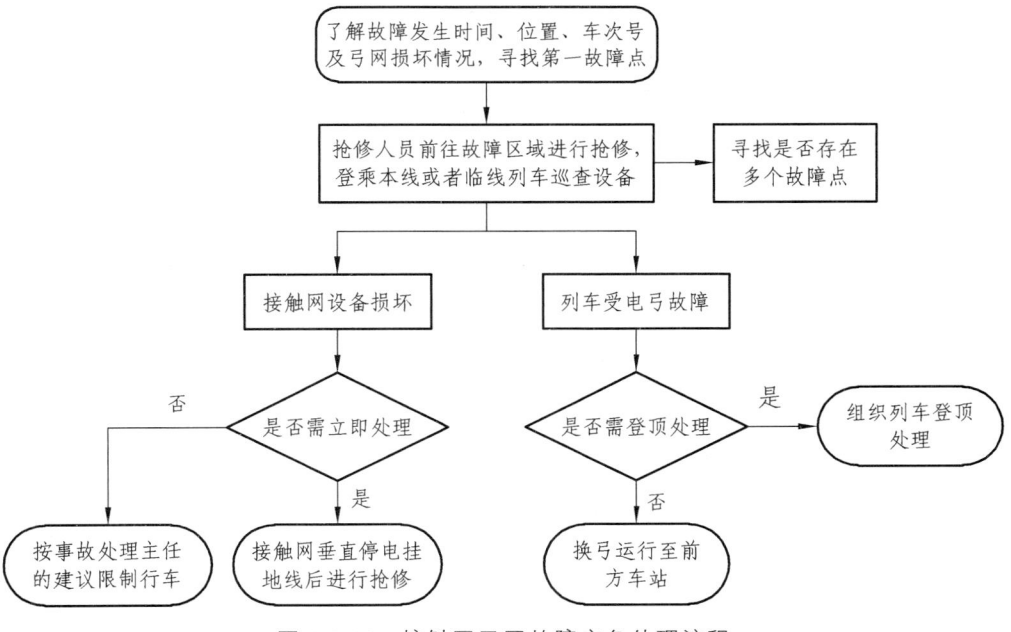

图4-2-11　接触网弓网故障应急处理流程

（十一）接触网挂异物故障应急处置

（1）立即通知维保单位生产调度安排抢修人员登乘本线或者邻线列车巡视设备，通过多种方式了解异物情况。

（2）如异物造成接触网跳闸立即通知行调，按《接触网故障馈线开关跳闸（重合失败）应急处理程序》处理，根据故测数据寻找故障点。

（3）现场负责人判断处理异物所需要的条件汇报电调。

（4）如异物影响供电和行车的，安排接触网垂停和封锁事故区域，进行异物处理。

（5）如异物影响行车，提议安排列车降弓通过。

（6）异物不影响接触网供电和行时：

① 如需接触网停电处理的建议列车限速通过，天窗点处理异物。

② 可以带电处理的，可利用行车间隔组织抢修人员处理。

（7）故障处理完毕后，行调安排后续列车限速通过，加强对故障点的盯控。

（十二）接触网挂异物故障应急处理流程（见图 4-2-12）

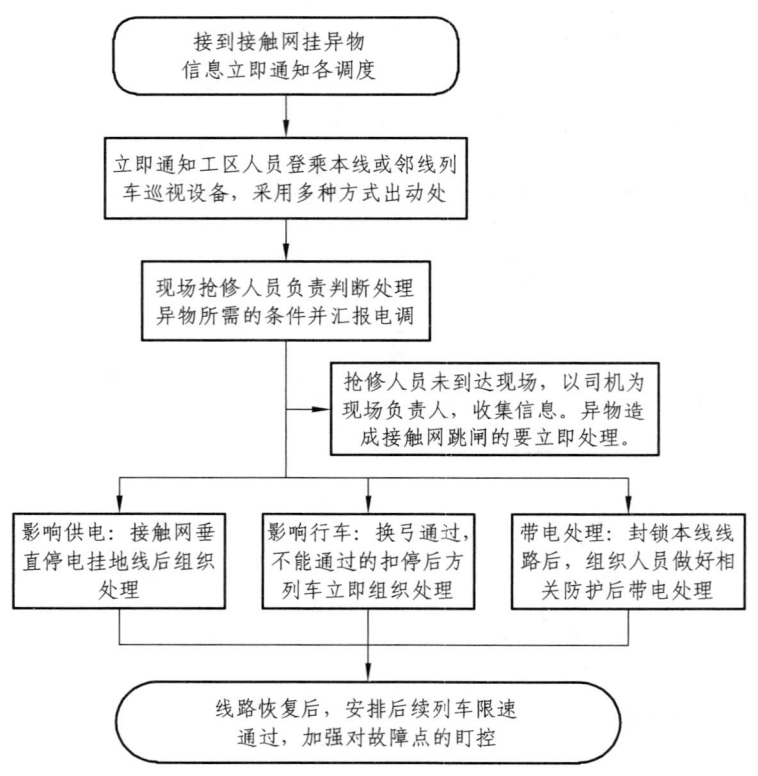

图 4-2-12　接触网挂异物故障应急处理流程

十一、正线分区所解列故障应急处理

（一）总体思路

正线分区所解列故障会导致分区所退出运行。分开上下行并联开关，并退出分区所。

（二）处理程序

（1）电调根据 SCADA 后台报文迅速判断故障类型及影响。

（2）电调立即通知值班主任、行调、环调、维保单位生产调度故障情况并要求维保单位生产调度派抢修人员前往故障区域抢修。

（3）电调确认分区所上、下行并联开关是否已分闸，如未分闸则远控分闸，实现接触网上下行分列运行。

（4）如导致主变电所 27.5 kV 馈线开关跳闸，按接触网故障跳闸处理。

（5）电调密切关注受影响区段接触网网压变化情况，加强监控电力系统运行状况。

（6）现场抢修人员确认设备恢复正常，待运营结束后恢复正常运行方式。通知维保单位生产调度安排人员在故障分区所值守，并将抢修情况汇报值班主任及相关调度。

（7）填补相关台账，跟进事故处理进度，并形成报告。

十二、车辆段分区兼开闭所故障应急处理

（一）总体思路

车辆段分区兼开闭所故障会导致车辆段接触网失电。短时间无法修复故障的，优先组织由正线支援车辆段接触网故障。

（二）处理程序

（1）电调立即通知值班主任、行调、环调、场调、维保单位生产调度故障情况并要求维保单位生产调度派抢修人员前往故障区域抢修。

（2）如是接触网单个馈线开关故障跳闸，重合不成功按接触网故障跳闸（重合失败）处理。

（3）导致单个供电分区失电的，经抢修确认非接触网故障，电调组织按车辆段内供电分区越区供电处理。

（4）如是车辆段分区兼开闭所 27.5 kV 母排故障及进线开关故障，组织按正线支援车辆段供电方案 2 执行。

（5）如是主所馈线开关及供电线故障，组织按正线支援车辆段供电方案 1 执行。

（6）现场抢修人员确认设备恢复正常后，待运营结束后恢复正常运行方式。通知维保单位生产调度安排人员在分区所兼开闭所值守，并将抢修情况汇报给值班主任以及相关调度。

（7）填补相关台账，跟进事故处理进度，并形成报告。

思考题

1. 主所全所失电的应急处理流程是什么？

2. 接触网故障跳闸（重合失败）的应急处理流程是什么？

3. 绘制电力主变和牵引主变跳闸的应急处理流程图。

4. 车辆段接触网失电该如何处置？

评价表

项目名称	故障应急处理	学生姓名	
任务名称	供电故障处理程序	分数	
项目		分值	考核得分
1. 主变电所全所失电应急处理/主变电所 110 kV 一路进线故障应急处理/主变电所牵引变压器故障应急处理/主变电所电力变压器故障应急处理		40	
2. 同相供电装置故障应急处理/SCADA 故障应急处理/20 kV 环网故障应急处理/车站综合变压器故障应急处理		40	
3. 车站 400 V 单段母线失电应急处理/接触网故障应急处理/正线分区所解列故障应急处理/车辆段分区兼开闭所故障应急处理		20	
教师简要评语： 教师签名：			

第二篇

PART TWO

环控调度员

第五章 专业基础知识

第一节 环控系统

【学习目标】

（1）知悉环控系统的定义及作用。
（2）掌握市域铁路环控系统的组成和功能。

环控系统是市域铁路系统重要的组成部分，对环控系统的调控也是环调最主要的工作内容。本节主要介绍环控系统的基本概念、作用、组成和功能。

一、环控系统的概述

环控即环境控制，是指对车站环境空气的温度和湿度、气流速度、空气质量和环境照明以及噪音的控制，来建立一个能让乘客、工作人员感觉舒适并让设备运行稳定的环境。环控系统又称之为 BAS（Building Automation System）系统，BAS 系统通过对车站的通风空调系统设备、给排水设备、电扶梯、电梯、照明设备、导向标志、车站事故照明电源、人防门等设备进行全面、有效的自动化监控及管理，确保设备处于安全、可靠、高效、节能的最佳运行状态。

二、环控系统的作用

环控系统通过对众多环控设备的自动监控和指挥调控来实现以下三方面主要功能：

（1）在市域铁路运营时，为车站提供舒适的空气环境，使环境中温度、湿度、空气流速、空气品质（O_2、CO_2含量等）维持在一个正常标准范围内，为乘客提供舒适的乘车环境，为工作人员提供合理的工作环境，同时也为相关市域铁路设备提供适宜的运行环境。

（2）在火灾等灾害状态下，控制车站风机设备的运行，促使车站迅速排烟，防止烟气蔓延，有利于人员迎风疏散。

（3）在隧道阻塞情况下，进行隧道通风；在环境恶劣的情况下，也可为隧道通风换气，去除灰尘、水雾，提高能见度，为列车提供适宜运行的地下隧道环境。

三、环控系统的组成

环控系统主要由通风系统、给排水系统、冷水系统、低压动照系统等四大系统组成。环调通过这些系统对各站的通风空调设备、给排水设备、水系统设备、电扶梯、电梯、照明设备、导向标志、车站事故照明电源、人防门等设备进行全面、有效的自动化监控及管理，确保设备处于安全、可靠、高效、节能的最佳运行状态。

四、环控系统的工作原理

（一）通风系统

1. 通风系统的作用

（1）通风系统是指通过送风机、排风机、组合空调等通风设备为车站提供风路循环，保障车站环境。可在空调季节（一般在每年5月至10月）配合冷水系统为车站提供冷量。

（2）通过隧道风机、射流风机等设备为隧道通风换气，去除隧道内灰尘、水雾等，保障列车运行。

2. 通风系统的组成

市域铁路通风系统分为隧道通风系统和车站通风系统，车站通风系统又分为大系统和小系统。

（1）隧道通风系统是指在隧道内通过风机等设备为隧道通风换气。主要由事故风机（隧道风机）及风阀（见图5-1-1）、射流风机组成。在日常运营情况下，隧道通风由活塞风提供，无须特意开启隧道或射流风机。当天气潮湿、大雾情况时，可开启射流风机进行通风，事故风机视情况开启。出现列车阻塞情况或隧道火灾情况时，开启隧道风机进行通风，射流风机进行辅助。

图 5-1-1　事故风机与风阀

（2）大系统指地下车站通风系统中为站厅、站台层公共区提供空调通风和防排烟的系统。大系统主要组成设备有送风机及相应风阀、排风机及相应风阀（见图 5-1-2）、空调机组、传感器、执行器及相应风道、风亭。在日常运营过程中，大系统为站厅、站台提供正常通风，在空调季还能通过水系统给站厅站台提供冷气。在特殊情况下，可以改变大系统的通风模式，为站厅站台送风或者排风、排烟，也可控制相应区域的风机风阀，给特定区域送风或排风、排烟。

图 5-1-2　送、排风机与风阀

（3）小系统指地下站通风系统为车站站厅、站台设备区及工作管理用房提供通风和防排烟的系统。小系统主要组成设备有小系统送风机及相应风阀、排风机及相应风阀、空调机组（见图 5-1-3）、传感器、执行器及相应风道、风亭。在日常运营情况下，小系统为站厅、站台设备区及工作管理用房提供正常通风、排风及排烟；在特殊情况下，可停止对小系统送风，也可控制送排风机对个别设备房进行送、排风。

图 5-1-3 空调机组

3. 通风系统调整原则

环调主要通过控制不同区域的风压来控制通风的方向，在正常情况下，车站内部风压相同，空气流通主要按照特定送、排风机运作；在特殊情况下，当要给指定区域送、排风时，根据正压流向负压的通风原则，可调整相关风机、风阀的开/关，对此区域形成正/负压从而控制通风方向，达到我们控制送/排风的目的。

（二）给排水系统

1. 给排水系统的作用

给水系统是指由市政供水管网供水，车站通过相应水泵、管网等设备给车站提供水源，包括生活用水和消防用水。

排水系统是指车站通过集水井收集车站内雨水、污水、废水、渗漏水等不同区域的水，经过水泵排至市政排水系统，满足车站日常生产工作需要。其原理如图 5-1-4 所示。

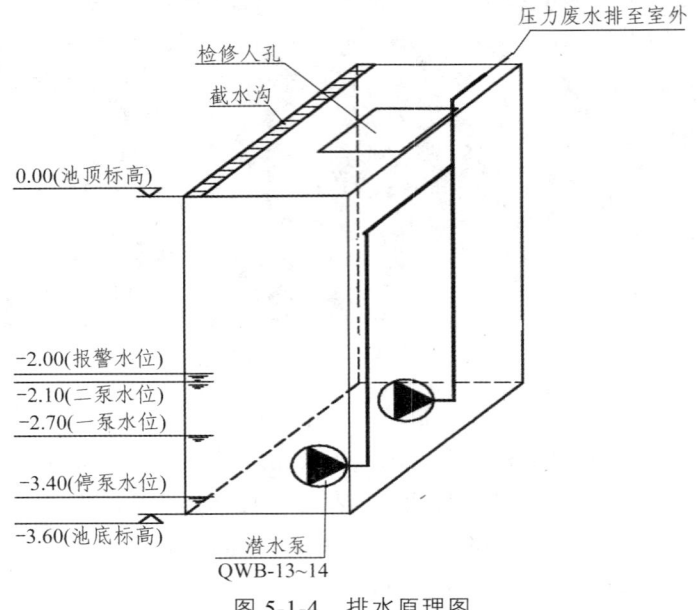

图 5-1-4 排水原理图

2. 给排水系统的组成

给排水通道、集水井、传感器、水泵等设备构成给排水系统（见图5-1-5），主要包括车站生产、生活供水系统，消防供水系统，空调水系统供水系统。

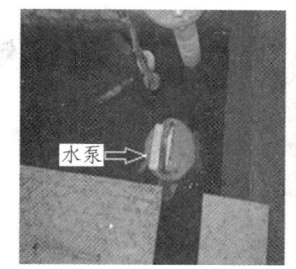 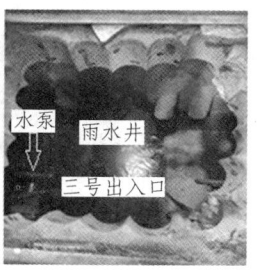

图 5-1-5　水泵及雨水井

3. 排水系统的几种排水方式

生产、生活用水主要分为污水、废水、雨水和渗漏水。其排水方式如图5-1-6所示。

（1）污水主要由厕所的下水管道汇集至污水池，然后由潜污泵排入城市污水管道。

（2）车站废水由设有站厅、站台的地漏将废水排入车站轨道两侧明沟和站台板下，排水汇集至车站端头废水池内，由排水泵排入市政排水管道。

（3）雨水汇集至出入口及风井的集水池后，由排水泵排入市政排水管道。渗漏水由车站排水沟、引流槽等设备排至就近集水井，由排水泵排至市政排水管道。

（4）区间隧道渗漏水由区间最低处的集水井收集，由排水泵排至市政排水管道。

图 5-1-6　排水示意图

（三）冷水系统

1. 冷水系统的作用

冷水系统是指冷水机组通过对冷却液的汽化，吸收大量热量，降低冷冻水温度，冷冻水流经组合空调机组时降低空气温度，最终由组合空调机组将冷空气输送至站厅、站台、设备区，达到降温的目的。

2. 冷水系统的组成

地下车站的制冷系统主要由冷水系统组成，个别重要设备房由独立VRV空调制冷。冷水系统主要由冷水机组（见图5-1-7）、冷冻泵、冷却泵、冷却塔、补水器及相应水管网组成。

图 5-1-7　冷水机组

（1）冷水机组主要包括压缩机、冷凝器、蒸发器及节流装置（见图 5-1-8）。其工作原理为：冷水机组中的低压制冷剂液体在混合降膜式蒸发器内吸收管内冷冻水热量，蒸发为制冷剂蒸汽，接着低压蒸汽进入压缩机，在压缩机中，压力与温度均上升为高温高压气体，高温高压气体在内外油分离器中将夹杂的润滑油分离出来，润滑油返回压缩机循环使用。高压高温无油制冷剂蒸汽进入冷凝器，冷凝热被冷却水带走，制冷蒸汽冷却为过冷液体，而后制冷剂液体进入节流装置，在那里降温降压，然后进入蒸发器，完成制冷循环，将冷冻水降温至 7～12 ℃。

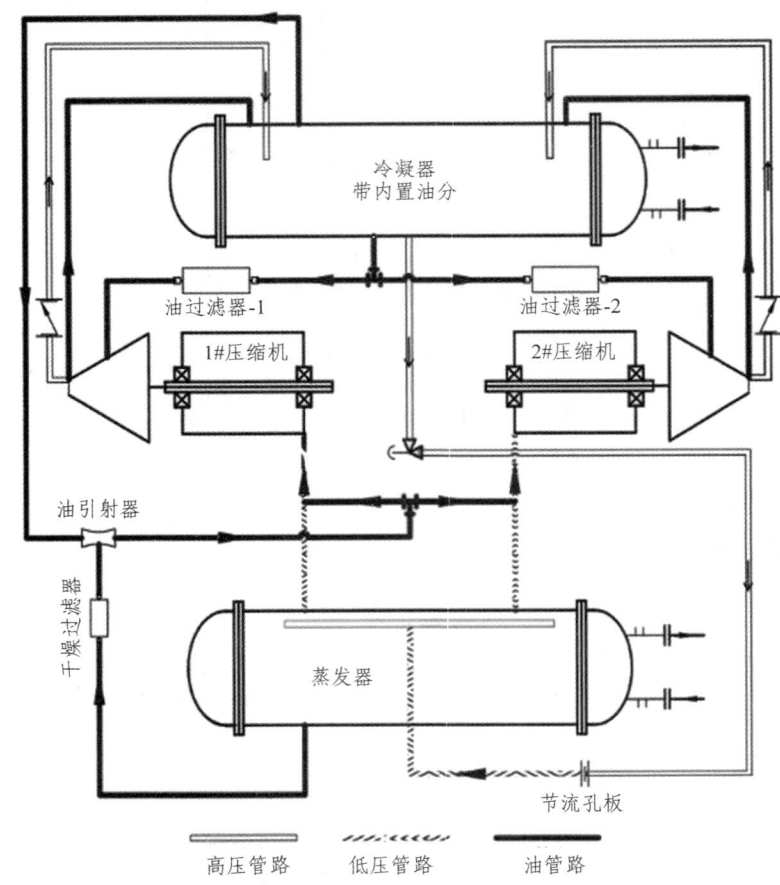

注：YEWS260 采用一个油过滤器。位于主供油共用管路上。

图 5-1-8　冷水机组示意图

（2）冷冻水循环系统由冷冻泵将冷冻水输送至冷水机组降温，降温后的冷冻水传输至送风机或空调机组，对空气进行冷却，冷冻水通过送风机或空调机组后再输送回冷水机组（见图 5-1-9）。

图 5-1-9　冷冻泵与冷却泵

（3）冷却水循环系统由冷却泵将冷却水输送至冷水机组，冷却水对冷水机组降温后，输送至冷却塔进行降温（见图 5-1-10）。

（4）冷却塔用于冷却水的降温。

（5）补水器用来补充消耗的冷却水、冷冻水。

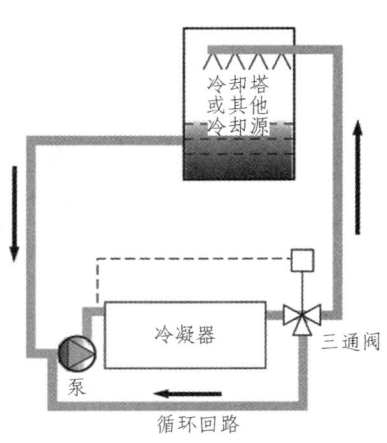

图 5-1-10　冷却塔及冷却水循环

（四）低压动照系统

1. 低压动照系统的组成

车站低压动照系统的电源来自车站变电所 400 V，主要由照明系统、视频监控系统（CCTV 系统）、门禁系统、闸机系统、站台门系统、乘客信息系统、乘客广播系统、时钟系统等组成。

2. 低压动照系统的分类

低压动照系统根据车站用电负荷重要性分类，一般分为三级。

（1）一级负荷：变电所用电、应急照明、车站公共区的正常照明、区间正常照明、通信系统（含专用通信、公共通信和公安通信）、信号系统、自动售检票系统、综合监控系统、火灾自动报警系统、屏蔽门、废水泵、消防水系统设备及电动阀门、气体灭火系统、消防用的风机、用于疏散的自动扶梯、防火卷帘门、区间废水泵、防淹门、区间射流风机等。

一级负荷的供电要求：一级负荷由两个来自变电所不同低压母线的电源供电，一用一备，在末端配电箱处自动切换。车站公共区的正常照明由变电所两段低压母线各带约一半的照明负荷，交叉配电。应急照明为一级负荷中特别重要负荷，由应急电源屏（EPS）集中供电。火灾自动报警系统设备、通信系统设备、信号系统设备等重要负荷的应急电源系统自带不间断电源（UPS）。

（2）二级负荷：安检设备、设备管理用房照明、不用于疏散的自动扶梯（电梯）、污水泵、普通风机、小系统空调机组及相关阀门、检修电源等。

二级负荷供电要求：二级负荷由变电所低压负荷母线提供一个电源供电，当变电所只有一个电源时，由低压母线分段开关切换保证供电。

市域铁路一级、二级负荷都带有双切箱，用于两路母线电源之间的切换（见图5-1-11）。

图 5-1-11 双切箱

（3）三级负荷：冷水机组及其配套设备、广告照明、清扫电源及其他不属于一、二级负荷的用电设备，且停电后不影响轨道交通正常运行的负荷。

三级负荷供电要求：三级负荷仅由变电所的低压负荷母排提供一个电源供电，当供电系统一个电源失电时，自动或手动切除该负荷。

思考题

1. 环控系统的定义与作用是什么？

2. 简述环控系统的组成。

3. 环控各系统分别有什么功能？

4. 车站用电负荷分为几类，各有什么要求？

评价表

项目名称	专业基础知识	学生姓名	
任务名称	环控系统	分数	
项目		分值	考核得分
1. 环控系统的定义		10	
2. 环控系统的作用		30	
3. 环控系统的构成		30	
4. 环控各系统功能		30	
总体得分			

教师简要评语：

教师签名：

 第二节　火灾自动报警系统

【学习目标】

（1）了解火灾自动报警系统。

（2）掌握市域铁路火灾自动报警系统的组成结构和原理。

火灾自动报警系统（简称 FAS 系统）是市域铁路自动化系统的一个重要组成部分。通过本章内容的学习，了解火灾自动报警系统在市域铁路中所承担的作用，掌握火灾自动报警系统的基本原理、组成及各项要求。

一、火灾自动报警系统概述

火灾自动报警系统由发生装置、报警装置、联动输出装置以及其他辅助功能装置组成，具有在火灾初期通过火灾探测器将探测燃烧产生的烟雾、热量、火焰等物理量转变为光信号，

传输到火灾报警控制器,并同时向整个系统发出警报的作用。它不仅能使人们及时发现火灾,采取有效措施扑灭初期火灾,又能根据火情位置,及时输出联动灭火信号,启动相应的消防设施进行灭火,最大限度地减少因火灾造成的生命和财产损失。火灾自动报警系统应具备安全可靠、误报率低、信号传输准确可靠、灵活性和兼容性强、布线简单灵活和便于调试、管理、维护等特点,还应具有独立的网络结构和布线系统,以实现在任何情况下,该系统都可以独立的操作、运行和管理。FAS 系统和 BAS 系统具备联网的能力,可与车站通风系统、照明系统、广播系统以及乘客信息显示系统等实时通信,在发生火灾时提供相应的联动功能。

二、火灾自动报警系统的组成

FAS 系统具有火灾探测、报警及消防联动功能。主要由探测器、传输网络、反馈装置、报警装置、控制装置、执行装置等设备组成。

FAS 系统主要由火灾自动报警系统、气体灭火报警控制系统以及隧道火灾探测系统三大部分组成。火灾自动报警系统对全线的车站建筑进行火灾的探测保护;气体灭火系统对车站所有气体保护房间进行火灾探测和保护;隧道火灾探测系统对全线地下站、区间电缆通道内、地下区间隧道等的温度进行可靠监视及预警和报警。

三、火灾自动报警系统的结构

(一)火灾自动报警系统按管理控制层级分为三级控制、二级管理

1. 三级控制

FAS 系统的三级控制分为中央级、车站级和现场级(见图 5-2-1)。第一级为中央级,由综合监控系统(简称 ISCS)集成设置,中央级作为 FAS 系统集中监控中心,设置于控制中心(OCC)。第二级为车站级,设置于车站控制室(其中车控室 FAS 工作站由 ISCS 集成设置)、消防控制室。第三级为 FAS 现场级,由 FAS 现场设备组成。

2. 二级管理

FAS 系统的二级管理分为中央级和车站级,全线消防系统所有的指挥调度权在中央级。站点消防系统的指挥调度权在车站级。中央级管理功能是指中央级 FAS 可收集各车站级 FAS 设备信息,能有效监控到各车站 FAS 设备报警信息,还具备维修管理功能,能采集处理集成系统的必要设备故障信息,以方便环控调度的管理工作。OCC 的环调人员兼消防值班员,负责管理全线的火灾报警,负责确认火灾灾情,向车站级发出消防救灾指令,指挥救灾工作的开展。车站级管理功能是指车站级 FAS,由信息管理层和控制层构成,信息管理层与控制层通过 FAS 主机连接,可实现信息的及时传递。各车站车控室不设专职消防值班员,而由值班站长或值班员兼任,负责监视火灾报警、确认火灾灾情、报告 OCC、接收 OCC 发出的消防救灾指令。

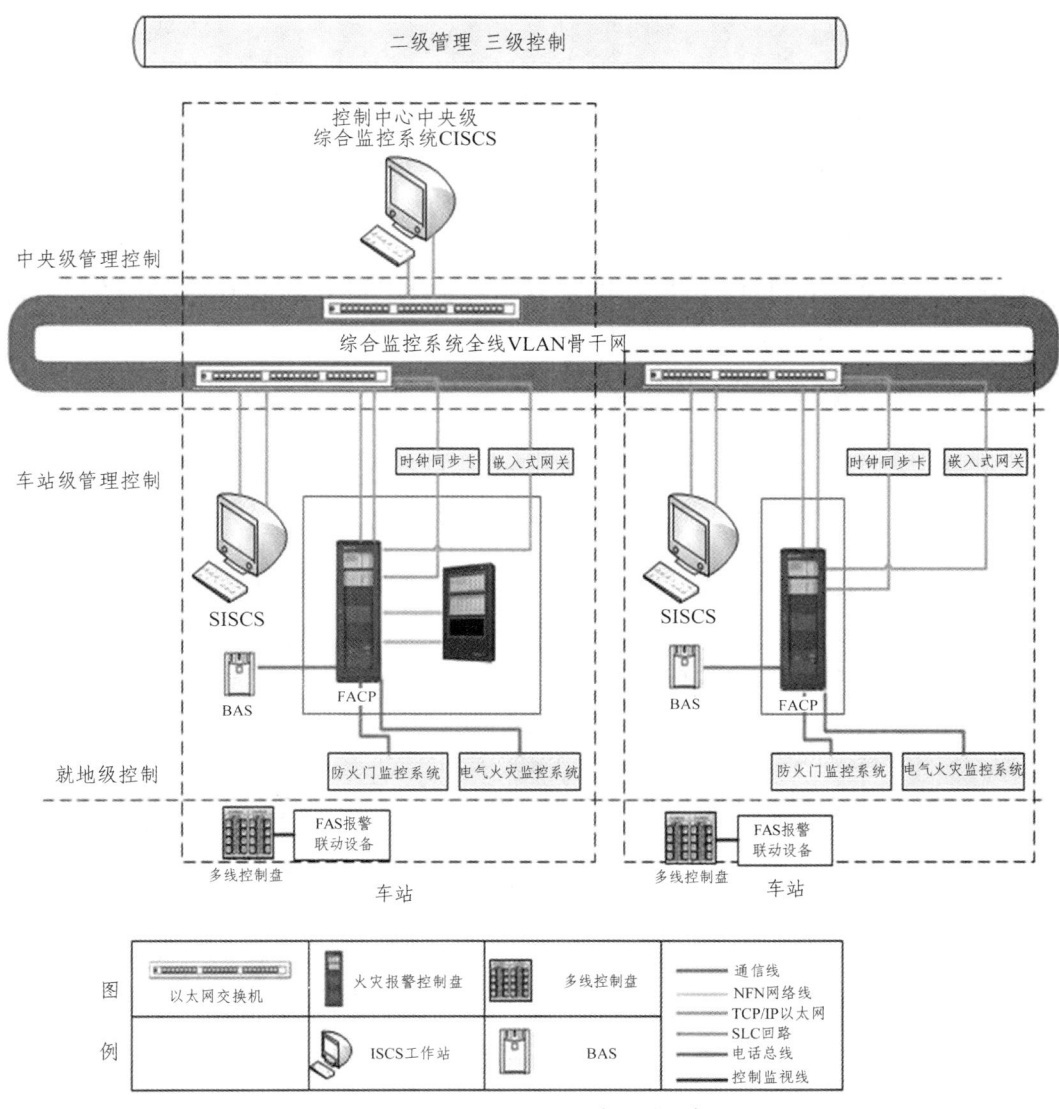

图 5-2-1　FAS 系统控制级别

（二）FAS 系统按功能划分三层，即信息管理层、控制层及设备层

信息管理层由中央级及车站级的通信系统通过 ISCS 组建，含服务器、工作站及全线 FAS 环网等。控制层由车站 FAS 控制设备组建，含消防报警主机（简称 FACP 盘）等设备。设备层由 FAS 现场设备组成，含烟感、温感探测器，输入、输出模块，声光报警器、警铃等。控制层能够相对独立的地工作，在控制层脱离中央级系统的信息管理层时，仍能独立运行。

四、火灾自动报警系统联动运作

全线消防动作主要由 FAS 独立完成，或由 FAS 与 BAS 联动完成。在地下车站、地上车站分别按照不同的方式完成火灾时的消防联动。

地上车站的火灾探测及报警与消防联动控制由 FAS 独立完成，FAS 实现火灾探测及报警功能，并实现所有消防设备及相关系统消防联动（如车站闸机、防火卷帘、消防水泵、电梯、门禁、消防切非、强启应急照明等）。

地下车站的火灾探测及报警与消防联动控制是由 BAS、FAS 共同完成（见图 5-2-2），FAS 实现火灾探测及报警功能，并实现专用消防设备的消防联动（即车站的闸机、防火卷帘及消防水泵、气体灭火系统、电梯、门禁、消防切非、强启应急照明等），BAS 实现与机电设备消防联动（消防专用风机、风阀等）。在 BAS 系统中，FAS 发出的火警指令具有最高优先权，当发生火灾时，FAS 通过车站的数据接口，向 BAS 发出报警信息和火灾模式指令，按模式指令 BAS 将其所监控的设备运行模式转换为预定的救灾状态。

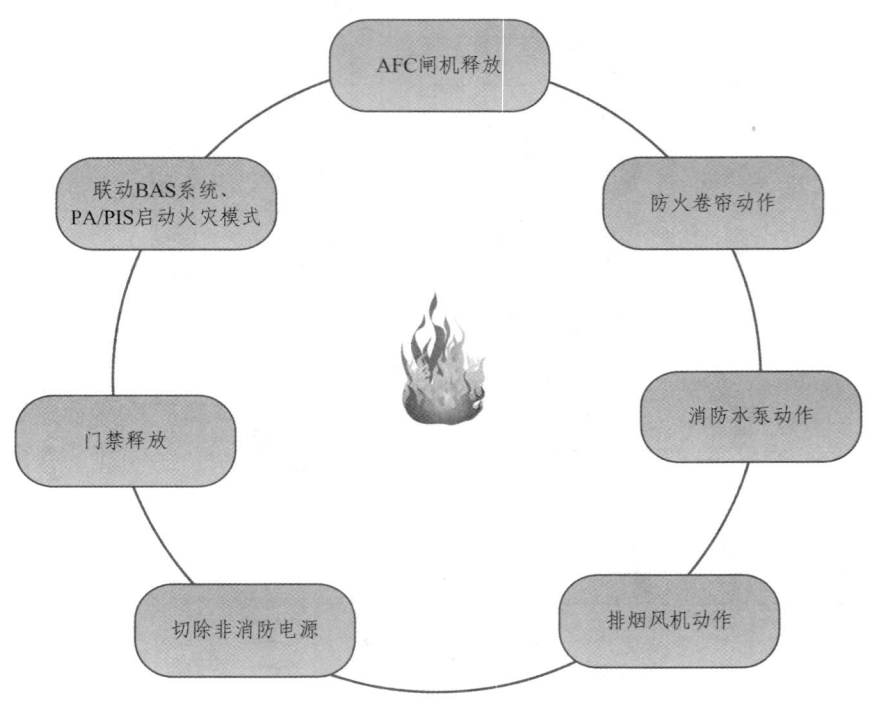

图 5-2-2　火灾联动图

五、火灾自动报警系统的设备配置

火灾自动报警系统的设备包括火灾报警控制器、感烟和感温探测器、红外探测器、消防电话、手报按钮、消火栓按钮、输入输出隔离模块、气体灭火控制盘、声光报警器等。

（一）火灾报警控制器

火灾报警控制器又称为 FAS 主机，一般设置与车站控制室内。主要用于接收各火灾探测装置的报警、故障信息，控制和 BAS 系统的联动（见图 5-2-3）。

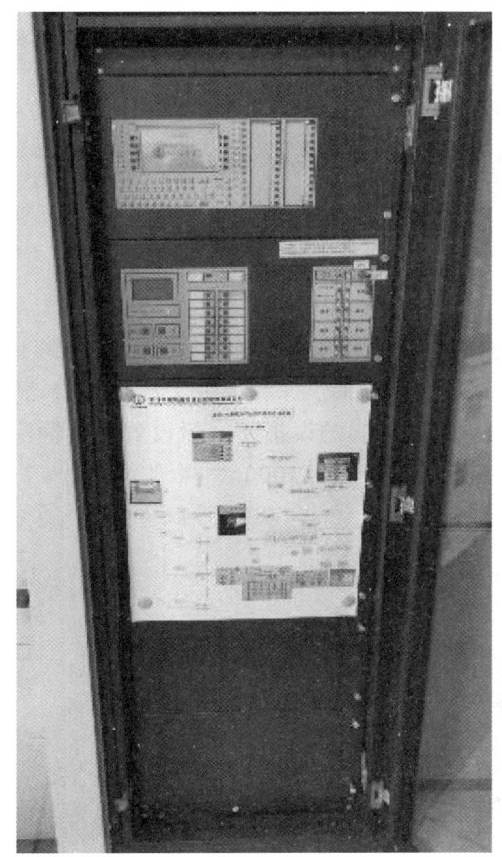
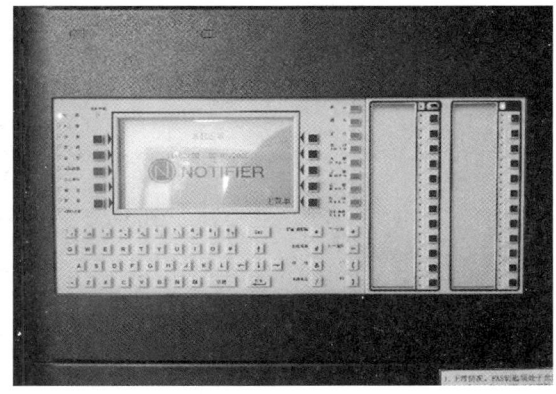
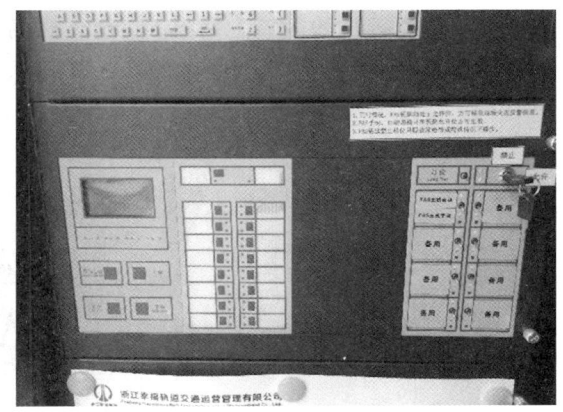

图 5-2-3　火灾报警控制器

(二) 探测器

1. 智能光电感烟

智能烟感探测器用于探测房间内烟雾浓度，达到预设值后产生火灾报警，一般设置于车站公共区和设备房内，正常工作状态为红灯闪烁，火警时红色常亮（见图 5-2-4）。

图 5-2-4　智能光电感烟探测器

2. 智能感温探测器

智能感温探测器用于探测房间内的温度，达到预设值后产生火灾报警。一般设置于气灭房间内，正常状态绿色闪烁，火警时红色常亮（见图 5-2-5）。

图 5-2-5　智能感温探测器

3. 智能型反射式光束感烟探测器

红外对射式感烟探测器分为光束发射器和光电接收器分为两个独立的部分，当光路上出现烟雾时，会使到达接收器的信号减弱，减光率达到预设阈值时，探测器就会产生报警信号，若光束全被挡住，会产生故障信号，以防止非火灾的遮挡引起的误报，一般设置于车辆段等范围较大、跨度较长的区域（见图 5-2-6）。探测器探测跨度：10～100 m，探测宽度：≤7 m，两个探测器之间≤14 m。

图 5-2-6　智能型反射式光束感烟探测器

（三）输入模块、输出模块、短路隔离模块。

输入、输出、隔离模块一般设置在 FAS 主机内（见图 5-2-7）。输入模块主要用于报警信号的收集。输出模块主要用于控制消防水泵、警铃、防火卷帘等消防设备的启停。隔离模块主要用于发生回路总线短路时，自动启动隔离继电器，使短路点脱离总线，短路故障排除后可自动恢复正常工作。

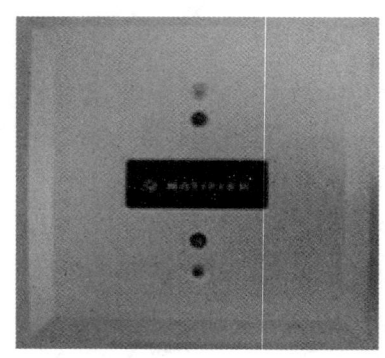

图 5-2-7　输入、输出、隔离模块

（四）智能手动报警按钮

手动报警按钮（简称手报）主要用于火情时，人工确认该区域发生火情，主要设置在车站公共区、设备区、车辆段、主变电站内（见图 5-2-8）。每个防火分区至少设置一个手动报警按钮。破玻璃式手报可重复使用。手报自带电话插孔，也可以单独配置。

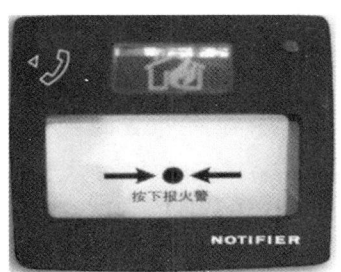

图 5-2-8　智能手动报警按钮

考虑到区间隧道的结构渗水及隧道冲洗水的影响，为保证设备的防水功能，区间手报配置防水底座及防水盒（见图 5-2-9）。

图 5-2-9　防水盒

（五）消火栓按钮

智能消火栓按钮可直接通过总线将相关信息及报警按钮地址报送火灾报警控制盘。该装置是装在室内消火栓上用于现场手动启动消防水泵并能显示水泵运行状态的装置，按钮上 LED 灯长亮表明水泵已运行（见图 5-2-10）。

图 5-2-10　消火栓按钮

（六）可恢复缆式线型定温火灾控制器（感温电缆控制器）

可恢复缆式线型定温火灾探测器是用来监测感温电缆温度变化并与 FACP 连接的控制设备。能将感温电缆的火灾报警信号、故障信息输出至 FACP 进行集中显示和报警。感温电缆控制器动作温度设定为 85 ℃，具有断路短路两种故障报警功能。

（七）消防电话

消防电话是用于火灾时及时向消防控制室报告的专用电话，其主机设置于 FAS 主机上，分机设置于防火分区内（见图 5-2-11）。

图 5-2-11　消防电话

（八）警铃

警铃在火灾报警时起到提醒作用，一般设置在车站设备区、走廊等区域，在车站公共区不设置警铃（见图 5-2-12）。

图 5-2-12　警铃

（九）消防广播系统

消防广播用于火灾时，播放火灾事故广播，指导乘客的安全疏散（见图 5-2-13）。

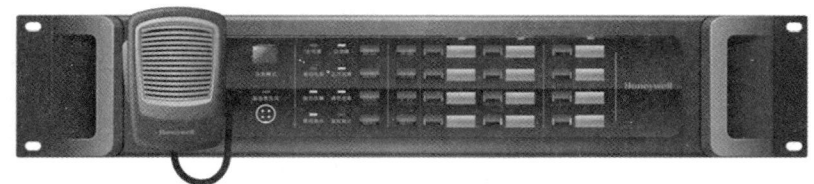

图 5-2-13　消防广播

（十）气体灭火控制盘

气体灭火控制盘（见图 5-2-14）采用单区气体灭火控制器，每个气体灭火保护房间外设置一个气体灭火控制器。气体灭火控制盘主要用于控制警铃、声光报警器、释放指示灯、紧急释放装置、紧急止喷按钮、启动气瓶电磁阀、选择阀、灭火剂释放反馈装置、电动防火阀等设备，也可在火灾情况下控制气灭装置喷洒灭火并发出警报。

图 5-2-14　气体灭火控制盘

（十一）气灭紧急释放按钮

气灭紧急释放按钮（见图 5-2-15）一般设置在气灭保护房间外，用于控制房间内气灭状态的手动/自动、启动/停止。防护区内有人工作时，将手动/自动转换开关设置在手动状态；防护区无人工作时，将手动/自动转换开关设置在自动状态。当房间内有火灾并无报警时，工作人员可紧急启动气灭装置；当房间内有火灾报警却无火情时，工作人员可紧急停止气灭装置。

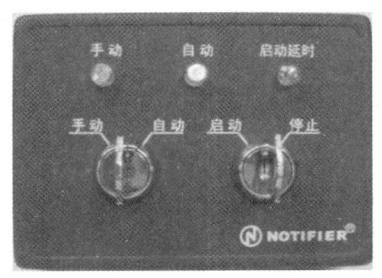

图 5-2-15　气灭紧急释放按钮

（十二）声光报警器

声光报警器（见图 5-2-16）在每个气体防护房间的门内外各设置一个，在火灾报警、气灭释放时动作，提醒该房间内有火情，从系统延时阶段开始直至复位前，声光报警器始终保持报警动作状态。

图 5-2-16　声光报警器

六、火灾自动报警系统的技术要求

（一）设计要求

（1）按全线同一时间内发生一次火灾考虑。

（2）FAS 按中央级、车站级两级管理，中央级、车站级、就地级三级控制方式设置。车站级作为就地 FAS 消防控制室，设置于车站控制室。中央级设置于运营控制中心，全线消防系统所有的指挥调度权在中央级。

（3）在各车站的车站控制室设一台 FACP（FAS 主机），监视车站内 FAS 系统所有设备状态和部分消防设备状态，接收车站内现场设备火灾报警信号，并显示报警部位，联动相关消防设备，地下站可通过 FACP 直接向 BAS 发送火灾模式指令，由 BAS 执行车站消防救灾模式，同时向 FAS 反馈信息（见图 5-2-17）。

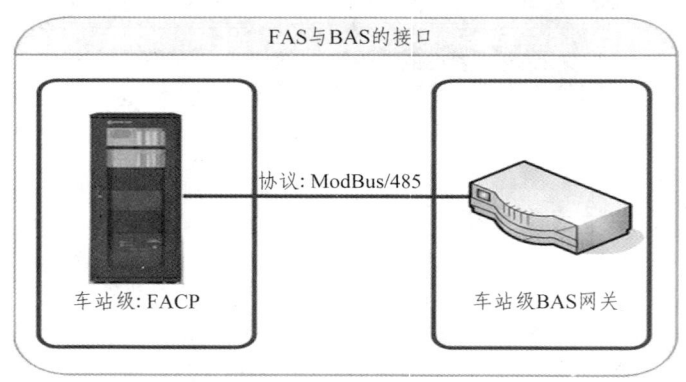

图 5-2-17　FAS 与 BAS 接口

（4）车站消防联动控制按钮及指示等设置于 IBP 上，各车站级图形工作站等均由综合监控专业集成设置。

（5）每个防火分区至少设置一个手动报警按钮。从一个防火分区内的任何位置到最邻近的一个按钮的距离不大于 30 m。车站公共区、设备区及主变电站内设置普通型手动报警按钮，地下区间隧道内设置防水型手动报警按钮。

（6）为防止火灾发生时引起乘客惊慌，在车站的公共区不设声光报警器。在车站设备区走廊、主变电站等相关地面建筑 FAS 单独设置声光报警器。

（7）火灾时由 FAS 联动公共区自动售检票闸机，使其处于释放状态，便于旅客迅速疏散至地面或室外安全地带（见图 5-2-18）。

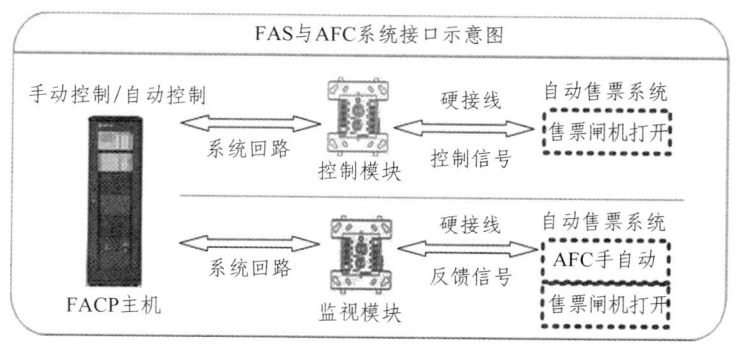

图 5-2-18　FAS 与 AFC 接口

（8）在车站级门禁控制器设 FAS 联动控制模块，在 IBP 盘设门禁系统紧急释放断电按钮；发生火灾时可通过联动控制模块联动门禁系统或由值班人员手动控制断电按钮，实现门禁门锁具断电释放（图 5-2-19）。

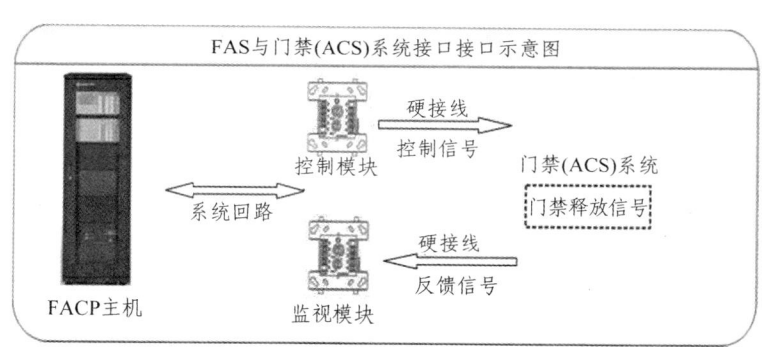

图 5-2-19　FAS 与 ACS 接口

（9）FAS 控制车站防火卷帘（用于防火分隔）的下降，接收其反馈信号。
（10）FAS 控制消防水泵的启、停，接收消防水泵的运行、故障信号（见图 5-2-20）。

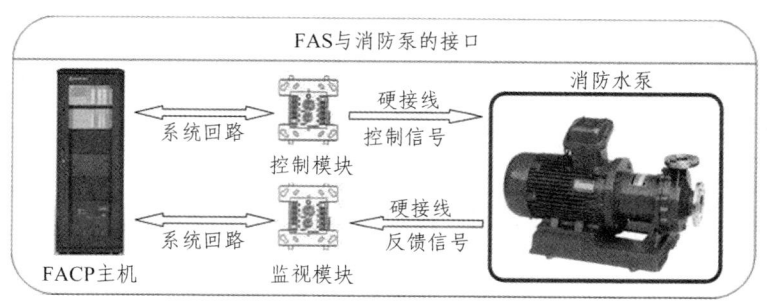

图 5-2-20　FAS 与消防泵的接口

（11）火灾时通过 IBP 盘由值班人员手动控制紧急停运行方向与人员疏散方向相反的自动扶梯。
（12）车站等建筑火灾时，FAS 控制电梯迫降至首层并监视其状态（见图 5-2-21）。

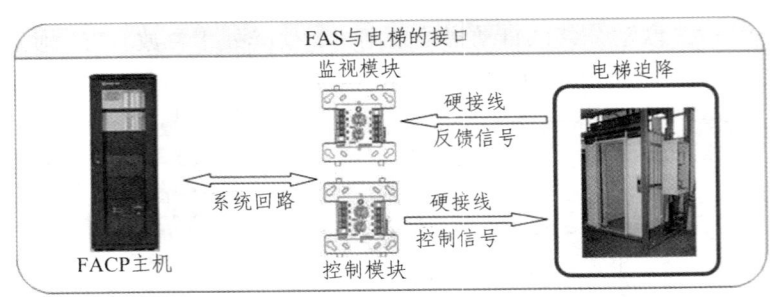

图 5-2-21　FAS 与电梯的接口

（13）消防栓箱旁设置手动报警按钮和消防电话插孔，安装在靠近消防栓箱旁的墙上。

（14）地上站等建筑 FAS 在满足相关规范的前提下，按照简单、实用原则进行设计：消防设备全部由 FAS 监控，BAS 原则上监控消防设备外的机电设备。

（15）地下站 FAS 参照市域铁路相关规范设计。防排烟与送排风系统的风机和风阀有兼顾共用的设备，执行正常和救灾两种运行模式。正常运行模式时由 BAS 监控管理；火灾运行模式时，BAS 作为 FAS 的联动控制子系统，由 FAS 发出指令，BAS 启动相关的救灾模式，火灾运行模式具有优先权。

（二）FAS 火灾报警确认方式

火灾报警的确认有自动确认和人工确认两种方式。自动确认通过火灾探测器实现，人工确认通过手动报警按钮及消火栓起泵按钮实现。根据不同的场合采取不同的火灾确认方式，具体如表 5-2-1 所示。

表 5-2-1　火灾确认方式

建筑类别	报警设备	确认方式	处理方式
地下车站	同一区域两个探测器	自动确认	FAS 自动向 BAS 发模式指令
	一个烟感或感温探测器、一个手动报警按钮	自动确认	FAS 自动向 BAS 发模式指令
	自动灭火系统发出确认报警信号	自动确认	FAS 自动向 BAS 发模式指令
	一个消火栓起泵按钮或手动报警按钮	人工确认	人工向 BAS 发模式指令
地上车站	同一区域两个探测器	自动确认	FAS 自动联动消防泵及其他消防设备并激活声光报警器
	一个烟感或感温探测器、一个手动报警按钮	自动确认	
	自动灭火系统发出确认报警信号	自动确认	
	一个消火栓起泵按钮或手动报警按钮	人工确认	
区间	车载通信设备	人工确认	由控制中心向相邻车站下达区间火灾联动模式
	一个轨旁电话	人工确认	
	一个区间手动报警按钮	人工确认	

思考题

1. 火灾自动报警系统的概念是什么？
2. 火灾自动报警系统主要设备有哪些？
3. 火灾自动报警系统如何运作？
4. 火灾设备联动的条件是什么？

评价表

项目名称	专业基础知识	学生姓名	
任务名称	火灾自动报警系统	分数	
项目		分值	考核得分
1. 火灾自动报警系统概述		10	
2. 火灾自动报警系统的组成		10	
3. 火灾自动报警系统的结构		20	
4. 火灾自动报警系统的联动运作		20	
5. 火灾自动报警系统的设备配置		20	
6. 火灾自动报警系统的技术要求		20	
总体得分			
教师简要评语：			
		教师签名：	

第三节　气体灭火系统

【学习目标】

（1）了解气体灭火系统。
（2）掌握气体灭火系统的原理、组成及功能。
（3）掌握气灭系统的启动、停止操作。

温州市域铁路气体灭火系统采用的是 IG541 混合气体灭火系统和七氟丙烷气体灭火系统，可用于电气火灾、固体表面火灾、液体火灾。主要设置在环控电控室、通信设备室、信号设备室、综合监控设备室、公共通信设备室、公安通信设备室、变电所等地方。目前各地下车站需保护的电气设备房采用 IG541 组合分配式全淹没气体灭火系统。长区间中间风井内需保护的电气设备房采用无管网柜式七氟丙烷气体灭火系统。

一、气体灭火系统概述

气体灭火系统是指将灭火气体储存在压力容器内,在火灾发生时以气体形式喷射灭火,并在防护空间内形成一定浓度,保持一定的浸渍时间来防止火情继续发生。市域铁路全线重要设备房都应设气体灭火系统。

二、气体灭火系统组成和运作

气体灭火报警控制系统包括气体灭火报警控制主机、气体灭火控制器、探测器(感烟、感温或其他类型)、警铃、蜂鸣器及闪灯、释放指示灯、紧急启停按钮和 DC 24 V 辅助电源箱(含蓄电池)等。

在气体灭火房间门外设置现场气体灭火控制器,FAS 主机通过总线与现场气体灭火控制器进行连接,车站不再独立设置集中型气体灭火控制器。设气体自动灭火的房间,配置感温和感烟两种类型火灾探测器,门口处设置声光报警器和放气指示灯,房间内设置警铃、声光报警器和手自动状态显示装置,有多个门的房间,在未设置现场气体灭火控制器的门口处还应设置气体灭火现场手动控制装置。下面介绍 IG541 气灭系统和七氟丙烷气灭系统的运作和组成。

(一) IG541 气体灭火系统的运作

IG541 气体灭火系统在受保护的气灭房间发生火灾时,能及时喷放灭火气体进行灭火,它有自动控制、手动控制和应急机械手动控制三种方式。一般情况下应使用手动控制;在保护区无人的情况下可以转换为自动控制;当自动控制和手动控制不能执行时,采用机械应急手动控制。系统示意图如图 5-3-1 所示。

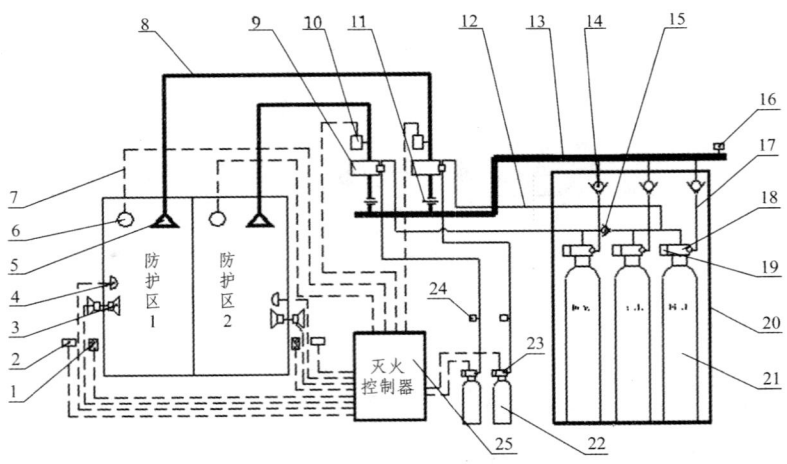

1—紧急启动停止按钮;2—气体释放指示灯;3—声光报警器;4—警铃;5—喷嘴;6—火灾探测器;7—导线和穿线管;8—灭火剂输送管道;9—选择阀;10—信号反馈装置;11—减压装置;12—启动管路及管件;13—集流管;14—灭火剂流通管路单向阀;15—驱动气体流通管路单向阀;16—安全泄放装置;17—连接管(压力软管);18—灭火剂容器阀;19—机械应急启动手柄;20—瓶组架;21—灭火剂容器;22—驱动气体容器;23—电磁型驱动装置;24—低泄高封阀。

图 5-3-1　IG541 气体灭火系统示意图

1. 系统正常工作状态

正常状况下，IG541气体灭火剂和启动气体被密封在各自的储瓶中，并通过压力表监测；全部选择阀处于关闭状态；灭火剂输送管道和启动管路处于常压状态；如果启动气体出现慢性泄漏，会通过低泄高封阀释放至大气，以避免形成压力集聚。

2. 自动控制方式灭火过程

当灭火控制器的手自动转换开关置于"自动"位置时，针对该防护区的灭火控制方式处于全自动状态。在此状态下，当灭火控制器接收到同一防护区两种不同类型火灾探测器的火险信号时，即向其对应的电磁启动装置发出灭火联动信号，气体灭火系统进入以下灭火控制程序：

（1）立即启动设于对应防护区内外的声光报警器（蜂鸣器及闪灯），向防护区内外的人员发出紧急疏散和气体喷放预警报。

（2）按照预先的设置进入气体喷放前的延时阶段（0～30 s可调）。

（3）按照设计的要求，联动关闭该防护区所有影响灭火效果的设备或装置（如关闭泄压口除外的开口，关闭所有关防火阀，关闭空调和通风设备等）。

（4）向FAS系统或综合监控系统发出反馈信号。

（5）延时阶段一结束，立即向灭火系统中对应该防护区电磁启动装置发出灭火指令。

（6）电磁启动装置动作，气体自动灭火系统将气体存储容器中的启动气体（氮气）释放，启动气体沿启动管路进入预先确定数量的灭火气体储瓶容器阀。

（7）预先确定数量的储瓶内的灭火剂被释放出，经过集流管、选择阀、防护区的气体输送管道和喷嘴，喷放到防护区内，实施灭火。

（8）同时，在管道内的灭火气体压力作用下，压力讯号器动作并将动作信号反馈至灭火控制器。控制器同时发出联动信号点亮该防护区入口处设置的气体释放指示灯，提醒人员切勿入。

. 手动控制方式灭火原理

当灭火控制器的手自动转换开关置于"手动"位置时，针对该防护区的灭火控制方式处于手动状态。

（1）手动状态下灭火控制器只是接收火灾探测器探测到的火险信号，并联动安装于防护区内外的警铃和声光报警器动作，不会向相应的电磁启动装置发出灭火联动信号。

（2）在需要启动气体灭火系统时，现场操作人员可以手动按下防护区门口设置的紧急启动按钮启动灭火系统，即可进入自动灭火控制程序，释放灭火剂，实施灭火。这种手动操作方式在灭火控制方式处于自动状态并且防护区内火灾探测器尚未探测到火险信号时同样有效。这是控制子系统满足"手动优先"的功能。

4. 应急机械手动控制方式灭火过程

当灭火系统无法采用自动和手动控制方式启动时，操作人员可以采用应急机械手动控制方式启动灭火系统。具体步骤为：

（1）确认发生火灾的防护区的名称。

（2）确认防护区内的人员已撤出并有效防止人员误入。

（3）确认影响灭火效果的设备或装置以及门窗已经关闭。

（4）尽快到达该防护区对应的灭火系统气瓶间。

（5）按照标牌指引，找到该防护区对应的启动气体储瓶。

（6）拉出该储瓶上电磁启动装置机械应急启动手柄下的保险卡环。

（7）按下手柄即可释放启动气体（氮气），从而启动气体自动灭火系统，释放灭火剂，实施灭火。

（8）如果此时遇上电磁启动装置维修、启动气体储瓶在充换启动气体或其他原因不能开启相应的选择阀、容器阀时，可立即按下列程序操作（同样可以实现人工应急启动）：① 拉动相应区域选择阀的手柄打开选择阀；② 按下相应灭火剂储瓶容器阀上的机械应急启动把手打开容器阀，释放灭火剂，实施灭火。

5. 手动启动、停止气灭释放

无论灭火控制方式处于"自动"或"手动"状态，或防护区内是否有火灾发生，只要防护区的警报装置（警铃或者声光报警器）报警，该防护区内的人员应立即撤离，同时对现场情况进行确认。

（1）此时如发现是系统误动作，或确有火灾发生但仅使用手提式灭火器和其他移动式灭火设备可扑灭火灾时，可按下设在防护区域门外的紧急停止按钮，使系统暂时停止释放灭火剂。当确认现场火情已经解除的情况下，可持续按住紧急停止按钮直至系统复位。在系统复位前，如需再次启动气体灭火系统，则松开紧急停止按钮即可。

（2）当确认气体防护区内有火灾发生，并且通过人力采用简单方法已无法扑救时，可立即按下防护区门外的紧急启动按钮启动灭火系统，实施灭火。

（二）IG541 气体灭火系统组成

IG541 气灭系统主要由灭火剂瓶组、驱动气体瓶组、电磁型驱动装置、灭火气体管路、选择阀等设备组成。

1. 灭火剂瓶组

灭火剂瓶组是由灭火剂瓶组容器和容器阀组成。

1）灭火剂瓶组容器（见图 5-3-2）

图 5-3-2　灭火剂瓶组容器

灭火剂瓶组容器为可重复充装的钢制无缝钢瓶，用于长期储存 IG541 混合气体灭火剂，并与灭火剂瓶组容器阀相连接。

2）灭火剂瓶组容器阀（见图 5-3-3）

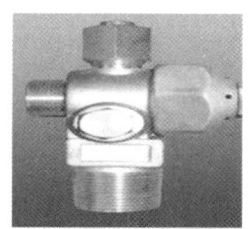

图 5-3-3　灭火剂瓶组容器阀

灭火剂瓶组容器阀装于灭火剂瓶组容器上，具有封存、释放、充装、超压排放、检漏等功能。灭火剂容器阀上设有压力表及其所配套的检修（维护）阀门、机械应急启动装置、安全泄放装置，同时其上设有安全保险机构，可以有效防止人为误操作和运输安装等过程中出现误动作。

2. 驱动气体瓶组

驱动气体瓶组由驱动气体瓶组容器、驱动气体瓶组容器阀组成。

1）驱动气体瓶组容器（见图 5-3-4）

图 5-3-4　驱动气体瓶组

驱动气体瓶组容器为可重复充装的钢制气瓶，用于储存驱动气体（氮气）。

2）驱动气体瓶组容器阀（见图 5-3-5）

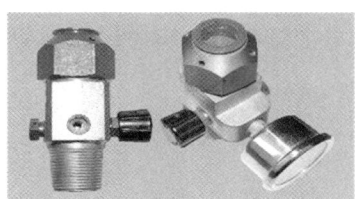

图 5-3-5　驱动气体瓶组

此阀门安装在驱动气体容器上，具有封存、释放、充装、检漏、超压排放等功能。

3. 电磁型驱动装置（见图 5-3-6）

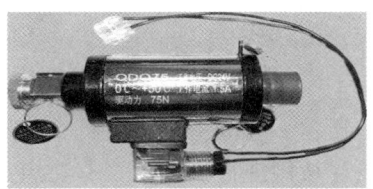

图 5-3-6　电磁型驱动装置

电磁型驱动装置具有电动和机械应急操作两种启动方式,启动后喷出的高压启动气体(氮气)的压力能依次打开选择阀和灭火剂容器阀。机械应急启动手柄上设有双重安全保险机构,可以有效防止人为误操作。

4. 灭火剂流通管路单向阀（见图5-3-7）

图 5-3-7　灭火剂流通管路单向阀

灭火剂流通管路单向阀由阀体、阀芯等部分组成,安装在连接管（压力软管）和集流管之间,以防止灭火剂从集流管向灭火剂瓶组倒流。

5. 驱动气体管路单向阀（见图5-3-8）

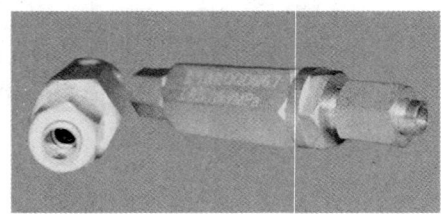

图 5-3-8　驱动气体管路单向阀

驱动气体管路单向阀安装于启动管路上,用于控制驱动气体（氮气）的气流方向,进而启动特定的阀门。

6. 选择阀（见图5-3-9）

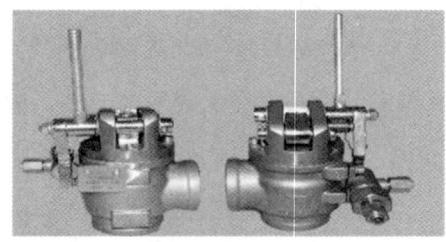

图 5-3-9　选择阀

选择阀主要有阀体、活塞（阀芯）等部分组成,具有气动和人工机械应急启动两种开启方式。选择阀采用独特的机械压臂结构进行锁定,只有在启动气体驱动或者人力机械操作的情况下才能开启。

7. 安全泄放装置（见图 5-3-10）

图 5-3-10　安全泄放装置

安全泄放装置由阀座、膜片及压紧螺塞等组成，安装在集流管上。当封存于集流管中的灭火剂压力升高到规定的压力时，泄压膜片爆破泄压，可以起到的防止超压作用。

8. 信号反馈装置（带自锁）（见图 5-3-11）

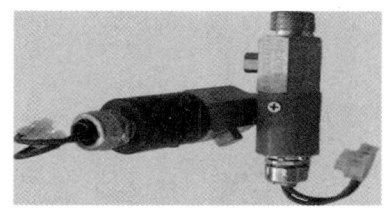

图 5-3-11　信号反馈装置（带自锁）

信号反馈装置（又称压力讯号器）主要由阀体、阀芯、微动开关、保护罩和泄压螺钉等部分组成。在启动灭火设备时，释放灭火剂的气体压力使其动作，并将灭火剂释放信号反馈到灭火控制器。

9. 低泄高封阀（见图 5-3-12）

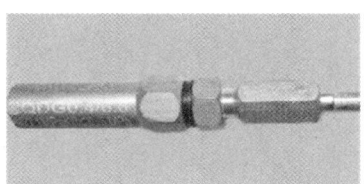

图 5-3-12　低泄高封阀

低泄高封阀主要由阀体、阀芯、接头和专用密封元件组成，安装在启动管路上，用于排放意外泄漏至启动管路的气体，以防止设备因驱动气体慢性泄漏引发的误动作。正常启动时，该装置自动关闭，不影响设备正常启动。

10. 连接管（压力软管）（见图 5-3-13）

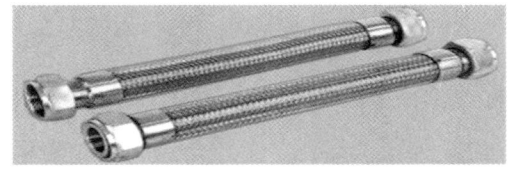

图 5-3-13　连接管（压力软管）

连接管（压力软管）由活动螺母（管接头）、波纹管、钢丝网套（外保护层）等组成。是用于连接灭火剂容器阀和灭火剂单向阀的管道，与容器阀和单向阀以螺纹方式连接，在灭火剂容器阀释放灭火剂时，可以起到压力缓冲的作用。

11. 集流管（见图 5-3-14）

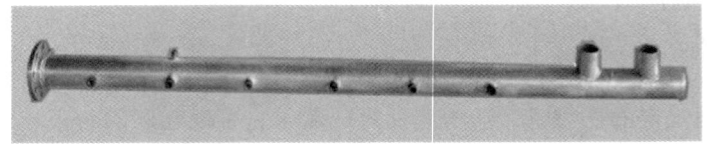

图 5-3-14　集流管

集流管为从灭火剂瓶组到选择阀之间（不包括压力软管）所有部分的管道，用于汇集各灭火剂瓶组释放出的灭火剂。

12. 减压装置（见图 5-3-15）

图 5-3-15　减压装置

减压装置装于集流管与选择阀之间，流过减压装置后的 IG541 气体灭火剂最大压力为 7 MPa。

13. 启动管路（见图 5-3-16）

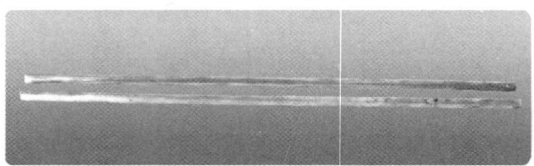

图 5-3-16　启动管路

启动管路是用于输送驱动气体的管路。

14. 启动管路管件（见图 5-3-17）

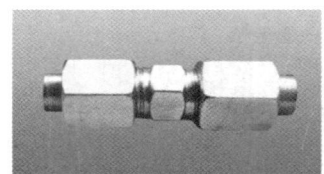

图 5-3-17　启动管路管件

启动管路的管接件包括气路直通和气路三通,与启动管路采用扩口式接头连接。

15. 喷嘴（见图 5-3-18）

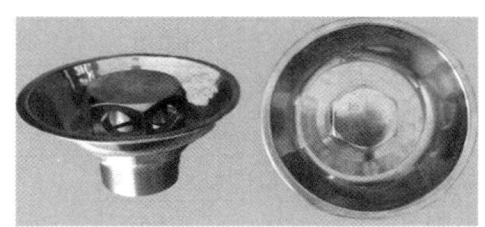

图 5-3-18　喷嘴

喷嘴安装于灭火系统管网的末端,用于按设计要求均匀地喷洒灭火剂。

16. 瓶组架

瓶组架是用于安放和固定灭火剂瓶组以及集流管等的专用固定架。

17. 灭火剂输送管道、管道接口件

略。

（三）IG541 气体灭火剂和启动气体主要技术指标。

IG541 气灭系统的启动气体为纯氮气,灭火剂成分主要由 Ar、N_2、CO_2 气体混合组成,其技术性能应符合表 5-3-1、5-3-2 规定。

表 5-3-1　IG541 气体灭火剂技术性能表

灭火剂名称		主要技术指标					
		纯度	比例 v/v（%）	氧含量	水含量	其他成分最大含量	悬浮物或沉淀物
IG541	Ar	>99.97%	40±4	$<4×10^{-6}$	$<4×10^{-6}$	$<10×10^{-6}$	—
	N_2	>99.99%	52±4	$<5×10^{-6}$	$<5×10^{-6}$		
	CO_2	>99.5%	$8^{+1}_{-0.01}$	$<10×10^{-6}$	$<10×10^{-6}$		

表 5-3-2　IG541 气体灭火剂物理性质表

名　称	符号	单位	氮气	氩气	二氧化碳	IG-541
分子式	—	—	N_2	Ar	CO_2	—
分子量	MW	g/mol	28.013	39.948	44.010	34.067
常沸点	Tb	K	77.35	87.28	194.7	—
临界温度	Tc	K	126.1	150.86	304.19	147.7
临界压力	Pc	Bar	33.94	48.98	73.82	42.39

续表

名　　称	符号	单位	氮气	氩气	二氧化碳	IG-541
临界比容	V_c	cc/mol	90.1	74.6	94.0	83.2
临界压缩因子	Z_c	—	0.292	0.291	0.274	0.289
恒压热容	C_p，298 K	J/mol/K	29.124	20.79	37.13	26.448
恒容热容	C_v，298 K	J/mol/K	—	—	—	18.134
绝热指数	γ，298 K	—	—	—	—	1.459
低压下气体黏度	μ，25 ℃	μP	175.52	224.42	150.5	191.42
IG541 分子分率	Y	Mol%	52	40	8	100

（四）七氟丙烷无管网气体灭火系统的运作

七氟丙烷无管网气体灭火系统（见图 5-3-19）在受保护的气灭房间发生火灾时，能及时喷放灭火气体进行灭火，它同时具有自动操作、手动操作和紧急机械操作三种操作方式。

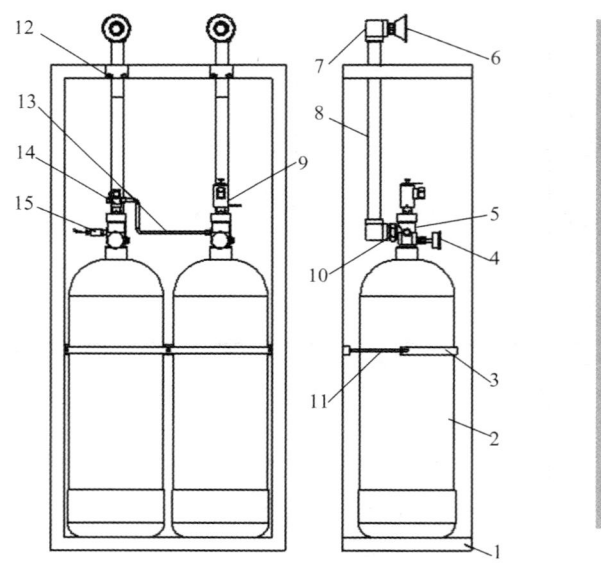

1—柜体；2—灭火剂容器；3—固定抱卡；4—压力表；5—容器阀；6—喷嘴及喷嘴罩；7—弯头；
8—高压无缝钢管；9—电磁型驱动装置；10—活接头；11—钩型螺栓；12—管路抱卡、螺母；
13—启动管路及管件；14—先导阀；15—信号反馈装置。

图 5-3-19　七氟丙烷无管网气体灭火系统示意图

1. 自动操作方式

当防护区长期无人值班或很少有人出入时，将火灾报警控制器上的控制方式选择键置于"自动"位，同时将防护区门外的手动/自动转换开关置于"自动"状态。此时控制系统处于自动工作状态，当防护区发生火灾时，气体灭火系统自动完成防护区内的火灾报测、报警联动控制及喷气灭火整个过程。

（1）防护区内的单一探测回路探测到火灾信号后，控制盘启动该防护区内的警铃，同时向 FAS 系统发出火灾预报警信号。

（2）同一防护区内的两个回路都探测到火灾信号后，控制盘启动该防护区域的声光报警器，并进入延时阶段，延时阶段结束后，火灾报警控制器输出 24 V 直流电，启动储气瓶组上的电磁阀，打开储气瓶组释放灭火剂气体，灭火剂沿喷射短管和喷头输送到防护区域灭火，控制面板喷放指示灯亮，同时报警控制器接收压力讯号器反馈信号，开启防护区内门灯，避免人员进入，直至确认火灾已经扑灭。

当系统处于自动工作状态下，当报警系统误报警进入延时阶段时，手动/自动转换开关能停止系统喷放灭火药剂。

2. 手动操作方式

当防护区有人工作或有人值班的情况下，为了防止系统误动作，应将火灾报警控制器上的控制方式选择键置于"手动"位置，并将防护区门外的手动/自动转换开关置于"手动"状态。此时系统处于手动控制状态。当防护区发生火灾时，火灾探测器将探测到的火灾信号输送给控制器，控制器立即发出声、光报警信号，同时发出联动信号，但不会输出启动灭火系统信号，此时需要经值班人员确认火灾后，按下控制器上相对应防护区的紧急启动按钮，即可按预先设定的程序启动灭火系统，释放七氟丙烷气体进行灭火。这种手动控制，实际上还是通过电气方式的手动控制。手动启动后，系统将不经过延时而被直接启动，释放灭火剂。

3. 应急机械操作方式

应急机械操作实际上是机械方式的操作，是当自动控制和手动控制均失灵时才需要采用的方式。此时可直接手动启动储气瓶，实行应急机械手动控制，人为开启启动装置，进行灭火。

（五）七氟丙烷无管网气体灭火系统组成

1. 灭火剂瓶组

灭火剂瓶组由灭火剂容器和灭火剂容器阀组成。

1）灭火剂容器（见图 5-3-20）

图 5-3-20　灭火剂容器

灭火剂容器用于长期储存七氟丙烷灭火剂和增压氮气，并与灭火剂容器阀相连接。

2）灭火剂容器阀（见图 5-3-21）

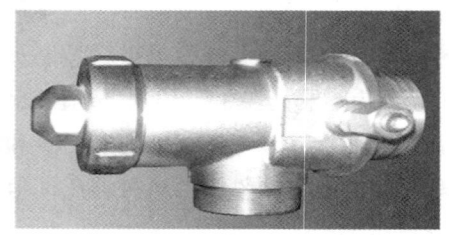

图 5-3-21　灭火剂容器阀

灭火剂容器阀装于灭火剂容器上，具有封存、释放、充装、超压排放、检漏等功能。灭火剂容器阀上设有压力表及其所配套的检修（维护）阀门、机械应急启动装置、安全泄放装置，同时其上设有安全保险机构，可以有效防止人为误操作和运输安装等过程中出现误动作。

2. 电磁型驱动装置（见图 5-3-22）

图 5-3-22　电磁型驱动装置

电磁型驱动装置安装在灭火剂容器阀上，具有电动和手动两种启动方式，启动后能打开灭火剂容器阀，释放灭火剂。电磁型驱动装置上有机械应急启动装置，同时还设有安全保险机构，可以有效防止人为误操作和运输安装等过程中出现误动作。

3. 信号反馈装置（见图 5-3-23）

图 5-3-23　信号反馈装置

信号反馈装置主要由阀体、阀芯、弹簧、微动开关和保护罩等部分组成。释放灭火剂使其动作，并将灭火剂释放信号反馈到灭火控制器。

4. 启动管路（见图 5-3-24）

图 5-3-24　启动管路

启动管路是用于输送启动气体的管路,管材为紫铜管。

5. 启动管路管件(见图 5-3-25)

 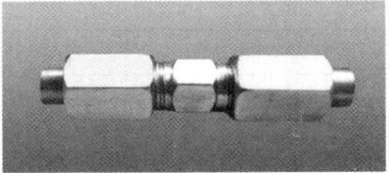

图 5-3-25　启动管路管件

启动管路的管接件包括气路三通和气路直通,与启动管路采用扩口式接头连接。

6. 喷嘴(见图 5-3-26)

图 5-3-26　喷嘴

喷嘴安装于柜式装置喷嘴短管的末端,用于向防护区内均匀地喷洒灭火剂。

(六)七氟丙烷灭火剂主要技术指标

七氟丙烷(HFC-227ea)灭火剂的化学分子为 CF_3CHFCF_3,其主要技术指标应符合表 5-3-3、5-3-4 规定。

表 5-3-3　七氟丙烷灭火剂技术性能表

项　　目	技术指标
纯度	>99.6%
酸度(以 HF 计)/(mg/kg)	<1
水含量/(mg/kg)	<10
蒸发残留物	<0.01%
悬浮或沉淀物	不可见

表 5-3-4　七氟丙烷灭火剂物理性质表

项　目	符　号	数　据	单　位
化学名称	—	七氟丙烷	—
卤代烷代号	—	HFC-227ea	—
"化学文摘"登记号	CA INDEX	431-89-0	—
分子式	—	CF_3CHFCF_3	—
分子量	MW	170.03	—
常沸点	Tb	−16.4	°C
常冰点	Tf	−131.0	°C
临界温度	Tc	101.68	°C
临界压力	Pc	2 911.6	kPa
临界比容	Vc	274	cc/mol
临界密度	ρc	621	kg/m^3
偏心因子	ω	0.350	—
蒸气压，20 °C	Ps, at 20°C	391	kPa
蒸气密度，20 °C	ρv	31.176	kg/m^3
蒸气压，25 °C	Ps, at 25 °C	457.7	kPa
汽化潜热，25 °C	Hv	132.6	kJ/kg
液体密度，20 °C	ρl	1 407	kg/m^3
液体黏度，25 °C	ηl	0.226	CP
液体导热系数，25 °C	Kl	0.069 0	M/°C/W

三、气体灭火喷放后的复位

气灭系统启用后，应对下列部位进行复位，方可继续使用：
（1）气体灭火控制器复位。
（2）电磁瓶头阀更换新膜片，恢复其工作状态。
（3）启动钢瓶组重新充装。
（4）将动作过的选择阀复位。
（5）检查压力信号器及减压装置的复位情况。
（6）将动作后的瓶头阀更换新膜片，恢复其工作状态。
（7）对灭火剂瓶组重新充装灭火剂。

思考题

1. 气灭系统有哪几种？主要构成部件？

2. 气灭报警原理是什么？如何启动？
3. 如何停止已报警的气灭装置？
4. 如何机械操作应急模式？

评价表

项目名称	专业基础知识	学生姓名	
任务名称	气体灭火系统	分数	
项目		分值	考核得分
1. 气灭系统的概述		20	
2. 气灭系统的组成		30	
3. 气灭系统的运作		30	
4. 气体灭火喷放后的复位		20	
总体得分			
教师简要评语：			
		教师签名：	

第四节 综合监控（ISCS）操作系统

【学习目标】

（1）掌握市域铁路 ISCS 系统的介绍和使用。
（2）知悉 ISCS 各子系统功能。

市域铁路综合监控系统是将各分散孤立的自动化系统联结为一个有机的整体，能实现各专业系统之间的信息互通、资源共享，提高各系统的协调配合能力，通过各系统间的联动，提高市域铁路的整体自动化水平。环调应当完整掌握综合监控系统的系统功能，提高业务素养。下面介绍综合监控的操作方法。

一、ISCS 人机界面简介

综合监控系统提供用户权限管理功能，根据账号的权限，用户登录后显示不同的界面功能。

（一）登录界面

在图 5-4-1 中的用户名栏输入用户名，用户组栏将自动显示用户类型，输入正确的密码后进入系统。

图 5-4-1　综合监控登录界面

此画面实现的功能如表 5-4-1 所示。

表 5-4-1　综合监控系统登录界面功能

序号	触发事件	功能项
1	点击用户名输入框，输入当前登录的用户名	根据当前输入的用户名，在用户组的框内显示对应的用户组名；单击 TAB 键，从用户名编辑框到密码编辑框；单击 ENTER 键，执行用户登录判断
2	点击密码输入框，输入当前登录用户的密码	单击 TAB 键，从密码编辑框到用户组编辑框；单击 ENTER 键，执行用户登录判断
3	点击登录按钮	判断用户名输入框内字符是否为空；判断用户名是否存在于权限数据库中；判断密码输入框内字符是否为空；判断该用户的密码是否正确。用户名和密码检查正确，权限服务连接正常后，打开初始画面；记录登录信息，用户名、用户组
4	点击退出系统按钮	退出系统
5	点击关机（电源开关图样）按钮	立即执行关机操作

登录后会显示图 5-4-2 所示界面，从布局上来讲分为标题栏、主监控区域、状态栏三部分。

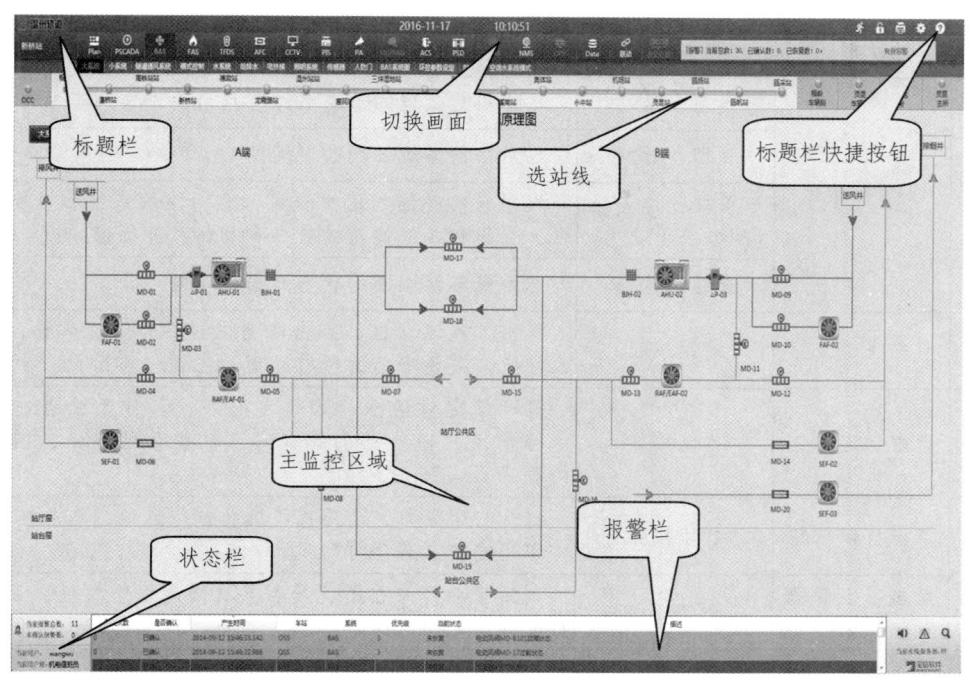

图 5-4-2　画面总体布局

（二）标题栏

标题栏位于画面的最上方（见图 5-4-2），标题栏采用三级结构设计，包括线路（站点）选择、子系统选择、画面选择。用户单击左键即可选择按钮进行相应切换。包括以下几个部分：

（1）标题栏左侧上方显示"温州轨道"的 logo，顶部正上方显示系统日期和时间，右侧为快捷按钮，从左到右分别为注销、锁定、打印、安全管理和帮助。

（2）中间部分为切换画面按钮，可通过点击切换不同的子系统或功能画面。画面菜单按照画面框架图设计，第一层共有 17 个选项，分别是平面图、电力系统、环控系统、火灾报警、感温光纤、屏蔽门、闭路电视、广播、乘客信息、信号、门禁、售检票、网络图、数据、联动等。画面导航栏可供调度人员快速切换画面，在切换车站时，系统将默认跳转到调度人员在前一个车站打开的最后一张画面。切换站有对应画面时显示对应画面，没有对应画面将显示默认画面（车站设备运行图或平面图）。

（3）画面切换按钮下方是选站线的按钮，可以点击该按钮进行车站切换。选站线显示了温州市域铁路 S1 线所有的车站、车辆段和控制中心、主所。选站线的圆圈变橙黄色代表已选择的车站。

标题栏功能如表 5-4-2 所示。

表 5-4-2　标题栏功能

序号	触发事件	相关对象	功能项
1	画面初始化	当前车站名	显示当前工程的节点名，节点名为中文的车站名
		日期和时间	显示当前系统日期和时间
		当前按钮（一级和二级）状态	根据当前登陆的用户权限，相对应的系统和画面按钮灰化；一级和二级按钮的状态和初始打开画面一致
		选站线状态	选站线车站圆圈的状态和当前车站一致
2	点击注销按钮	注销按钮	弹出二次确认框，点击取消按钮，关闭确认框，点击确认按钮，关闭当前的所有画面，注销当前用户
3	点击锁定按钮	锁定按钮	打开锁定对话框，除锁定框外，其他无法点击；只能用当前用户输入正确的密码，重新登录解锁，回到之前的画面
4	点击打印按钮	打印按钮	打开打印菜单，选择打印机和打印选项，单击打印按钮，打印当前整屏幕到打印机
5	点击安全管理按钮	安全管理按钮	判断当前用户权限，是否具有修改密码权限，如有，则打开修改密码对话框
6	点击帮助按钮	帮助按钮	打开整个系统的帮助文件
7	点击一级按钮（系统按钮）	系统按钮	单击系统按钮，出现当前选择的系统的二级按钮菜单；点击按钮的同时，实现按钮的颜色切换：被选择的系统按钮变黄，未被选择的系统按钮为白色，不具备权限查看的系统按钮为灰色；切换系统按钮的同时，保留之前选择的画面按钮的顺序，打开选择的系统下面对应顺序的画面
8	点击二级按钮（画面按钮）	画面按钮	点击按钮的同时，实现按钮的颜色切换：被选择的画面按钮变黄，未被选择的画面按钮为白色，不具备权限查看的画面按钮为灰色
9	点击选站线	选站线按钮	单击选站线中各站点圆圈，能成功切换各车站，当前车站的名字随之变化；点击按钮的同时，实现按钮的颜色切换：被选择的车站按钮变黄，未被选择的车站按钮为白色；切换车站按钮的同时，保留之前选择的系统和画面按钮的顺序，打开当前车站相同的系统画面

（三）报警栏

报警条位于画面的底端（见图 5-4-2），它包括三行最新的报警，显示报警相关信息。如果需要监视全部报警，需要切换到报警一览画面，切换按钮位于报警栏画面的右边，包括以下三个按钮，报警静音按钮、实时报警一览画面按钮和事件查询画面按钮。

状态条位于报警栏的左边和右边，左边的状态栏显示当前未确认的报警和总报警数量以及当前登录的用户名及用户组，右边的状态栏显示当前在线的服务器名称。此画面实现的功能如表 5-4-3 所示。

表 5-4-3 报警栏功能

序号	触发事件	相关对象	功能项
1	画面初始化	报警一览控件	显示用户报警监视权限范围内报警；根据报警级别显示规定颜色和格式的报警；显示的报警列名称符合设计要求；各列内容与标题列对齐；报警内容可读性强
		当前用户及当前用户组	显示当前登录的用户名及用户组
		当前报警总数及未确认报警数	显示当前用户可监视或者确认的报警总数及未确认报警数量
		当前在线服务器	显示当前在线的服务器名称
2	点击报警静音按钮	静音按钮	点击报警静音按钮，具备权限的用户可以对报警声音进行消音；鼠标移入注销按钮上，显示"静音"
3	点击实时报警查询按钮	实时报警查询按钮	点击实时报警查询按钮，用户可以打开实时报警查询画面，关闭主监控区域的画面；鼠标移入注销按钮上，显示"实时报警查询"
4	点击事件查询按钮	事件查询按钮	点击事件查询按钮，用户可以打开事件查询画面，关闭主监控区域的画面；鼠标移入注销按钮上，显示"事件查询"
5	报警声音	报警一览控件	根据报警级别播放不同的报警声音
6	双击报警一览控件	报警一览控件	若用户有该报警的节点或区域的确认权限，则确认该条报警
7	点击报警一览控件列标题	报警一览控件	可以按产生时间、节点、优先级、报警区域、标签名等进行升序或降序排列

报警在报警栏和报警一览表中显示，用不同颜色来区分报警级别，其中：一级报警（紧急）为红色，二级（重要）报警为橙色，三级（一般）报警为黄色。

二、PSCADA 系统

综合监控负责实现变电所（PSCADA）系统中央级和变电所两级的集成与监视管理功能。通过对各变电站设备进行数据采集、监视，使调度人员能实时地监视供电系统设备的运行情况，及时掌握供电系统的各种状态，准确实施调度指挥、事故抢修和事故处理，满足变电所无人值班的运行要求，保证供电的安全性和可靠性。

（一）PSCADA 系统的组成

综合监控系统提供电力监控功能，监控全线供电系统设备，以 S1 线为例，包括主变电所、牵引降压混合变电所、降压或跟随式变电所、接触网等。

（二）PSCADA 监控系统的权限

PSCADA 监控系统的权限可分为中央级和车站级。中央级可监控全线一次图、主所画面、接触网画面和车站级 PACADA；车站级仅对本车站降压所或牵引降压混合所有监视权限，包括车站一次图、400 V 系统、模拟量。

（三）PSCADA 系统设计

绿色表示正常（分闸）、红色表示报警（合闸）、黄色表示故障、蓝色表示通信中断。可以用鼠标左键单击某个设备图标，查看该设备的具体属性。

PSCADA 设备图元设计如表 5-4-4 所示。

表 5-4-4　PSCADA 设备图元颜色说明

图标	状态	颜色
	合闸	红色
	分闸	绿色
	通信中断	蓝色

（四）操作方法

（1）查看全线接触网：选中 OCC-PSCADA，点击"全线接触网"进入该系统画面（见图 5-4-3）。画面展示了全线正线接触网的带电状态，触网闸刀及开关的状态。

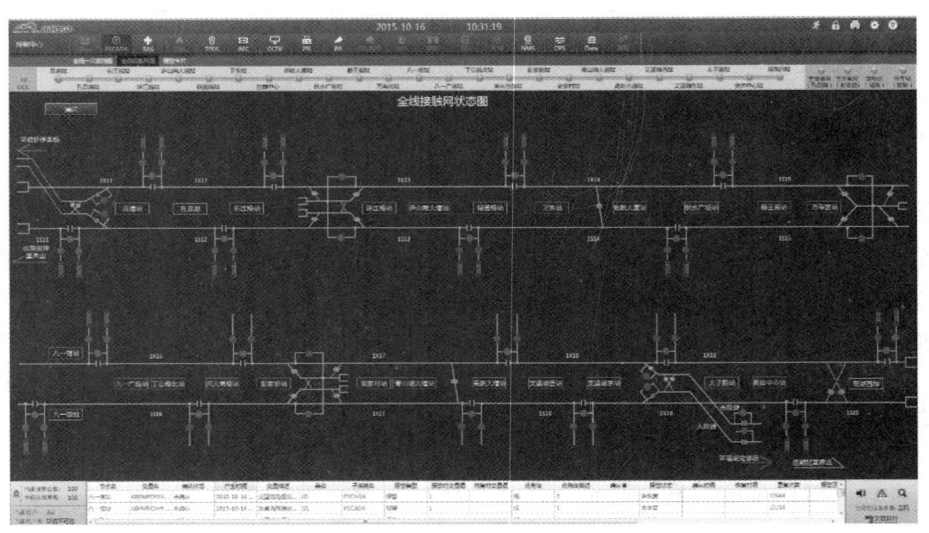

图 5-4-3　全线接触网

（2）查看全线一次图：选中 OCC-PSCADA，点击"全线一次图"进入该系统画面（见图 5-4-4）。画面展示了全线进出线的带电状态，全线一次设备的开关状态。

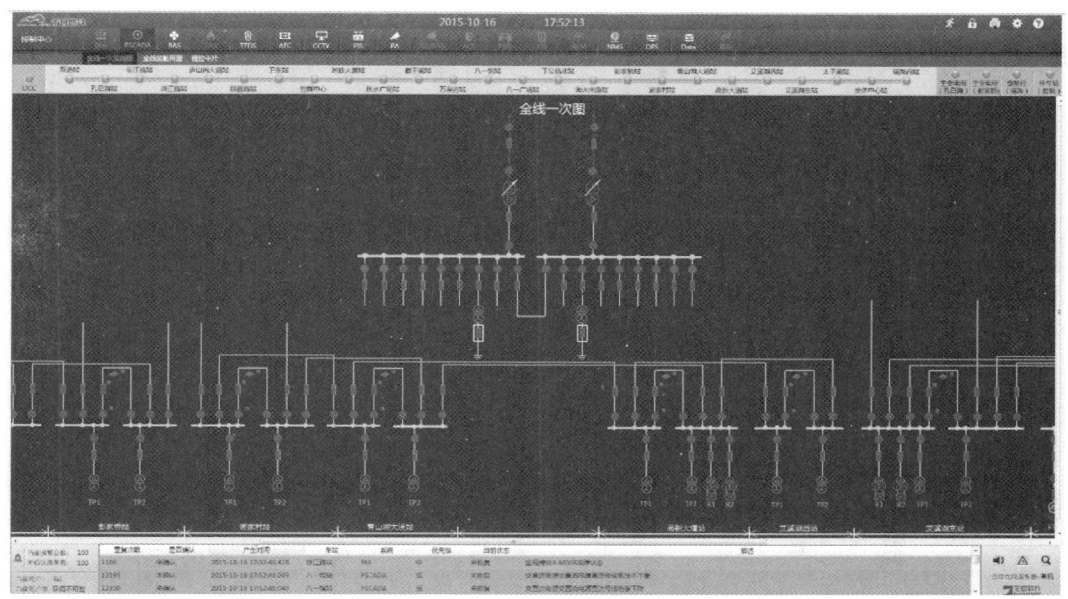

图 5-4-4　全线一次图

（3）查看车站一次图：选择车站-PSCADA，点击"一次图"进入该系统画面（见图 5-4-5）。画面显示了整个站内设备运行情况。

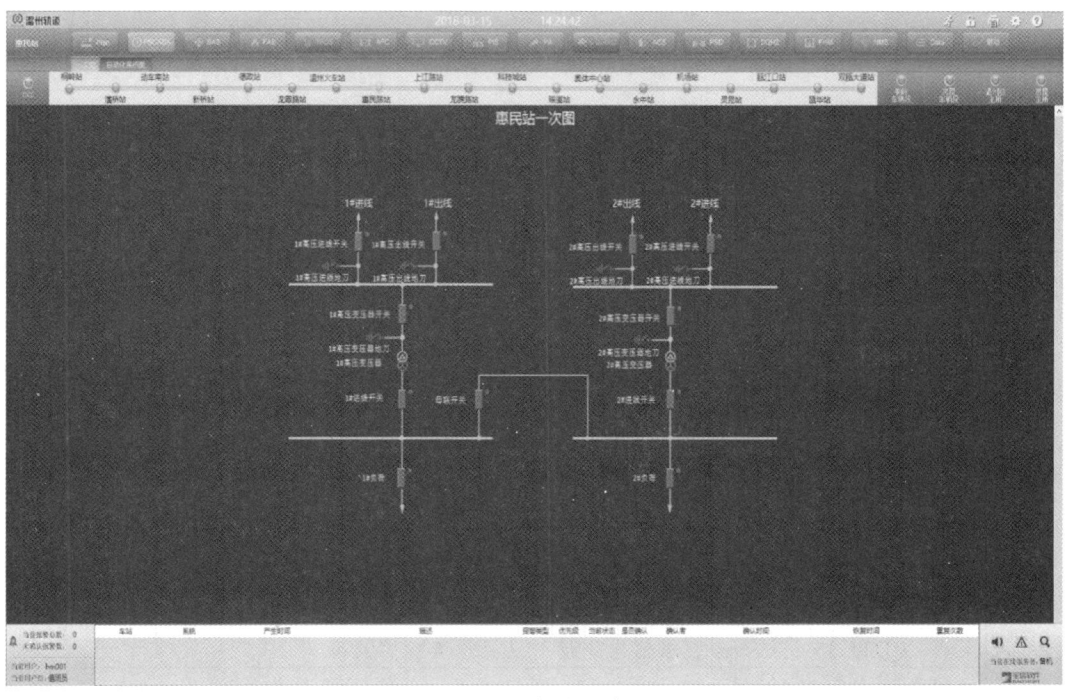

图 5-4-5　车站一次图

三、BAS 系统

BAS 系统是环调主要监控系统，环调应熟练掌握 BAS 系统的操作方法。下面介绍 BAS 各系统的操作方法。

（一）大系统（见图 5-4-6）

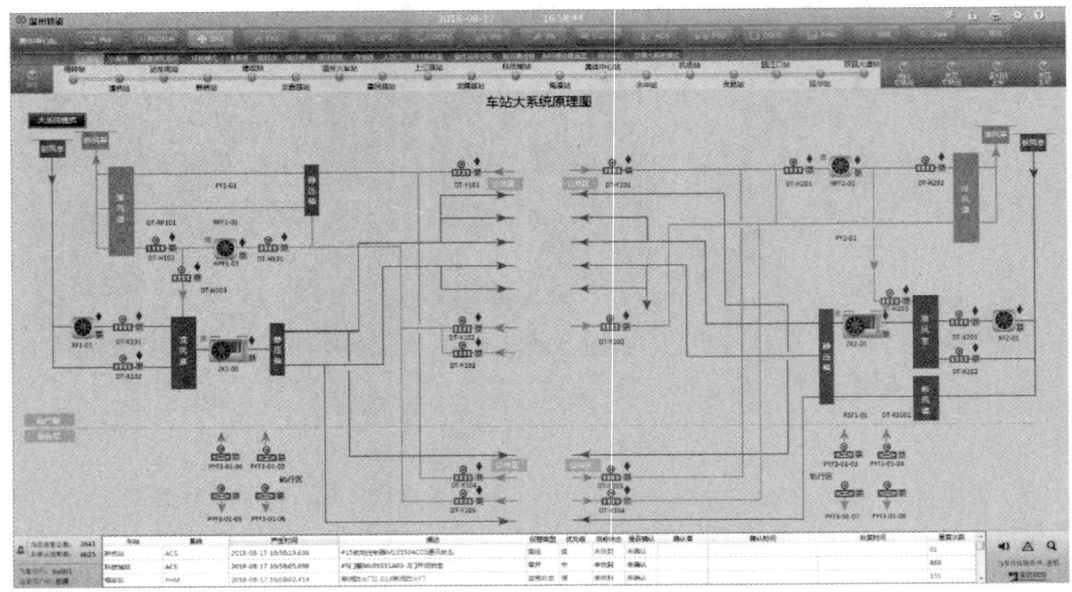

图 5-4-6　大系统

1. 大系统主要设备及功能（见表 5-4-5）

表 5-4-5　大系统设备及功能说明

系统	监控对象	监控对象说明
通风空调大系统	组合式空调机组（KT/A）	启动、停止控制及状态，当前操作场所状态，旁路状态、故障报警、通信故障、联锁风阀满足条件、过滤网阻塞报警、电子除尘报警、频率反馈以及挂牌摘牌操作等
	大系统回排风机风机（HPF/A）	启动、停止控制及状态，当前操作场所状态，旁路状态、故障报警、通信故障、联锁风阀满足条件、绕组温度报警、轴承温度报警、频率反馈、绕组温度、轴承温度以及挂牌摘牌操作等
	小新风机（XXF/A）	启动、停止控制及状态，手自动状态、当前操作场所状态，故障报警、通信故障、联锁风阀满足条件、以及挂牌摘牌操作等
	电动组合风阀（DZ）	开阀、关阀控制及状态，开到位状态、故障状态、联锁风机未关状态、当前操作场所以及挂牌摘牌状态
	电动风量调节阀（DTL）	开阀、关阀控制及状态，开到位状态、故障状态、联锁风机未关状态、当前操作场所以及挂牌摘牌状态
	排烟/防烟防火阀（FPY/FH）	开关状态

2. 设备颜色说明

红色代表故障，蓝色代表异常，绿色代表正常/运行，灰色代表停止/关闭。

3. 具体设备操作介绍

（1）操作空调机组：点击界面中设备组合空调机组 301-KT/A，弹出设备属性框（见图 5-4-7）。

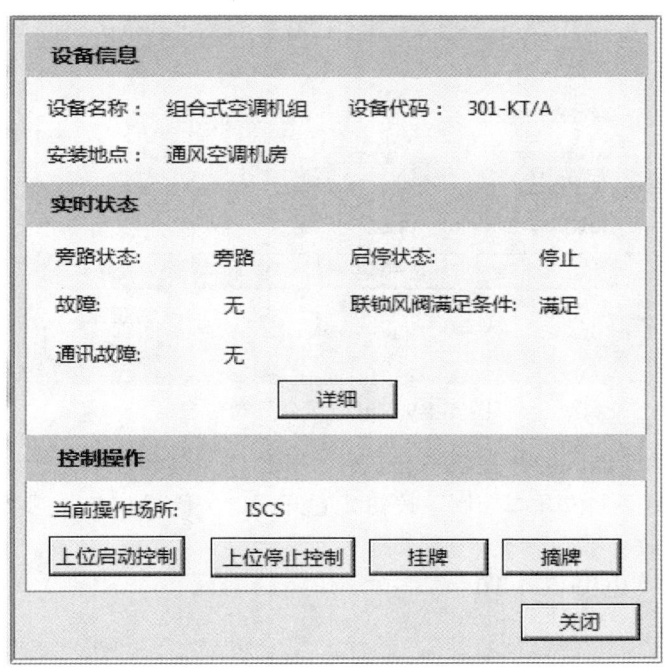

图 5-4-7　组合空调机组设备信息

如图 5-4-7 所示，该风机的运行状态有两种：启动状态、停止状态。环调可根据实际情况进行开启或关闭操作。需注意的是，如果此设备当前操作权限为就地，点击"启动"或"停止"按钮将弹出就地控制提示框，无法操作该设备；除此之外，在"启动"该风机时，如果和它具有连锁关系的风阀未开，将弹出连锁风阀未开提示框（见图 5-4-8）。

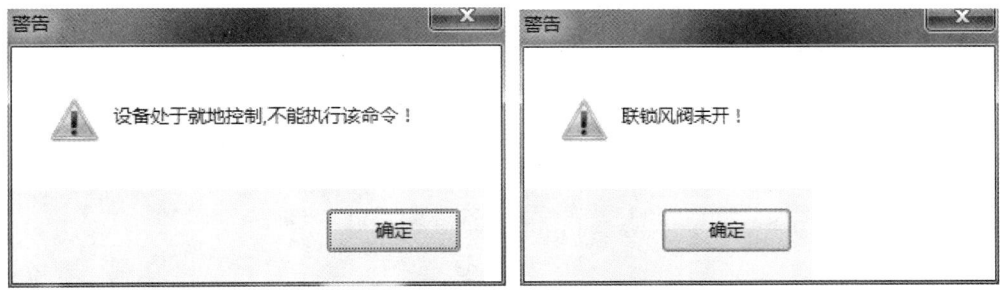

图 5-4-8　警告提示信息

若设备故障或检修状态，可设置挂牌来禁止操作该设备，恢复时选择摘牌。

回排风机、小新风机的启动/停止按钮的操作与大系统组合空调机组相同。

（2）操作风阀：点击设备电动组合风阀 DZ-KT/A-1，弹出设备属性框（见图5-4-9）。

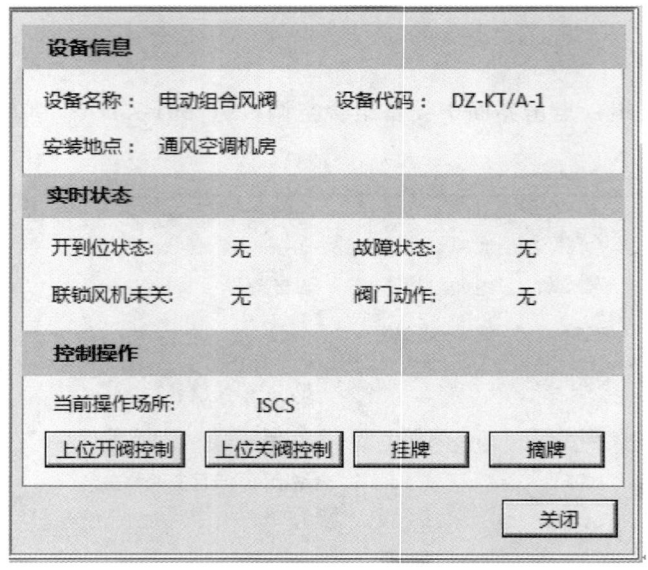

图 5-4-9 电动组合风阀信息

如图 5-4-9 所示，该阀的开关状态有三种：开到位、关到位、无。如果此阀当前处于关到位状态，可以点击"上位开阀控制"按钮让它开阀，关阀操作与开阀类似。

（二）小系统（见图 5-4-10）

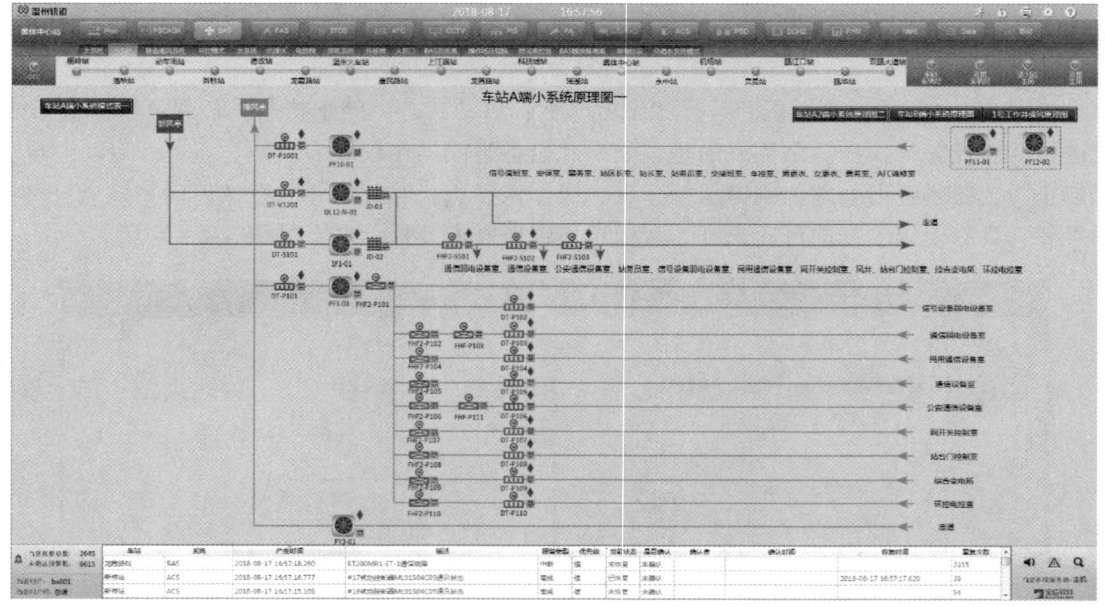

图 5-4-10 小系统

1. 小系统主要设备及功能（见图 5-4-6）

表 5-4-6 小系统设备及功能说明

系统	监控对象	监控对象说明
小系统	柜式空调机组（KT）	启动、停止控制及状态，当前操作场所状态，故障报警、通信故障，联锁风阀满足条件以及挂牌摘牌操作等
	回排风机（HP）	启动、停止控制及状态，当前操作场所状态，故障报警、通信故障，联锁风阀满足条件以及挂牌摘牌操作等
	排风机（PF）	启动、停止控制及状态，当前操作场所状态，故障报警、通信故障，联锁风阀满足条件以及挂牌摘牌操作等
	送风机（SF）	启动、停止控制及状态，当前操作场所状态，故障报警、通信故障，联锁风阀满足条件以及挂牌摘牌操作等
	新风机组（PAU）	启动、停止控制及状态，当前操作场所状态，故障报警、通信故障，联锁风阀满足条件以及挂牌摘牌操作等
	电动风量调节阀（HP）	开阀、关阀控制及状态，开到位状态、故障状态、联锁风机未关状态、当前操作场所以及挂牌摘牌状态
	电动风量调节阀（DT-K/SF/PF/HP）	开阀、关阀控制及状态，开到位状态、故障状态、联锁风机未关状态、当前操作场所以及挂牌摘牌状态
	电动风量调节阀（DT-PAU）	开阀、半开阀、关阀控制及状态，开到位状态、故障状态、联锁风机未关状态、当前操作场所以及挂牌摘牌状态
	防烟防火阀（FH-HP）	开关状态
	电子净化装置（DZJH）	初效阻塞状态、净化装置运行状态、清洗报警、故障报警

2. 设备颜色说明

红色代表故障，蓝色代表异常，绿色代表正常/运行，灰色代表停止/关闭。

3. 具体设备操作介绍

操作回排风机：点击设备回排风机 301-HP/a1，弹出设备属性框（见图 5-4-11）。

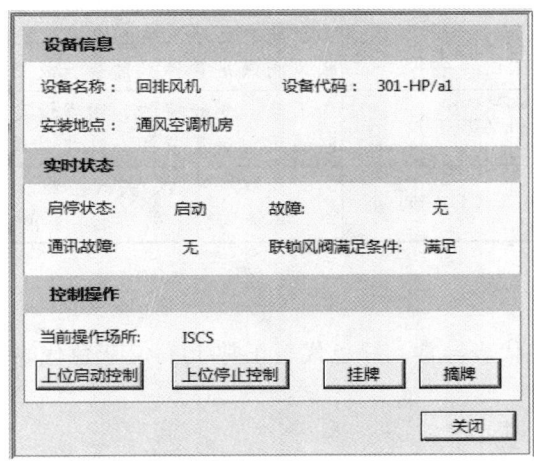

图 5-4-11 回排风机信息

该设备的启动/停止按钮的操作与大系统中的回排风机风机（HPF/A）类似，这里不做赘述。同样，小系统中柜式空调机组（KT）、排风机（PF）、送风机（SF）、新风机组（PAU）的操作也与回排风机类似，不再一一叙述。电动风量调节阀（DT-K/SF/PF/HP）与大系统中调节阀类似，也不再说明。

（三）隧道通风系统（见图 5-4-12）

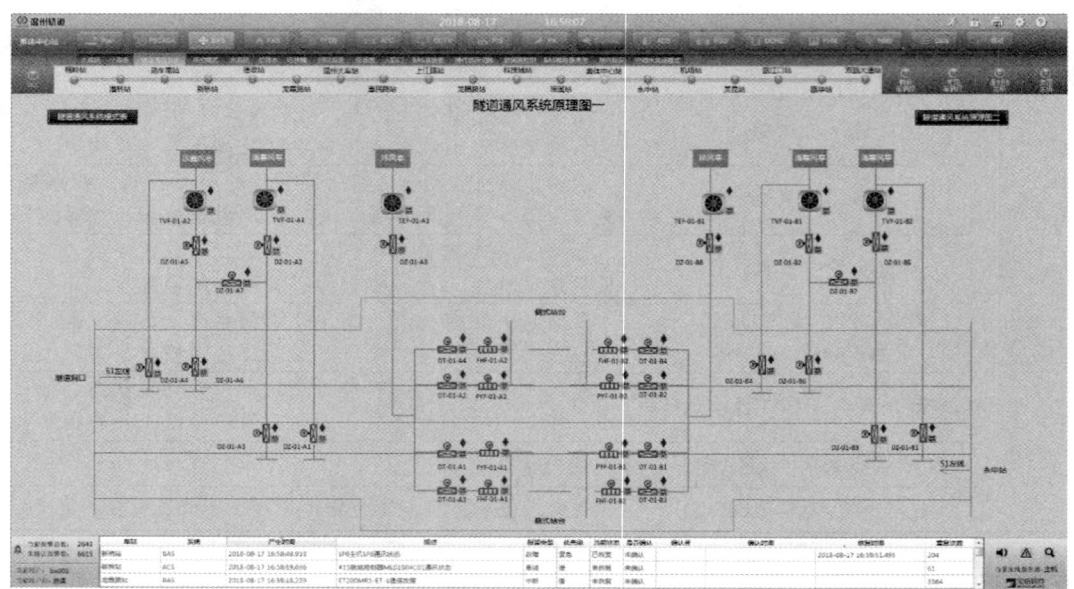

图 5-4-12　隧道通风系统

1. 主要设备及功能（见图 5-4-7）

表 5-4-7　隧道通风系统设备及功能说明

系统	监控对象	监控对象说明
隧道通风系统	隧道风机（TVF）	正转、反转、停止控制及状态，当前操作场所状态，联锁风阀满足条件、过载、故障等
	排热风机（TEF）	工频、变频控制、频率设定及状态，前操作场所状态，联锁风阀满足条件、过载、通信故障报警等
	电动组合风阀（DZ/DT）	开阀、半开阀、关阀控制及状态，开到位状态、故障状态、联锁风机未关状态、当前操作场所以及挂牌摘牌状态

2. 设备颜色说明

红色代表故障，蓝色代表异常，绿色代表正常/运行，灰色代表停止/关闭。

3. 具体设备操作介绍

操作风机：点击设备隧道风机 301-TVF/A1，弹出设备属性框（见图 5-4-13）。

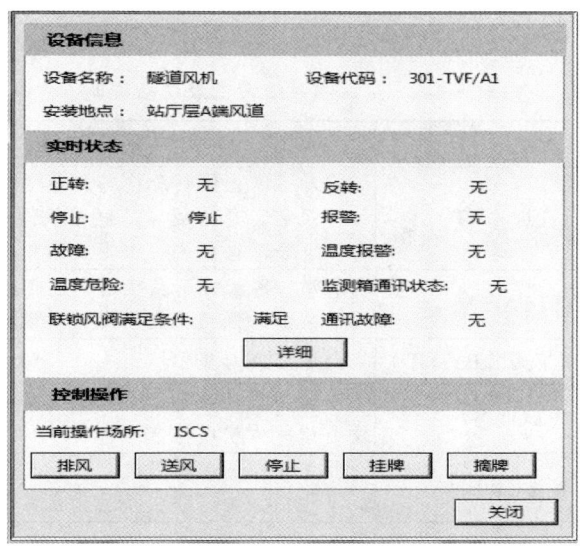

图 5-4-13　隧道风机信息

如图 5-4-13 所示,该风机的运行状态有三种:正转状态、反转状态、停止状态。如果此风机当前处于正转状态,不可立即进行反转控制,必须先进行停止控制,然后再进行反转。同理,如果此风机当前处于反转状态,不可立即进行正转控制,必须先进行停止控制,然后再进行正转控制。正转、反转代表着风机排风或送风,环调应牢记其对应关系,确保能正确选择模式。

(四)空调水系统(见图 5-4-14)

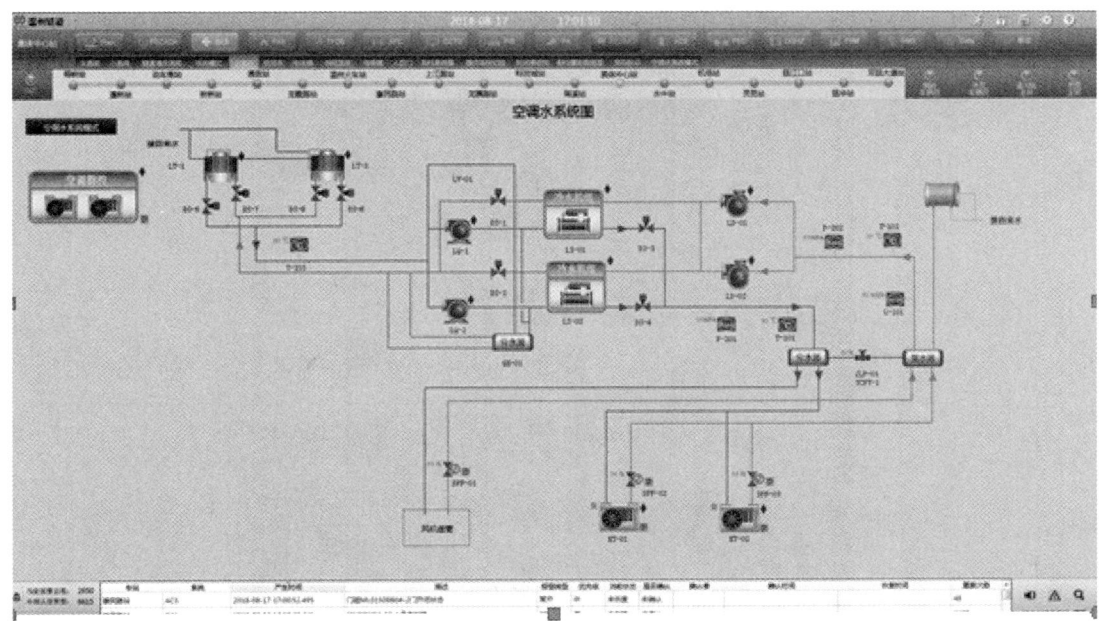

图 5-4-14　空调水系统

1. 主要设备及功能（见表5-4-8）

表5-4-8　空调水系统设备及功能说明

系统	监控对象	监控对象说明
空调水系统	组合式空调机组（KT）	启动、停止控制及状态，当前操作场所状态，旁路状态、故障报警、通信故障，联锁风阀满足条件、过滤网阻塞报警、电子除尘报警、频率反馈以及挂牌摘牌操作等
	新风机组（PAU）	启动、停止控制及状态，当前操作场所状态，故障报警、通信故障，联锁风阀满足条件以及挂牌摘牌操作等
	动态平衡电动调节阀（BV-KT）	开度控制与显示
	冷却塔（LQT）	手动和自动状态，启动、停止、故障状态，就地远方以及通信故障状态等
	电动蝶阀（FV）	开关阀控制以及开关到位状态，手自动、操作场所状态，故障状态，判断联锁机组满足条件
	冷水机组（LS）	冷水机组的相关状态等
	冷冻水泵（LQ）	启动状态、就地/远程状态、频率反馈和通信故障报警

2. 设备颜色说明

红色代表故障，蓝色代表异常，绿色代表正常/运行，灰色代表停止/关闭。

3. 冷水机组功能介绍及操作说明

温州S1线冷水系统采用群控功能，两台冷水机组一主一备，群控命令启动时先启动一台冷水机组，当这台冷水机组出水温度持续高于12 ℃时，将开启第二台冷水机组（见图5-4-15）。

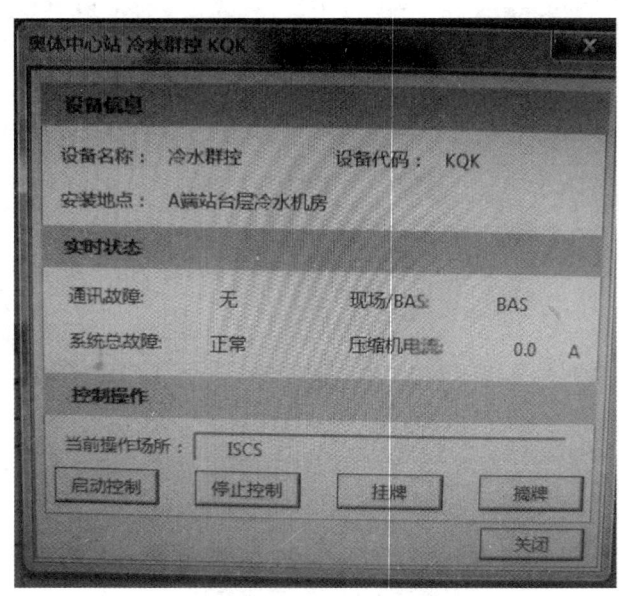

图5-4-15　冷水机组群控

如图 5-4-15 所示，环调可点击冷水机组群控按钮进行冷水系统的开启与停止。

（五）给排水系统（见图 5-4-16）

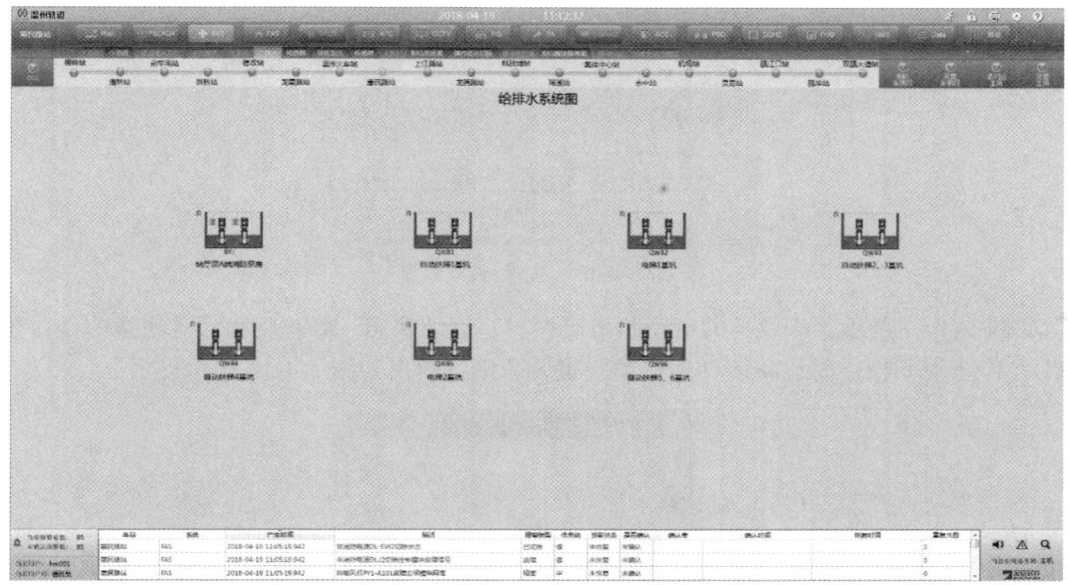

图 5-4-16　给排水系统

1. 主要设备及功能（见表 5-4-9）

表 5-4-9　给排水系统设备及功能说明

系统	监控对象	监控对象说明
给排水系统	排水泵（JBP）	水泵状态、手自动状态、故障显示与报警、水位报警（如超高水位报警、低水位报警等）
	废水泵（FSB）	水泵控制及状态、手自动状态故障显示与报警、水位报警（如超高水位报警、低水位报警等）
	区间水泵（QJYSB）	水泵状态、故障显示与报警、水位报警（例如超高水位报警、低水位报警等）
	局部排水泵（JSB）	水泵状态、手自动状态、故障显示与报警、水位报警（如超高水位报警、低水位报警等）
	污水提升装置（WSB）	水泵状态、手自动状态、故障显示与报警、超高水位报

2. 设备颜色说明

红色代表故障，蓝色代表异常，绿色代表正常/运行，灰色代表停止/关闭。

3. 设备操作介绍

（1）操作水泵：点击设备主废水泵 301-FSB-01～02，弹出设备属性框（见图 5-4-17）。

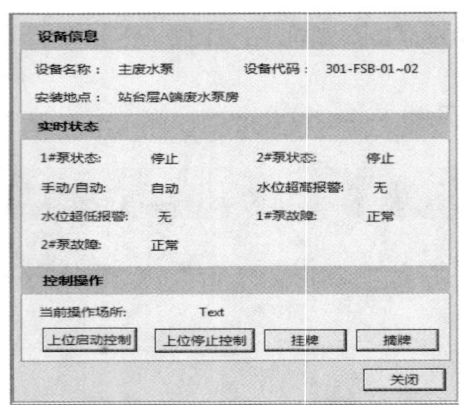

图 5-4-17　主废水泵信息

如图 5-4-17 所示，该设备的运行状态有两种：启动状态、停止状态。需注意的是，在执行启动/停止控制操作时设备需处于自动状态，否则将弹出如图 5-4-18 所示提示框。

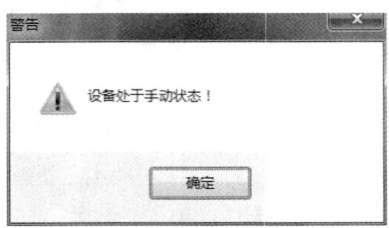

图 5-4-18　主废水泵手动状态提示

另外，区间水泵（QJYSB）、排水泵（JBP）、局部排水泵（JSB）、污水提升装置（WSB）与主废水泵相似，不再一一介绍。

（六）电扶梯系统（见图 5-4-19）

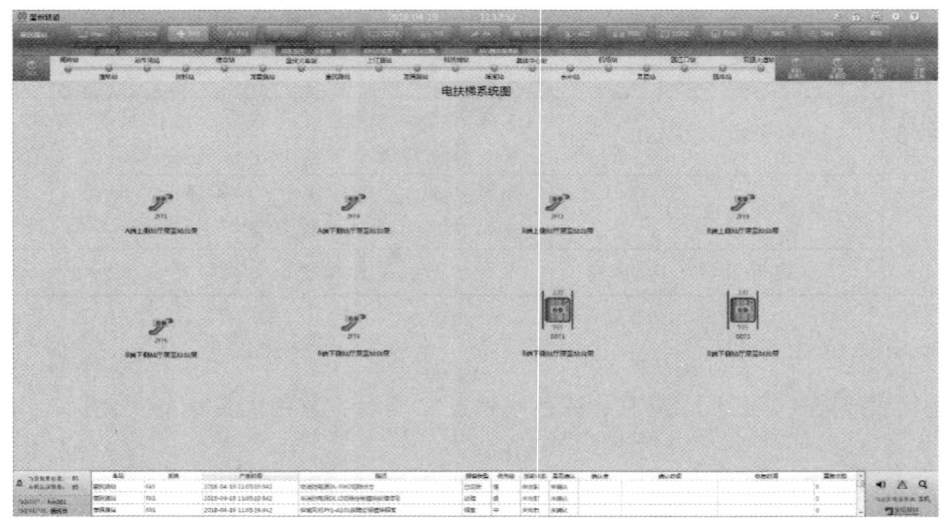

图 5-4-19　电扶梯系统

1. 主要设备及功能（见表 5-4-10）

表 5-4-10　电扶梯系统设备及功能说明

系统	监控对象	监控对象说明
电扶梯系统	站内自动电梯	监视自动扶梯上行、下行、故障状态等
	出入口自动扶梯	监视自动扶梯上行、下行、故障状态等
	垂直电梯	垂直电梯运行、故障检修消防动作状态反馈等

2. 设备颜色说明

红色代表故障，蓝色代表通信异常，绿色代表正常/运行，灰色代表停止/关闭。

3. 设备操作介绍

（1）电扶梯设备无法远控，环调只能监视扶梯运行。点击设备电扶梯 ZFT1，弹出设备属性框（见图 5-4-20）。

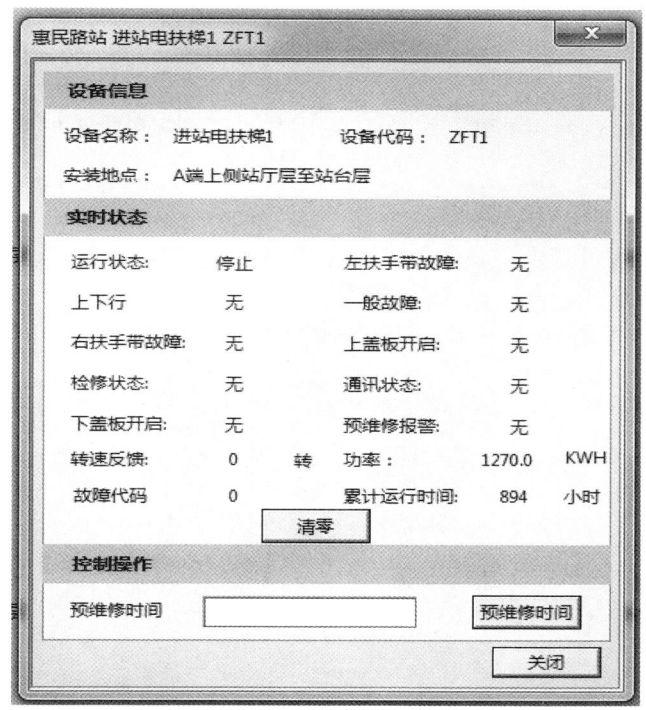

图 5-4-20　电扶梯信息

如图 5-4-20 所示，可监视到该设备的运行状态有三种：运行、停止、上下行（上行、下行）。

（七）照明系统（见图 5-4-21）

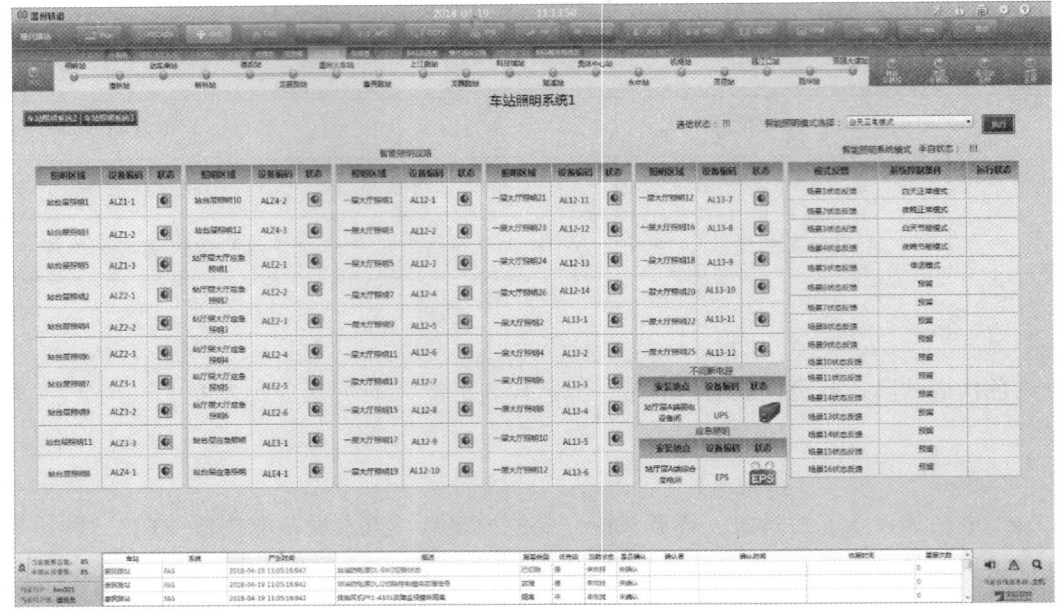

图 5-4-21　照明系统信息

1. 设备颜色说明

红色代表故障，蓝色代表异常，绿色代表正常/运行，灰色代表停止/关闭。

2. 设备操作介绍

环调可执行相应的照明模式来开启车站照明，分为"白天正常""白天夜晚""白天节能""夜晚节能""停运"等，无法控制单个照明。

点击设备区间照明 ALE2-3，可查看该照明回路开、关状态（见图 5-4-22）。

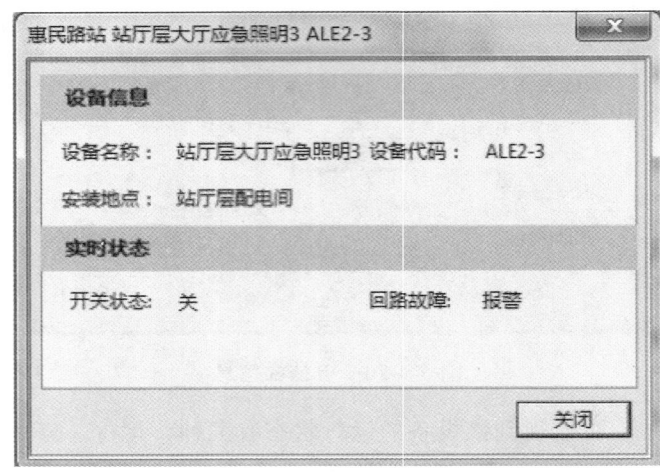

图 5-4-22　区间照明信息

（八）传感器系统（见图 5-4-23）

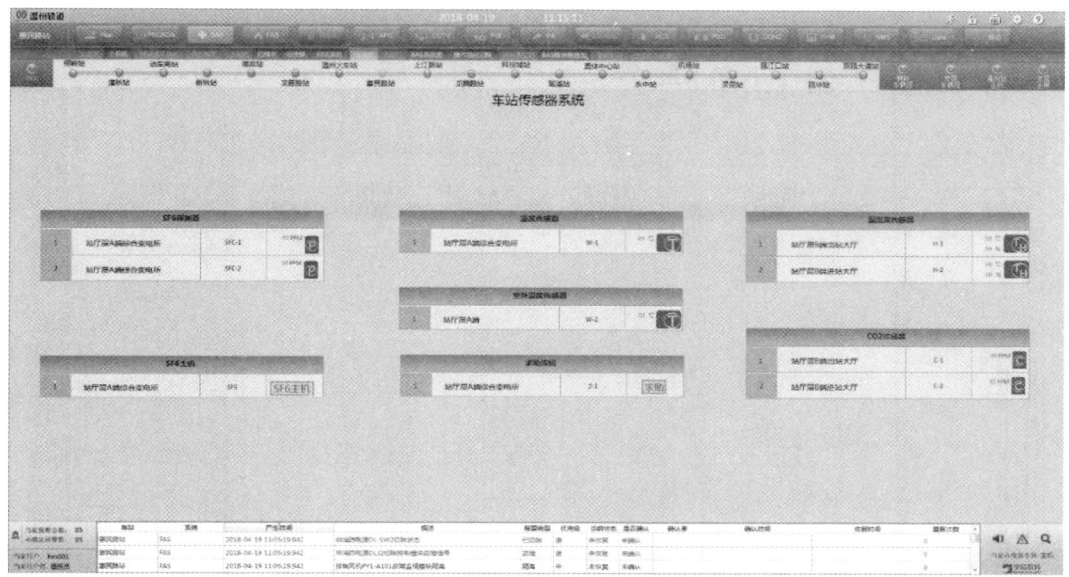

图 5-4-23　传感器系统信息

如图 5-4-23 所示，当前是车站 A 端传感器系统，显示站厅 A 端的传感器的实时数据。鼠标单击" B端 "的灰色按钮可切换到 B 端传感器系统。

传感器系统主要有温、湿度传感器，用于监视车站温度值、湿度值。

（九）BAS 系统图（见图 5-4-24）

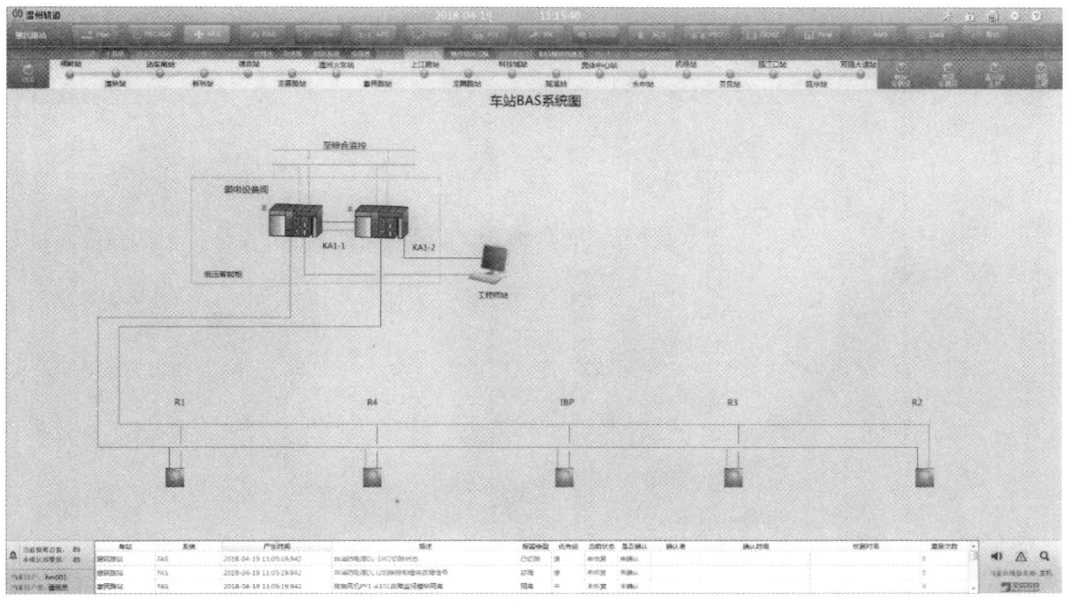

图 5-4-24　BAS 系统信息

如图 5-4-24 所示，该画面显示车站可编程控制器（PLC）状态、各模块箱的状态数据、CPU 故障状态等信息。

（十）时间表控制（见图 5-4-25）

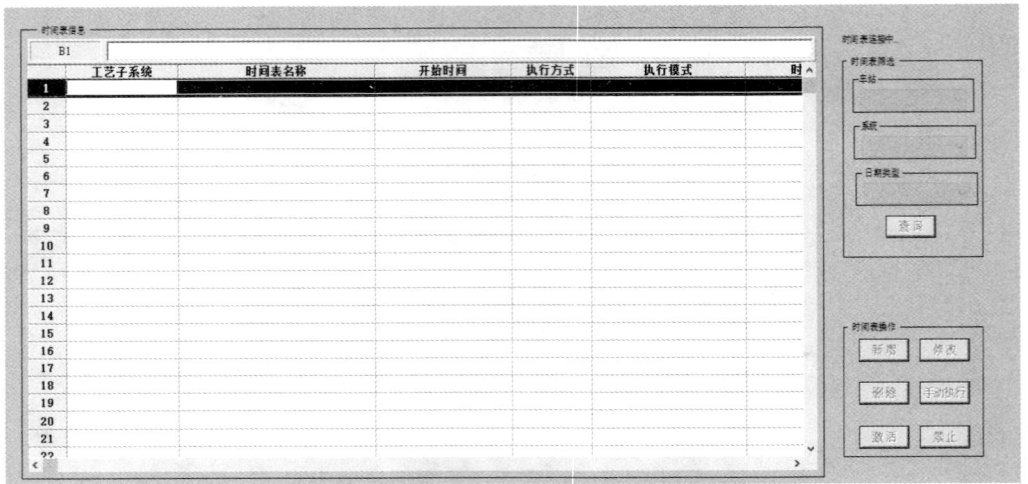

图 5-4-25　BAS 系统时间表控制信息

时间表控制可用于定时启动、停止相应环控模式，具体操作如下：点击"新建"按钮，选择相应的模式，然后选择相应的时间段，点击"确定"，新建完成后点击"激活"，就可实现时间表控制。

（十一）操作权限切换（见图 5-4-26）

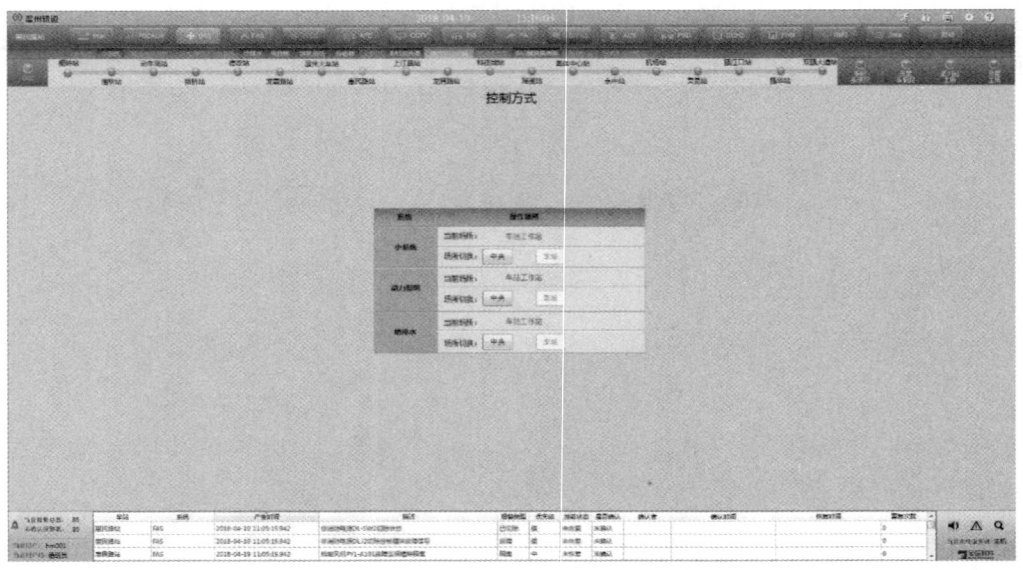

图 5-4-26　操作场所切换信息

如图 5-4-26 所示,调度员可通过车站/中央按钮来获取工作站的权限。

四、火灾自动报警系统

综合监控系统中集成了火灾自动报警系统,负责车站、车辆段、区间隧道以及主变电所的火警探测报警及消防联动,包括火警探测系统和自动灭火系统。

综合监控中 FAS 系统包括"设备分区图""火灾报警平面图"。

(一)设备分区图(见图 5-4-27)

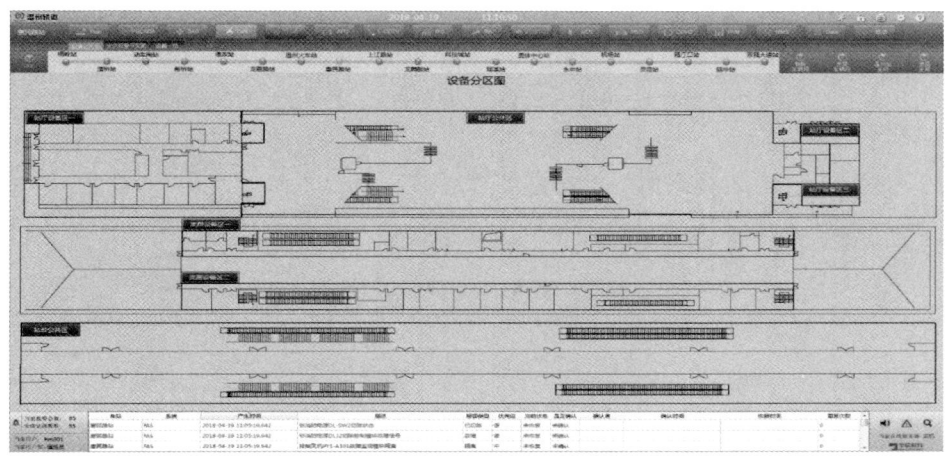

图 5-4-27　设备分区图

通过"设备分区图"可以选择不同分区进入相应的"火灾报警平面图"。当某一防火分区发生火灾后,系统会自动推图至"设备分区图"(车站),且相应的设备分区会显示红色外框。

(二)火灾报警平面图(见图 5-4-28)

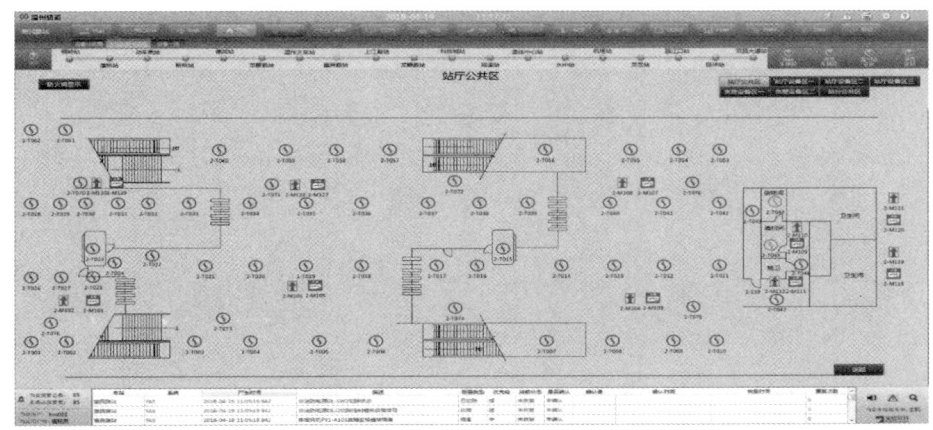

图 5-4-28　火灾报警平面图

设备颜色说明：

设备火警：红色；设备正常：绿色；设备故障：黄色；通信中断：蓝色。

五、隧道火灾探测系统

隧道火灾探测系统一般设置在变电所夹层和区间隧道，通过监视感温光纤状态来实现对车站及区间隧道温度的连续、实时测量。感温光纤采用"50米分区"（见图5-4-29）。

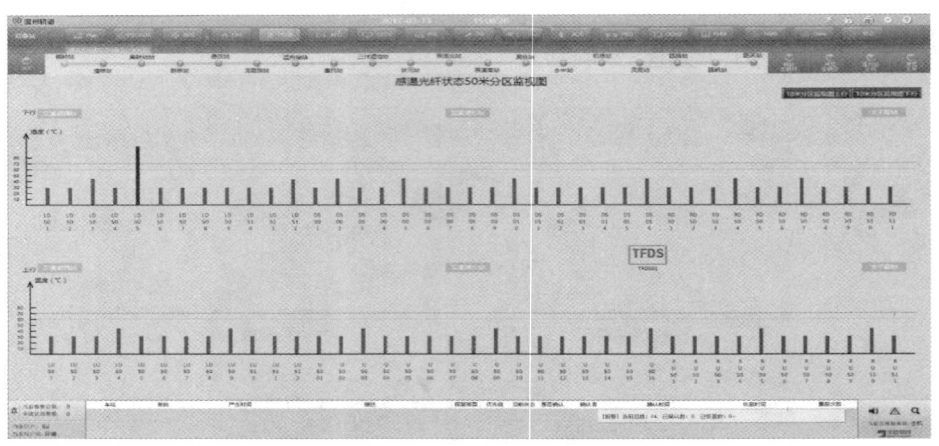

图 5-4-29　隧道火灾探测系统

六、屏蔽门系统（PSD）

综合监控负责实现屏蔽门的车站级监视功能，并根据屏蔽门状态进行相应的联动，接收全线 PSD 系统设备的运行状态并显示（见图5-4-30）。

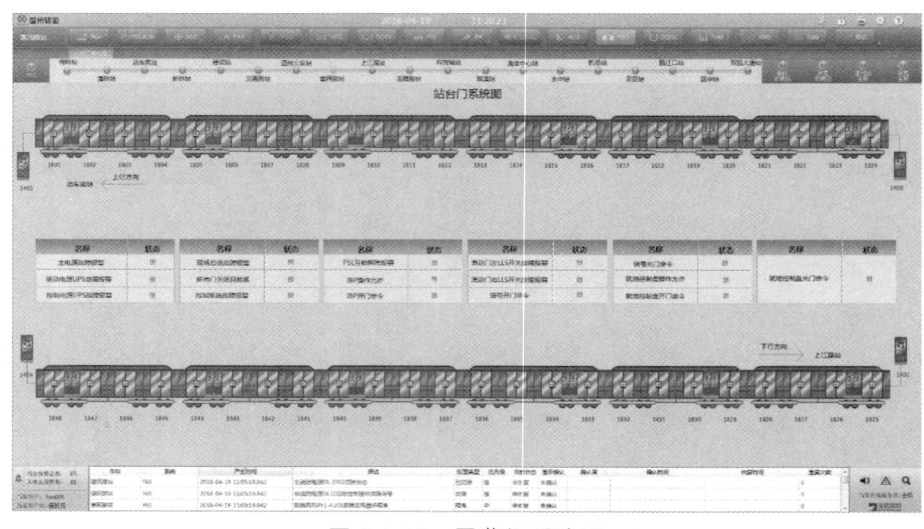

图 5-4-30　屏蔽门系统图

屏蔽门主要设备功能如表 5-4-11 所示。

表 5-4-11　屏蔽门系统设备及功能说明

系统	监控对象	监控对象说明
屏蔽门系统	滑动门	监视滑动门的开关状态、手自动状态、故障报警信号等
	应急门	监视应急门的开关状态、故障报警信号等
	端　门	监视端门的开关状态、故障报警信号等
	其他设备	监视主电源、就地控制器、UPS 驱动电源、UPS 控制电源等设备的故障报警信号

七、闭路电视系统（CCTV）

电视监视系统（CCTV）（见图 5-4-31）主要用于运营人员实时监视车站客流、列车出入站及乘客上下车情况，加强运营组织管理，提高效率，发生灾害时监察乘客疏散。在综合监控系统中设有 CCTV 接口。

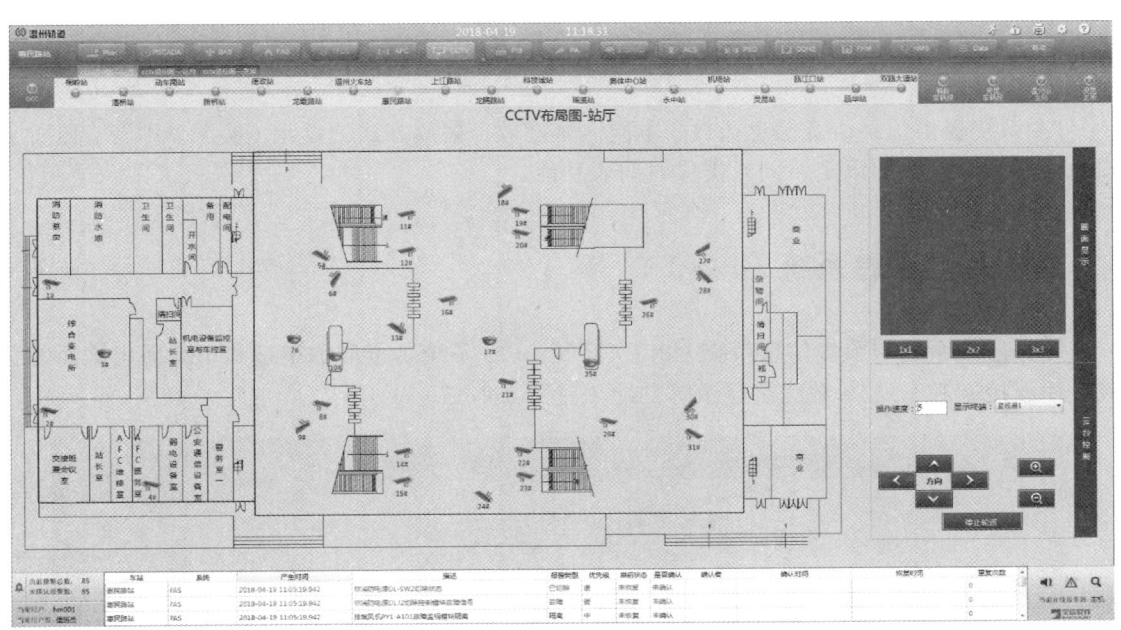

图 5-4-31　闭路电视系统

可通过点击车站各区域内的摄像头察看现场画面。

八、广播系统（PA）

广播系统（PA）（见图 5-4-32）可对乘客进行信息广播，发生灾害时兼做防灾广播，引导乘客进行安全疏散，并能为运营管理及维护人员播放有关信息等。综合监控系统与广播系统设有接口，可在综合监控工作站操作广播相应功能，并实现与信号系统以及与 FAS 系统的联动功能。

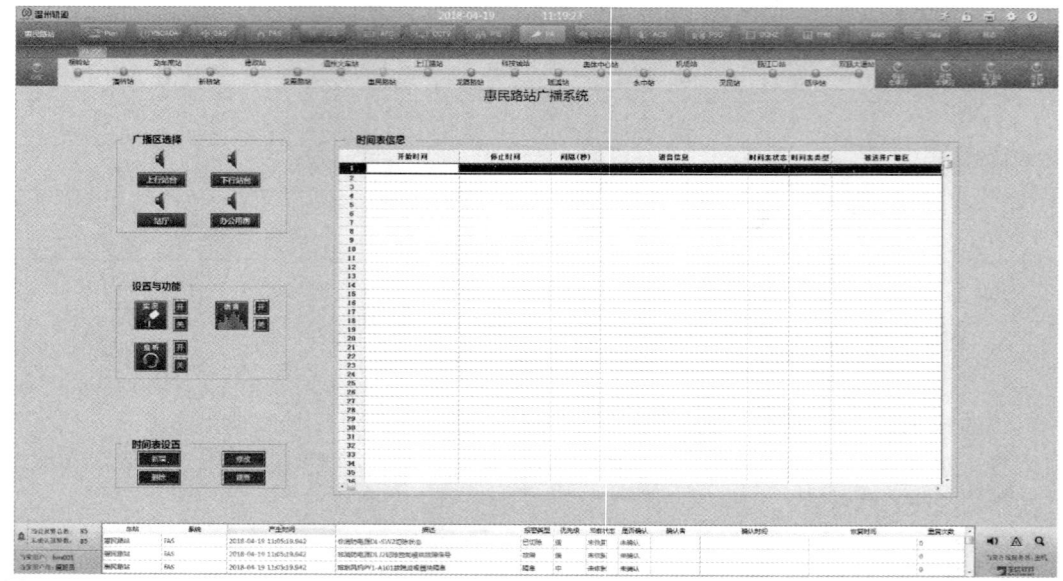

图 5-4-32　广播系统

PA 系统提供预录语音信息播放、不同区域播放、播放方式的设定（实况、语音、监听）、预录语音播放次数的设定，同时提供时间表功能。

九、乘客信息系统（PIS）

综合监控系统与乘客信息系统（PIS）互联，PIS 系统负责显示车站和车载播出画面的合成、播放控制和车站/车载终端显示等功能（见图 5-4-33）。

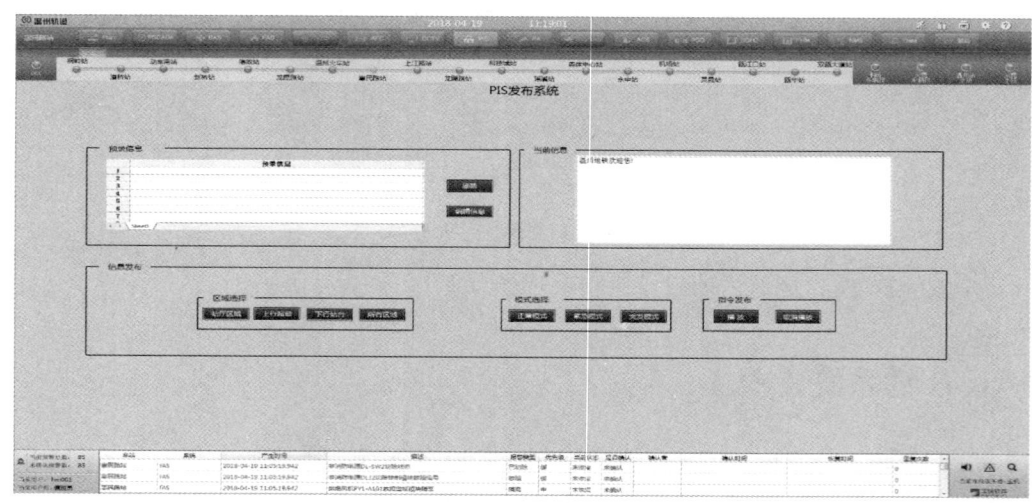

图 5-4-33　乘客信息系统

PIS 系统能播放预录信息、自定义编辑信息，可选择站内不同区域播放，播放状态分正常模式和紧急模式，正常模式时，信息内容在屏幕下方滚动，紧急模式时，信息内容为全屏投放。

十、门禁系统

综合监控系统与门禁系统在车站集成，主要实现对门开关状态进行监控，门禁授权功能由门禁系统实现。监视门禁设备状态包括通信状态方式、设备故障报警、非法卡使用报警、开关门使用记录统计等。

在门禁系统画面（见图 5-4-34）查看各监控对象的信号的实时状态，绿色表示信号正常，灰色表示离线、红色表示报警、蓝色表示信号异常。车站工作人员可通过操作来远程开启门禁。

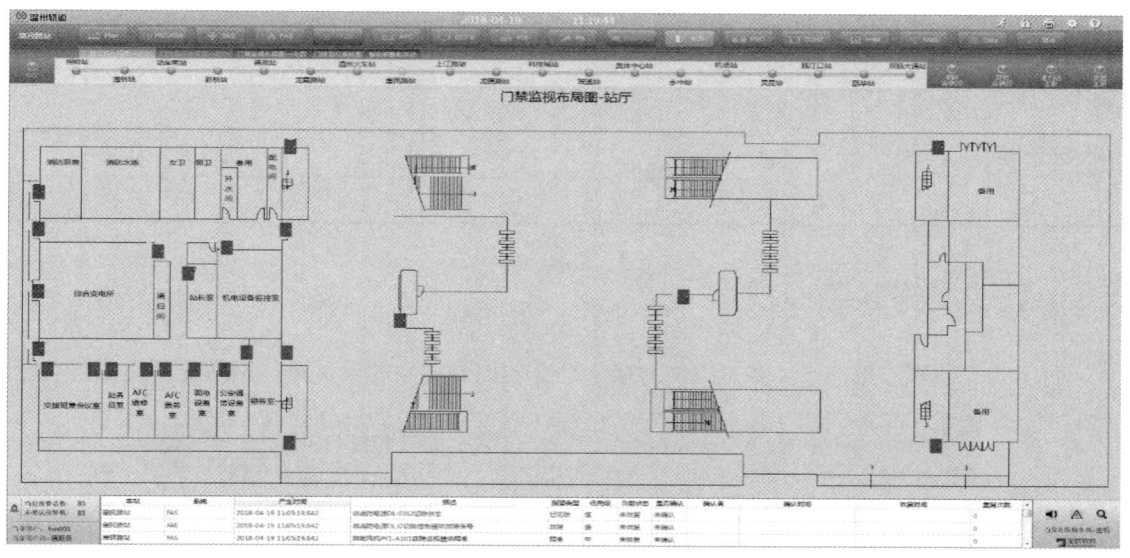

图 5-4-34　门禁系统

十一、自动售检票系统（AFC）

综合监控系统与自动售检票系统（AFC）互联，中央综合监控系统监视 AFC 客流信息和设备故障信息，车站综合监控系统监视本站 AFC 主要设备故障信息，并根据时间表及 AFC 提供的数据（如客流信息等），可查看车站早间开站前对 AFC 系统的启动控制、车站晚间关站前对 AFC 系统的关闭控制以及紧急情况下的相关联动控制功能（见图 5-4-35）。

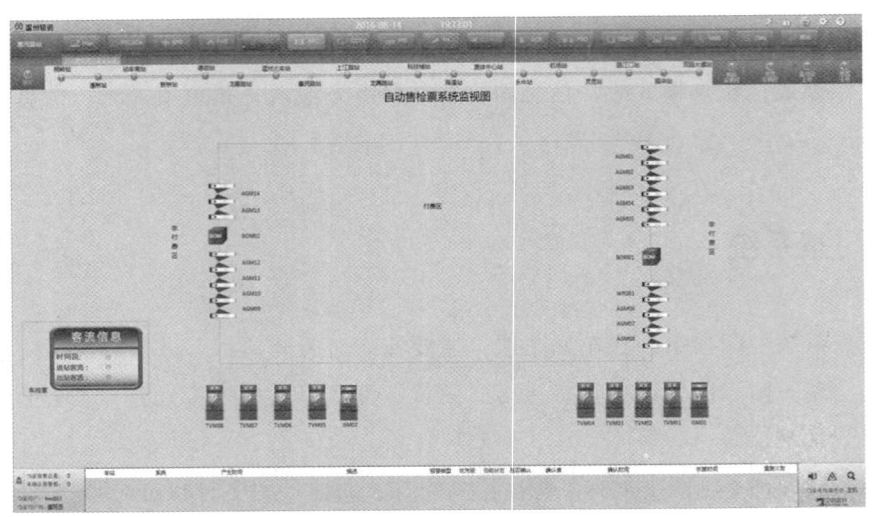

图 5-4-35　自动售检票系统

自动售检票系统主要设备及功能如表 5-4-12 所示。

表 5-4-12　监控对象

系统	监控对象	监控对象说明
自动售检票系统	自动售票机	监视自动售票机状态，故障报警信号等
	闸机	监视进站闸机、出站闸机、双向闸机的设备状态
	半自动售票机	监视半自动售票机状态，故障报警信号等

十二、网络状态监视

网络状态监视（见图 5-4-36）提供对接入综合监控局域网的设备进行网络连通性监视功能。

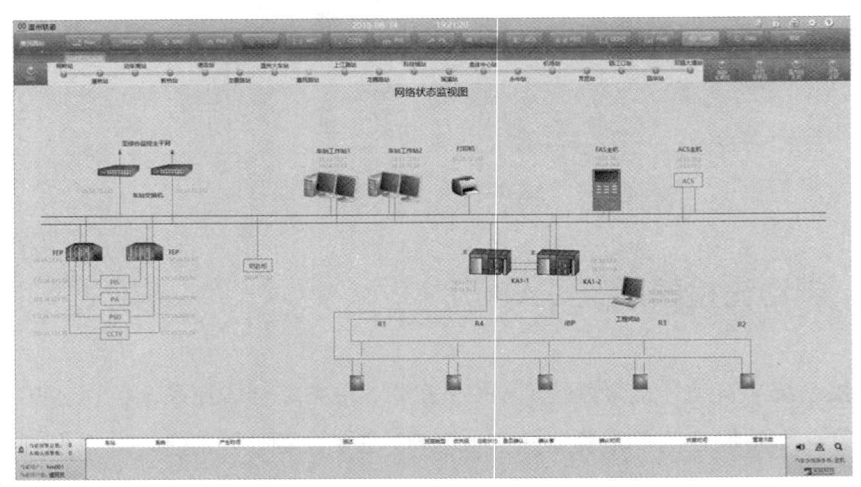

图 5-4-36　网络状态监视

网络中断会产生报警，网络状态监视图中相应的 IP 显示"红色"。

十三、数　据

数据功能主要包括：报警一览、历史报警查询、历史事件查询、历史趋势、报表。

（一）报警一览（见图 5-4-37）

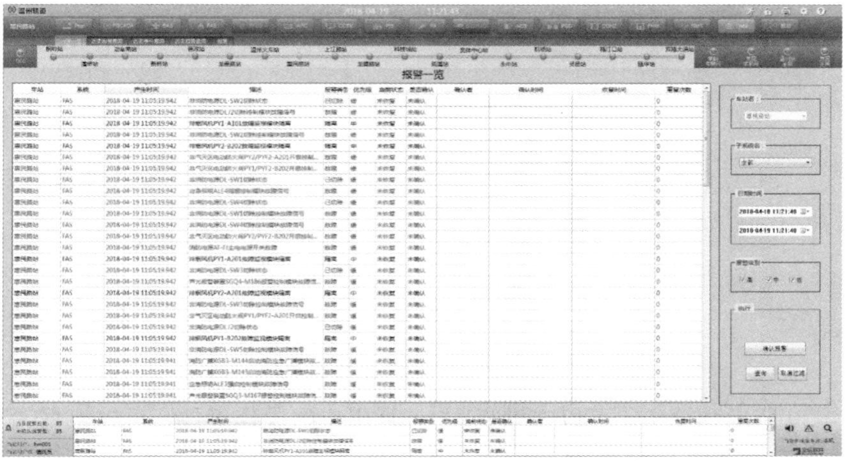

图 5-4-37　报警一览

如图 5-4-37 所示，该画面显示整个系统的实时报警记录。在中央工作站可以根据车站名称进行报警筛选。中央、车站工作站均可根据站内"子系统名""起止时间""报警级别"对报警进行筛选，同时具备右键确认报警等功能。

（二）历史报警查询（见图 5-4-38）

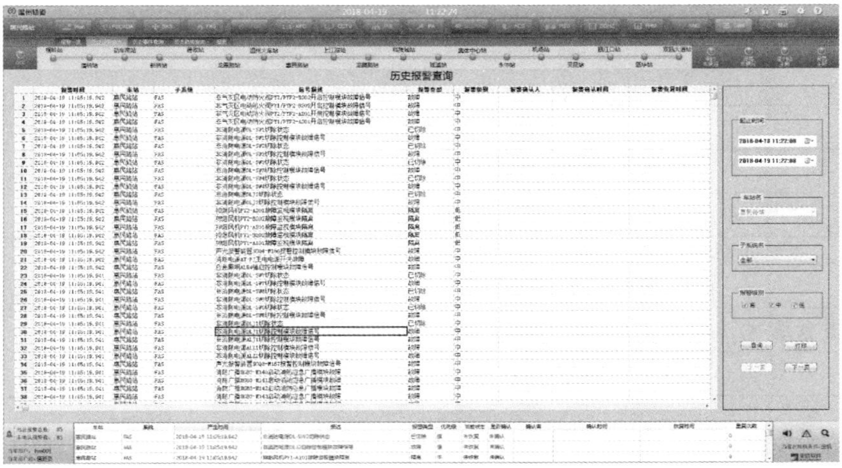

图 5-4-38　历史报警查询

在图 5-4-38 所示画面中，用户可以查询近 12 个月内发生的报警。可以根据"起止时间""子系统名""报警级别"进行筛选。同时，中央工作站可以根据车站名称进行筛选。

（三）历史事件查询（见图 5-4-39）

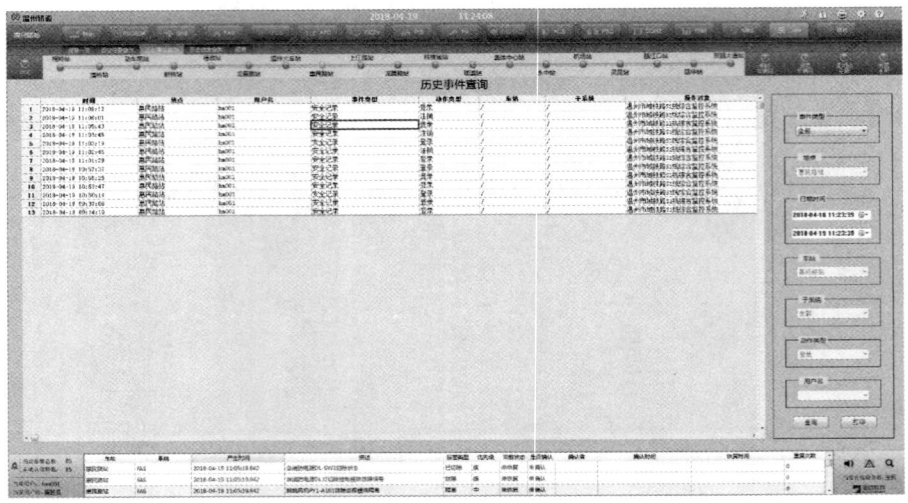

图 5-4-39　历史事件查询

在图 5-4-39 所示画面中，可以查询近 12 个月用户的操作事件。可以根据"车站""子系统""动作类型""用户名"进行筛选。

思考题

1. ISCS 如何进行登录？
2. PSCADA 系统主要监控哪些场所和设备？
3. 如何查询报警信息？
4. 远控操作需要具备哪些条件？
5. 设备有哪些状态，分别用什么颜色表示？

评价表

项目名称	专业基础知识	学生姓名	
任务名称	综合监控操作系统	分数	
项目		分值	考核得分
1. 操作 BAS 系统/FAS 系统/TFDS 系统/屏蔽门系统/闭路电视系统，知悉其功能		40	
2. 操作广播系统/乘客信息系统/门禁系统/自动售检票系统，知悉其功能		40	
3. 操作信号系统/网络状态监视/数据，知悉其功能		20	
总体得分			
教师简要评语： 教师签名：			

第六章 环调工作制度和规定

第一节 环调工作制度

【学习目标】
(1) 掌握市域铁路环调主要职责。
(2) 掌握环调工作制度、环调交接班制度、环调值班制度等知识。

环控调度是市域铁路运行中不可或缺的一个岗位,环控调度员需十分清晰本岗位的工作内容,忠实履行岗位职责。在日常工作中,建立一个良好的工作制度有利于环调更好地开展工作。本节具体介绍环调的工作制度,包含了环调交接班制度、值班制度。

一、环调组织架构

环调在值班主任的统一领导下,与行调、电调密切配合,共同完成运营指挥任务,环调与行调、电调都属于一级指挥,统一指挥所辖的二级调度开展运营生产任务。值班站长/行车值班员、生产调度、车场调度属于二级调度,在运营生产中,实行半军事化管理,下级调度必须服从上级调度的命令。环控调度员在指挥组织架构中所处位置如图 6-1-1 所示。

二、环调主要职责

(1) 环调通过中央级 ISCS 系统对管辖范围内的火灾报警、气体灭火系统以及各类消防设施进行监控,在发生火灾等紧急情况下,执行合理的排烟、通风模式,确保国家财产、乘客和工作人员的生命安全。

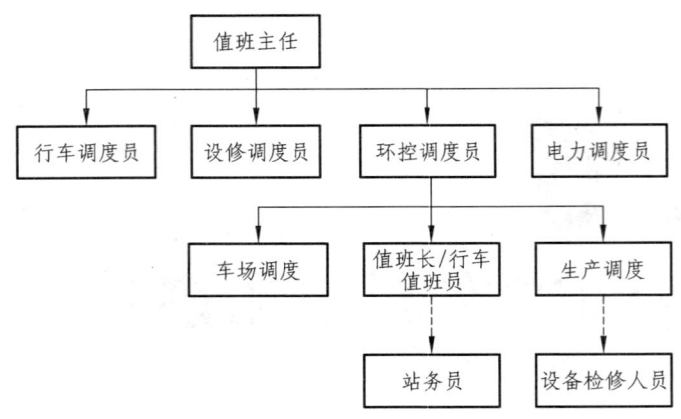

图 6-1-1　环调组织架构

（2）根据运营及车站现场需要对所辖设备制定合适的运行模式，并监督所辖范围内设备的正常运行。

（3）非正常情况下，正确调整设备的运行，保障运营安全，尽可能减小设备故障带来的负面影响。

（4）所辖设备故障时，及时组织故障设备的处理；当故障已影响或即将影响运营时，及时启动、组织抢修。审批所辖设备的维护、维修等施工或检修计划，监管对设备维护、维修的施工作业。

（5）收集整理所辖系统/设备运行资料，定期统计，对不良设备或缺陷提出整改意见。

三、环调工作接口

（一）环调与值班主任的接口

（1）当发生环控事故和突发事件时，由值班主任指挥各调度员的工作，环调负责了解相关设备的受影响情况，并提供事故、事件和救灾的配合处理方案，经值班主任确认后执行。

（2）当环控设备需启动应急模式，但中央级模式无法下发需授权车站 IBP 启动模式时，需值班主任授权方可执行。

（3）值班主任在审核抢修计划时，若涉及影响环控设备的作业须交环调会审。

（二）环调与行调的接口

（1）环调接报环控故障可能会涉及行车安全或出现大面积影响客服事件时，立即通知行调。

（2）事故抢险需要下轨行区时，告知行调抢修人员位置。

（三）环调与电调的接口

（1）当发生站内跳闸事件时，及时通知电调查看 400 V 开关状态。

（2）消防联动或者需切除车站三级负荷时，与电调确认车站 400 V 开关是否已切除。

（3）涉及电调倒闸操作时，环调需确认车站三级负荷处于关闭状态。

（四）环调与生产调度的接口

（1）环调管辖范围内的设备发生故障时，环调应立即向相关生产调度通报故障情况。

（2）紧急情况下，生产调度接到环调故障报告后，通知相关中心的抢修人员直接与环调联系。

（3）环调负责向生产调度跟踪所辖设备故障的修复情况。

四、环调交接班制度

（1）交班环控调度员应在交班前 20 min 整理好值班记录并做好交接班准备，接班环控调度员应提前 15 min 及以上到岗。

（2）交班调度员未办完交接手续不得擅离岗位，交班手续完毕后由接班调度员在值班日志上签字，交接班会结束后值班工作由接班者负责。

（3）交接班时，交班环控调度员应按规定将需要交接的内容逐条向接班者详细说明，对遗留未完成的工作应重点强调，对接班环控调度员提出的疑问应仔细解释清楚，不得遗漏交班事项，交接班应包含：

① 检查 ISCS 工作站、调度电话、通信设备是否处于正常状态。

② 调度工作台应保持整齐、清洁，调度台上图纸、资料、文件放置整齐。

③ 交代清楚上级指示、命令、报告、申请及联系事宜等。

④ 遗留故障及新增故障及注意事项等。

⑤ 设备运行方式及重要设备的变更情况，设备缺陷及处理情况。

⑥ 检查《环控调度值班日志和交接班记录》《火灾报警信号处理记录表》是否填写正确、清楚、齐全。查阅上班当班工作内容和操作记录，与交班环控调度员核对遗留工作、设备变更情况，对设备缺陷跟进处理。

（4）若接班环控调度员因故未到或者有未完成操作，交班环控调度员应继续执行调度任务，不得擅自离岗，并将情况报告值班主任。

五、环调值班制度

（1）环控调度员值班期间要严肃认真、集中精神，密切监视系统运行情况，做好事故预想，迅速、正确地处理事故，完成调度值班工作。严格执行各种规章制度和贯彻上级指示。

（2）调度信息是指挥决策的重要依据，必须及时、准确，严禁迟报、漏报、瞒报的现象发生。所有调度事项应在值班日志中体现。

（3）环控调度台应经常保持肃静、整齐、清洁。调度台上图纸、资料、文件放置整齐。当值期间应穿着制服，不闲谈，不玩手机，不看与业务无关书刊，不喝酒，不做与当值调度工作无关之事。

（4）监控各站环控设备的运行状态，按计划正常运行，根据各种不同情况下，调整设备运行模式。

（5）环控调度员值班期间应认真详细地记录工作日志，填写交接班记录。常用的记录、报表应归类保存，严禁将记录、报表外带或复制。

（6）配合完成设备计划和非计划检修，能发现设备系统存在的缺陷、存在的安全隐患并及时通知处理。对接报的各类故障信息要记录汇总并实时跟踪。

（7）当调度管辖范围内的设备发生异常运行情况时，当值调度员应立即报告值班主任其影响范围，并按现场规程迅速处理。

（8）环控调度员发现综合监控系统信息有误或其他不正常情况时，应及时通知相关专业人员进行处理。进行中央遥控操作时发现综合监控系统出现故障、异常时应立即停止遥控操作，并令专业人员现场核对设备状态。

思考题

1. 绘制环调组织架构。
2. 当班环调需要注意哪些要点？
3. 环调主要职责是什么？
4. 环调值班需注意什么？

评价表

项目名称	专业基础知识	学生姓名	
任务名称	环调工作制度	分数	
项目		分值	考核得分
1. 环调组织架构		20	
2. 环调主要职责		20	
3. 环调工作接口		20	
4. 环调交接班制度		20	
5. 环调值班制度		20	
总体得分			
教师简要评语：			
教师签名：			

第二节　环调设备管理

> 【学习目标】
> （1）掌握市域铁路环调设备管理范围。
> （2）知悉环调设备管理内容，掌握车站风、水、电等设备管理。

环调要监控市域铁路正线环控设备及工况的正常运行。在设备故障时，须考虑投入备用设备或改变运行模式，将故障对运营造成的影响降至最低。当模式运行不能满足运营需求时，应及时调整环控运行的模式。根据施工需要，负责操作环控设备配合施工。

一、环调管理范围

环调的主要工作是通过中央级 ISCS 系统对各子系统进行监视、控制，通过调整各设备的运行状态来达到控制车站环境的目的。管辖的设备主要为正线范围内风井/区间设备房、各车站的综合监控系统（ISCS）、火灾自动报警系统（FAS）、气体灭火系统、环境与设备监控系统（BAS）、车站环控大系统、小系统、隧道通风系统、空调水系统及 VRV 系统、给排水及水消防系统、低压配电等。

二、环调管理内容

通风系统的管理：通过调整通风空调系统，保证车站环境在适宜温度内：即站台公共区 ≤28 ℃，站厅公共区 ≤30 ℃，设备管理用房 ≤27 ℃，重要设备房温度 ≤25 ℃。确保轨行区隧道的环境工况最高温度不高于 40 ℃，确保当列车在区间阻塞时间超过信号系统设定值后，启动对应区间阻塞模式。确保在灾害模式下根据特定情况开启通风模式。

排水系统的管理：通过 ISCS 内的 BAS 系统，监控全线车站及轨行区各水泵待机、运行状态，监视各泵房水位状态，确保废水、污水、雨水及渗漏水能及时排出车站，进入市政排水系统。

弱电系统的管理：通过调整车站照明系统，保证车站可见度良好的情况下考虑节能减排。

FAS 系统的管理：通过监视全线 FAS 设备的报警信息，掌握全线火灾情况，及时有效处理相关报警，在发生火灾时能采取有效措施，降低影响。全线 FAS 报警设备包括：烟感、温感、手报、声光报警、隧道感温光纤、气灭报警等。

站台门系统的管理：主要监视车站站台门报警，及时告知行调相关车站站台门报警信息。

广播系统的管理：主要监视列车到站信息的广播，在紧急情况下对车站进行人工广播。

乘客信息系统的管理：在紧急情况下下发应急通知，告知乘客相关信息。

视频监视系统的管理：在突发事件时，能及时调整相关 CCTV 显示，第一时间知悉现场情况。

电力监控系统主要由电力调度管理；信号系统、自动售检票系统、门禁系统由车主主导管理，环控负责监视。

思考题

1. 环调管理的范围是什么？
2. 环调管理的主要设备有哪些？

评价表

项目名称	专业基础知识	学生姓名	
任务名称	环调设备管理	分数	
项目		分值	考核得分
1. 环调管理设备范围		20	
2. 环调管理设备内容		80	
总体得分			
教师简要评语： 教师签名：			

第三节　环调标准化作业流程

【学习目标】

（1）知悉标准化作业的重要性。
（2）掌握市域铁路环控调度标准化作业流程。

人的不安全行为不论是有意还是无意的，最终多数都可归结为错误的操作。由于每个人的教育训练、工作经历、技术水平等存在很大差异，因而造成失误的原因也各不相同。为了减少人为操作错误，需制定人员作业标准。作业标准是经验和科学的总结，体现了安全、舒适、优质、高效的客观规律，因此，只要按照它进行作业就能有效地防止错误操作。各城市轨道交通环调的标准化作业略有不同，但基本大同小异，现以温州 S1 线环调标准化作业流程为例进行讲解。

环调标准化作业流程如表 6-3-1 所示。

表 6-3-1　环调标准化作业流程

事项	序号	操作标准
交接班	1	交班人员提前 20 min 梳理当班事项，整理好台面，做好交接班日志；接班人员提前 15 min 到岗，了解上一班工作情况，对交接班日志内容逐条交接
	2	交接全线设备故障跟进情况
	3	交接全线设备运行状态，对非正常运行设备进行说明
	4	交接未完成施工情况
	5	完成 OA 系统中交接班系统的填写
	6	交接领导交办的重要事项
当班工作	7	接班检查 ISCS 工作站，直通电话，办公电脑等设备是否正常
	8	记录当班日志，检查《火灾报警记录》《控制中心消防安全巡视记录》等台账是否填写完整
	9	当班检查全线模式运行情况
	10	当班检查每个车站设备状态，对非正常状态设备进行追踪、记录、核对
	11	当班期间监控全线设备运行情况，遇到突发事件时及时上报值班主任
	12	当班后了解本班施工情况，做好施工预想
操作设备	13	需要操作设备时，确认设备无挂牌，通信良好且状态在"环控"状态
	14	操作风机时，确认风机与风阀连锁情况，开启时先开风阀，再开风机，关闭时先关风机，再关风阀
	15	操作冷水系统时，确认现场温度满足冷水机组启动条件。开启顺序为：冷却塔、冷却泵、冷冻泵、冷水机组。关闭顺序为：冷水机组、冷冻泵、冷却泵、冷却塔
	16	操作动力照明时，应确认车站现场情况，选择对应的智能模式进行操作
	17	操作水泵时，应确认水位情况，对高水位泵房进行起泵控制，对低水位泵房进行停泵控制
报警处理	18	ISCS 报警信息必须有报警声音，当班人员要及时接收、处理 ISCS 内报警信息
	19	设备故障报警时应当安排专业人员进行现场查看处理，对真实故障进行上报、记录，形成工单
	20	有火灾报警时应第一时间要求现场确认报警情况，误报警要查明误报原因，及时复位，填写《火灾报警信号处理记录表》
施工管理	21	接到施工申请时对施工作业代码、作业区域、作业内容、影响范围进行核对，确认无误后同意施工，记录施工开始时间
	22	施工销点时对施工作业代码进行核对，了解施工完成情况，确认设备恢复正常后，同意销点，记录销点时间
模式控制	23	根据全线运营时间，设定时间表模式，在运营开始前、后半小时进行通风模式的开启、停止控制
	24	根据季节选择空调季与非空调季模式，编入时间表内
	25	根据灾害的不同，手动开启对应的灾害模式：阻塞模式，火灾模式、气灭通风模式等
	26	若火灾模式联动不成功，需手动下发对应防火分区的火灾模式。
	27	在灾害模式结束后，要手动退出灾害模式，再手动开启对应模式或时间表控制模式
气象系统	28	当班期间关注"气象服务平台"，及时发布特殊天气情况

思考题

1. 环调交班需交接什么？
2. 环调接班需注意什么？
3. 环调当班期间有什么标准作业？
4. 环调有哪些台账需记录？

评价表

项目名称	工作制度和规定	学生姓名	
任务名称	标准化作业流程	分数	
项目		分值	考核得分
1. 环控调度员标准化作业流程		100	
总体得分			
教师简要评语： 教师签名：			

第七章 环控实操技能

第一节 设备故障检修原则

【学习目标】

（1）了解市域铁路控设备检修流程、故障处理流程。
（2）掌握环控设备检修原则、故障处理原则及各大系统的故障处理。

环控设备几乎包含了车站内所有设备，在设备日常检修或故障情况下，动用环控设备需经环调同意。本章详细讲述了动用环控设备的原则以及故障处理。

一、环控设备检修原则

施工类的检修作业必须按照《施工管理规则》的规定执行。检修人员需要动用或影响到环调所辖的设备，检修人员均需向环调申请对设备的"检修权"，环调在充分了解该施工的作业范围、影响、防护措施等情况后，按检修人员提出的防护要求调整设备的运行，明确受影响的设备，提醒检修人员做好现场防护工作后，通知检修人员开始作业；不符合作业要求的环调应向作业人员说明情况。作业完毕后，环调应需向检修人员确认设备的恢复情况，并通过工作站对设备状态进行核查。

二、故障处理总体原则

（1）故障抢修应贯彻"先通后复"的原则，恢复正常设备的运行，同时对隔离设备进行处理或定期巡视。

（2）发现设备故障后，第一时间应该立即执行应急措施或执行应急模式。

（3）发现故障后，如故障较大或直接影响行车或其他设备应立即通报值班主任及相关调度。

（4）任何人员发现机电类设备故障时，应及时报告环调。如发现的设备故障将涉及运营安全、人身安全、设备安全等大故障时，需第一时间通报环调，环调接报故障后立即组织抢修，最大程度降低故障带来的影响。

（5）所有设备故障抢修必须有发现故障、处理措施、处理过程及处理结果的记录。

三、综合监控系统（ISCS）检修或故障处理

（1）影响中央及车站级系统正常监控的检修安排在运营结束后进行。

（2）运营结束后对ISCS系统进行检修，应保证车站能对重要设备进行有效的监视和控制。

（3）在运营期间检修作业不得联动相应设备。

（4）如作业期间影响到ISCS监控时，须安排专人对车站ISCS维修工作站进行监控。

（5）施工完毕后，施工负责人向环调通报设备恢复情况，环调在ISCS上确认设备情况。

（6）如影响车站级或中央级监控的ISCS故障，环调立即组织抢修。

（7）影响中央级监控的故障，环调应立即发令车站进行车站级监控，同时下放控制权，站务/检修人员必须每隔1h检查车站机电设备运行状态并向环调报告。

（8）影响中央及车站级监控的ISCS故障，由环调发令车站检修人员到环控电控室进行监控。

四、环境与设备监控系统（BAS）检修或故障处理

（1）影响中央及车站级系统正常监控的检修或故障处理安排在运营结束后进行。

（2）运营结束后对BAS系统进行检修，应保证车站能对重要设备进行有效的监视和控制。

（3）在运营期间检修作业不得联动相应设备。

（4）如作业期间影响到BAS监控时，须安排专人对车站机电设备运行进行监控。

（5）施工完毕后，施工负责人向环调通报设备恢复情况，环调在中央级综合监控上确认。

（6）如影响车站级或中央级监控的BAS故障，环调立即组织抢修。

（7）影响中央级监控的故障，环调应立即发令车站进行车站级监控，同时下放控制权，站务/检修人员必须每隔1h检查车站机电设备运行状态并向环调报告。

（8）影响中央及车站级监控的BAS故障，由环调发令检修人员到环控电控室进行监控。

五、环控类系统检修、故障处理

（一）环控大系统

（1）影响到某端公共区通风空调的检修，在保证公共区空气质量、温湿度达标的情况下

可逐台进行，由检修人员向环调申请并做好防护，检修人员及环调对受影响范围的环境参数加强监控，检修区域内的温度超标时中止检修作业，立即恢复设备运行；当气象局发布高温橙色及以上预警信息，或运营高峰期时，原则上不允许进行检修作业。

（2）出现影响公共区正常通风空调功能的故障，环调要求检修人员立即抢修，并要求车站对受影响范围的环境参数加强监控，必要时做好乘客解释安抚工作。

（3）影响到某端公共区排烟的检修原则上安排在运营结束后，特殊情况需在运营时间内进行检修的，环调与检修人员确认联络方式，保证随时能恢复设备的运行。

（4）影响公共区排烟的故障，环调要求检修人员立即抢修。环调与现场维修负责人保持良好通信方式，确保需要执行模式时，及时通知现场负责人配合环调执行模式。

（二）环控小系统

（1）影响到某个区域小系统通风空调的检修，在保证该区设备房温湿度达标的情况下可逐台进行，由检修人员向环调申请并做好防护，检修人员及环调对受影响范围的环境参数加强监控，检修区域内的温度超标时中止检修作业，立即恢复设备运行。

（2）出现影响某个区域小系统正常通风空调功能的故障，环调要求检修人员立即抢修，并要求车站对受影响范围的环境参数加强监控，必要时通知车站使用电风扇等设备进行降温。

（3）影响到某个区域小系统排烟的检修，原则上安排在运营结束后，特殊情况需在运营时间内进行检修的，环调与检修人员确认联络方式，保证随时能恢复设备的运行。

（4）影响某个区域小系统排烟的故障，环调要求检修人员立即抢修。环调与现场维修负责人保持良好通信方式，确保需要执行模式时，及时通知现场负责人配合环调执行模式。

（三）环控水系统

1. 水系统检修

（1）互为备用的水系统检修，在保证满足正常运营冷负荷的前提下可在运营期间安排检修（一般给一台机组检修，切换机组检修）。

（2）原则上，不能满足正常运营冷负荷需求的检修作业安排在运营结束后检修。

（3）特殊原因会影响到正常运营冷负荷需求而又只能在白天完成的检修作业，环调需根据作业内容提前对相关区域手动加开冷水机组进行降温预冷，相关影响区域温度降低后，检修人员做好防护后开始检修作业。作业过程中，出现温度超标而作业任务仍需较长时间才能完成的，中止作业，尽快恢复供冷。

（4）气象台发布橙色高温警报及以上时，环调安排检修需充分考虑温度升高后车站冷负荷的需求。

2. 水系统故障

（1）出现影响某个区域正常供冷的故障，环调应立即组织抢修。

（2）故障处理中，尽快投入备用冷水机组或手动开启设备，尽快恢复供冷，再考虑排除故障。

（3）水系统在运行过程中故障跳停的，可维持冷冻水泵的运行，利用余冷向车站供冷。

（4）水系统故障不能向车站正常供冷，站外温度大于车站回/排风温度时，大系统维持小新风空调模式；站外温度低于回/排风温度时，大系统运行全新风空调模式。

（5）影响正常供冷的故障，环调通知相关部门对受影响范围的环境参数加强监控，定期通报环调。

（6）单台冷水机组发生故障时，气象台发布橙色高温警报及以上时，环调应立即组织相关人员进行抢修。

（四）隧道通风系统

1. 隧道通风系统检修

（1）影响隧道通风系统正常使用的检修，原则上安排在运营结束后进行。

（2）运营结束后，由检修人员向环调申请并做好防护，环调通知检修人员将隧道风机及联动风阀切换为就地停止状态后开始进行检修作业。

（3）隧道通风系统检修作业时，环调与现场施工负责人必须保持良好通信，确保在紧急时能及时执行应急模式。

2. 隧道通风系统故障

（1）影响到隧道通风系统正常送排风功能的故障，环调组织抢修。

（2）隧道风机的联动风阀故障时，可安排运营结束后处理，故障处理完毕前，检修人员须将联动风阀置于手动常开的状态。

（3）隧道通风系统的活塞风阀故障时，可安排运营结束后处理，故障处理完毕前，检修人员须将活塞风阀置于手动常闭的状态。

（4）单台隧道风机故障时，可安排运营结束后处理，故障处理完毕前，检修人员须将该隧道风机的联动风阀置于手动常闭的状态。

（5）隧道通风系统的其他组合风阀故障时，风阀必须切换为就地控制并保持开启状态，直至风阀修复。

3. 隧道通风系统配合施工作业规定

当隧道通风系统施工作业计划和配合作业计划发生冲突或施工作业与正常运行发生冲突时，由当值环调酌情调整，灵活掌控。夜间作业启动隧道风机规定如下：

（1）原则上凡开行工程车、动火、使用梯车、换轨、换转辙机、堵漏、使用化学试剂，以及进行钢轨打磨等会产生灰尘、异味或其他不利于空气质量或温度升高的施工作业时，环调应开启隧道风机配合。

（2）其他作业有特殊需要时，由当值环调根据实际情况灵活掌握是否需要开机配合。

（3）施工人员对送风方向无特殊要求时，环调执行列车阻塞模式。

（4）施工人员有具体送风方向要求时，环调根据现场实际情况执行相应模式。

（5）在施工作业过程中，如发生紧急情况，环调可以在任何时候中止配合作业，执行应急处理模式。

（6）开启隧道风机配合的作业，施工负责人在需要通风前向环调提出申请，作业完毕后向环调报告。

六、低压配电检修或故障处理

（一）事故照明

（1）在运营时间内，对影响事故照明某个灯具或回路照明的检修作业，如对车站客运服务没有影响，可由检修人员在车站登记向环调通报，做好防护后开始作业。如该作业影响车站客运服务的，则安排在运营结束后再开始作业。

（2）如出现事故照明或某个回路照明故障时，组织人员抢修，并要求车站在该事故照明故障区域增加应急照明灯具，确保在紧急情况下有应急照明。

（3）不影响蓄电池备用电供给功能的检修或故障处理：对不影响蓄电池备用电供给功能的检修作业或故障处理，则由检修人员在车站登记向环调通报，环调确认该作业不影响蓄电池正常主备电供电切换功能，同意检修人员做好防护后开始作业。

（4）影响蓄电池备用电供给功能的检修或故障处理：对影响蓄电池备用电供给功能的检修作业，环调要求检修人员确保出现市电失电时可以立即投入备用电源，否则不安排进行检修作业。如出现影响蓄电池备用电供给功能的故障时，环调要求检修人员立即进行抢修作业，确认在短时间内不能恢复故障时，由检修人员准备临时供电设施备用（如发电机）。

（二）导向系统

（1）导向系统导向灯具更换、回路检修或故障处理：在运营时间内，如确认故障处理或检修不会影响车站正常客运服务或对车站正常客运服务响较影小，可由检修人员在车站登记，做好防护后开始作业。如确认会影响车站正常客运服务，则安排在运营结束后再开始作业。如出现某个导向系统的回路故障，检修人员做好防护后开始故障处理。

（2）导向系统的配电箱开关检修或故障处理（会影响导向系统正常使用的）：影响导向系统正常使用的检修，原则上安排在运营结束后。如出现影响导向系统正常使用的故障，环调应即时组织抢修，同时应通知车站人员该故障的影响范围，必要时由车站做好乘客的指引工作。

（三）一般照明

（1）一般照明灯具更换、开关、配电箱、回路检查等不影响客运服务或对车站正常照明影响较小的检修：由检修人员在车站登记，做好安全防护后开始作业，如车站确认检修作业影响车站正常客运服务或照明亮度可随时中止作业。

（2）影响车站正常客运服务的或影响车站正常照度的检修作业，安排在运营结束后。

（3）多个灯具不亮、一个回路及以上不亮的故障须马上组织维修。

（四）隧道照明

隧道照明直接影响列车运行的瞭望，原则上，会影响到隧道照明正常使用的作业均安排在运营结束之后。

（五）智能低压

（1）影响智能低压系统正常使用的检修安排在运营结束后进行。运营结束后，由检修人员向环调申请并做好自我防护后开始检修；环调与现场施工负责人保持良好通信，确保需要执行模式时，能及时执行应急环控模式。影响智能低压系统正常使用的故障立即组织抢修。

（2）原则上，会导致智能低压控制权夺权的检修安排在运营结束后进行。运营结束后，由检修人员向环调申请并做好防护后开始检修；环调与现场施工负责人保持良好通信，确保能随时执行应急模式时。如出现智能低压夺取控制权故障导致中央及车站无法操作模式时，环调及时组织检修人员进行抢修作业，未修复前由检修人员现场值班，确保应急环控模式的执行。

（3）不改变智能低压控制权或影响系统正常运行的检修，检修人员向环调申请并做好防护后开始检修。

（六）其他设备

所有影响到设备正常使用的环控电柜、环控母排、配电箱检修按其末端设备的功能不同而判断是否可短时停电；原则上，设备功能为消防类设备、影响到客运安全、服务质量的安排在运营结束后检修。

（七）开关跳闸

运营时间内发生供电开关跳闸，检修人员必须在半小时内确认受影响的设备情况，将受影响的设备断电并做好防护，并将情况上报环调。

七、给排水检修或故障处理

（一）给排水检修

（1）给排水检修作业可由检修人员向环调申请并做好防护后开始检修。

（2）影响消防给水的检修作业需在作业前检查消防水池或水压，确保车站消防用水不受影响。

（3）如检修作业需排空消防用水的，则需由车站值班员确认配置一定数量的灭火器材，确保灭火能力后进行。

（4）排水泵的检修避免造成水位超高。

（5）所有检修结束后，环调与施工负责人均须确认设备恢复情况。

（二）车站及区间排水系统故障的处理

（1）发生给排水设备故障时，环调应马上在中央级综合监控上查看报警信息。

（2）确认区间潜水泵故障时，若为一台故障，可由另外的潜水泵或备用排污泵继续运作，要求行调命令司机密切留意区间水沟水位情况，故障潜水泵安排在运营结束后进行处理。

（3）所有水泵均出现故障或电源故障时，须即时安排抢修。

（4）确认区间水位超高水位报警时，需在中央级综合监控上检查水泵是否全部开启，如没有启动，要求抢修人员现场手动开启水泵进行抽水。

（5）需要进入区间抢修时，抢修人员须穿戴荧光衣，带好防护用品和联系工具，在车控室登记请点后方可进入。

（6）抢修须遵循先通后复的原则，手动开启能正常使用的水泵将水排出再进行故障处理。

（7）遇排水管道堵塞或止回阀故障造成泵房水不能通过压力井排出，需铺设水带到就近泵房，利用就近泵房水泵排水。

八、防灾报警系统检修或故障处理

（一）火灾自动报警系统（FAS）

（1）FAS系统需进行施工作业时，应确保车控室能够监视到全站的火灾报警情况。

（2）FAS系统需进行施工作业时，应确保在紧急情况下能及时联动火灾模式。

（3）运营期间FAS作业不得联动相应排烟风机、警铃等消防类设备。

（4）影响车站级和中央级监视火灾报警信息的作业，应安排在运营结束后进行，影响中央及车站级长时间不能监控的作业须安排专人对影响区域加强巡视。

（5）FAS系统施工作业会引起报警时，须安排专人对报警信息进行确认，发现非施工引起的报警须立即通报车站级监控的相关岗位及环调。

（6）对同一时间段多个有报警信息的防灾报警检修作业，环调应控制作业数量在两个以内，以免影响环调对其他车站的监控功能。

（7）FAS系统故障，如不影响火灾监视、联动功能可组织维修。

（8）影响中央火灾监视功能或影响车站级全部或部分火灾报警功能的须组织抢修。

（二）气体灭火系统

（1）气体灭火系统进行施工作业时，须安排专人对报警信息进行确认，发现非施工引起的报警须立即通报环调。

（2）施工作业中发生紧急情况时，必须确保能马上进行喷气灭火，不能预知影响系统保护功能的作业须提前准备好消防器材，确保在紧急时能进行灭火。

（3）对同一时间段多个有报警信息的防灾报警检修作业，环调应控制作业数量在两个以内，以免影响环调对其他车站的监控功能。

（4）气体灭火系统故障，如不影响火灾监视、联动功能可以组织维修。

（5）影响中央级气体灭火系统监视功能或影响车站级全部或部分气体灭火报警功能的须组织抢修。

（三）隧道温度探测系统

（1）原则上，隧道温度探测系统的作业安排在运营结束后进行。

（2）隧道温度探测系统需要进行施工作业时，应尽量确保车控室隧道温度探测系统主机能够监视到所辖区域火灾报警情况。

（3）对同一时间段多个有报警信息的防灾报警检修作业，环调应控制作业数量在两个以内，以免影响环调对其他车站的监控功能。

（4）影响中央级隧道温度探测系统监视功能或影响车站级全部或部分隧道温度探测系统功能的须组织抢修。

（四）电气火灾报警系统

（1）电气火灾报警系统进行施工作业时，须安排专人对报警信息进行确认，发现非施工引起的报警须立即通报环调。

（2）电气火灾报警系统施工作业前须提前准备好消防器材，确保在紧急时能进行灭火。

（3）电气火灾报警系统施工作业时，应尽量确保车控室 FACP 盘能够接收到所辖区域的电气火警情况。

（4）原则上不在运营期间安排剩余电流互感器的维修更换等影响 400 V 出线的施工。

（5）对同一时间段多个有报警信息的防灾报警检修作业，环调应控制作业数量在两个以内，以免影响环调对其他车站的监控功能。

（6）影响中央级电气火灾报警系统监视功能或影响车站级全部或部分电气火灾报警系统功能的须组织抢修。

（五）防火门监控系统

（1）防火门监控系统进行施工作业时，需做好安全围闭。

（2）原则上要逐个防火门进行隔离检修，不影响车站级其他防火门参与火灾联动。故障未修复时，安排人员驻守方便火灾时人工手动开关防火门，直至故障修复。

（3）影响中央级防火门系统监视功能或影响车站级全部或部分防火门报警系统功能的须组织抢修。

（六）站台门检修或故障处理

（1）运营期间不安排站台门的检修作业。

（2）如站台门单元发生开关故障或破裂，站务及检修人员应对该门做好防护并隔离旁路。

（3）如果站台门开关异常情况是由通风系统引起的，则由环调负责环控模式的调整。

（4）如确认站台门 UPS 不能正常供电，应先将 UPS 切换到维修旁路供电，以维持站台门系统正常工作，并及时组织抢修。

（5）故障站台门修复后，检修人员需对相应侧的站台门进行一次以上开关门试验。但要在试验前通知行调，待行调同意后方可进行。

（七）人防门

（1）原则上，运营期间不安排人防门的检修作业。

（2）人防门作业影响到人防门的启闭时，须确保有人能随时进行紧急操作。

思考题

1. 环控有哪些设备，检修有什么原则？
2. 环控设备故障处理时应注意什么？
3. FAS 设备检修需注意什么？
4. 哪些情况需在运营结束后处理？

评价表

项目名称	环控实操技能	学生姓名	
任务名称	设备故障、检修原则	分数	
项目		分值	考核得分
1. 环控设备检修原则		20	
2. 环控设备故障处理原则		20	
3. ISCS/BAS 故障处理		20	
4. 低压设备/给排水故障处理		20	
5. 火灾报警的处理		20	
总体得分			
教师简要评语：			
		教师签名：	

第二节　环调台账及填写标准

【学习目标】

（1）掌握市域铁路台账填写的重要性。
（2）掌握市域铁路环控调度的台账填写标准。

环调当班期间需填写台账，记录当班期间发生的事情或者发现的故障、缺陷等，而台账填写规范是环调必须具备的业务素质，也是在日常安全检查甚至是发生事件事故后调查人员必查的项目，直接关系到调度员的日常工作表现，因此调度员必须认真对待所需填写的台账。本节详细介绍了环调台账种类及填写标准。

一、环控值班及交接班日志

（1）字体均采用宋体（正文）5号，不允许分行。
（2）时间栏和地点栏居中填写，内容栏左对齐填写。
（3）填写当值班次、当班日期时间和当班调度名字。
（4）在值班日志内填写当班工作记录，包括施工作业、设备检修、故障处理、演练等内容。填写格式如图7-2-1所示。
（5）每条交班记录后面需记录第一交班调度代码和日期，接班调度负责更新信息记录。
（6）已处理故障、工作信息和通知需交接3天以上。
（7）交班记录里由当班班组填写故障信息、设备状态、运行方式、通知、工作信息等内容。填写格式见表7-2-1。
（8）在内容未超出一页内容时，台账页面维持值班日志和交接班记录各一页。
（9）已使用命令号由当班调度填写。
（10）台账需正反打印，交接班调度需在最后一栏手写签字确认，放于指定文件夹存档。

二、火灾报警信号记录表

火灾报警信号记录表是记录环调当班期间发生火灾报警内容的台账，需记录以下内容：日期、报警时间、报警地点、报警设备编号、现场确认人、原因及处理结果、复位时间、当值环调等内容。具体格式如表7-2-1所示。

班次	白班	当班调度		日期时间	20××年×月××日 08:30—20:30
时间	地点	内容			
15:32	××站	冷水机组故障检修；16:32检修完毕。			
16:00	××站	施工号1C1-××-01请点作业；18:30完成销点。			
18:00	××站	设备区PIS故障演练开始。18:40演练结束。			
交班记录： 待处理故障记录 1. ××站大系统HPF-01-02设备故障，工单号：×××。需更换配件，预计×月×日修复。工号：××，×月×日。 已处理故障记录 1. ××站大系统HPF-02-02设备故障，工单号：×××。×月×日设备恢复正常。工号：××，×月×日。 设备状态、运行方式变更 1. ××站事故风机TVF-01-01因电机故障无法正转，现处就地位操作。工号××，×月×日。 工作信息通知 现于9:00-19:00开启冷水机组，请各班组知悉。 当班期间注意报警确认，发现异常及时记录。					
交班人签字			接班人签字		

图 7-2-1 环调值班及交接班日志模板

表 7-2-1 火灾报警信号处理记录表

日期	报警时间	报警地点	报警设备编号	现场确认人	原因及处理结果	复位时间	当值环调
2020年4月15日	15:30	惠民路站厅厕所	YGXX1	惠民路值站工号：×××	乘客吸烟，已复位	15:40	×××

三、环控、消防设备设施缺陷登记表

环控、消防设备设施缺陷登记表是记录环调在日常生产过程中发现的设备缺陷的台账，具体格式如表 7-2-2 所示。

表 7-2-2　环控、消防设备设施缺陷登记表

编号	车站	设备编号或系统	缺陷情况说明	发现人	发现时间	处理情况	工单号	签名/修复日期
1	机场站	SF002	风机开启错误	环调××	2020年4月1日 14:08	工班已修复	GD0××	×××，2020年4月15日
2	德政站	SF003	风阀位置错误	环调××	2020年4月17日 14:08	待厂家出具整改方案	GD0××	（未修复不填）

思考题

1. 环控有哪几个台账？
2. 填写台账时应注意什么？

评价表

项目名称	环控实操技能	学生姓名	
任务名称	台账填写标准	分数	
项目		分值	考核得分
1. 环控调度值班及交接班日志		40	
2. 火灾报警记录登记表		30	
3. 环控、消防设备设施缺陷登记表		30	
总体得分			
教师简要评语： 　　　　　　　　　　　　　　　　　　教师签名：			

第八章 环控故障应急处理

【学习目标】

（1）了解突发事件对市域铁路运行的影响。
（2）知悉车站防灾设计原则，掌握环调处理应急事件的思路。
（3）掌握各环控故障应急处理思路与处理程序。

在环调的日常工作中，往往会出现很多突发事件，包括设备故障、火灾、停电、水淹、有害气体等。环调需知悉市域铁路中的防灾设计，在发生突发事件时，明晰处理思路，及时有效的判断事件影响范围、阻止事件的扩大化，按照特定的处理程序处理事件，确保市域铁路的安全运行。本章具体介绍了环控应急处理，包括市域铁路灾害设计原则、突发事件的处理思路与处理程序。

一、车站建筑防火防灾设计原则

（1）温州 S1 线的防火设计贯彻"预防为主，防消结合"的原则，按全线同一时间内只发生一次火灾考虑。换乘站按同一时间发生一次火灾考虑。

（2）地下的车站、区间、变电站等主体工程及出入口通道、风道的耐火等级应为一级；地面出入口、风亭等附属建筑，地面车站、高架车站及高架区间的建、构筑物，耐火等级不得低于二级。

（3）车站公共区安全出口的数量不少于两个，并应直通车站外部空间。

（4）地下车站管理用房集中布置，管理用房区应有一个安全出口通向地面，该防火分区内站台和站厅层间的人行楼梯设置为封闭楼梯间。

（5）车站与物业区域相连接时，相连处设置防火分隔设施。物业区域为独立的防火分区，并且在每个防火分区内设两个独立的、可直达地面的疏散通道，物业区域火灾不利用车站出入口疏散。

（6）车站站台设置站台门，站台门不作为防火隔断。

（7）地下区间隧道通风系统专用排烟设备按 280 ℃ 连续有效工作 1 h 设计；地下车站隧道通风系统专用排烟设备按 280 ℃ 连续有效工作 1 h 设计；地下区间隧道和地下车站通风系统合用的排烟设备按 280 ℃ 连续有效工作 1 h 设计；高架车站、车辆段、控制中心、主变电站等地面建筑内的排烟设备按 280 ℃ 连续有效工作 0.5 h 设计。

二、区间隧道内火灾运行模式的设计原则

（1）一旦出现列车发生火灾且停在区间隧道内时，应立即启动相应的火灾运行模式。

（2）隧道通风系统控制着火区间内的气流方向与多数乘客疏散方向相反。

（3）无法判断列车火灾位置时，按与行车一致的方向送风。

（4）着火区间的另一侧隧道停止行车。

（5）区间上下行之间的联络通道作为乘客疏散通道。

（6）区间隧道火灾时，除用作乘客疏散的路径外，其他门、站台门均应最大限度地保持关闭，防止气流短路的现象发生。

（7）在设有中间风机房的区间，当列车发生火灾且停在其中一个通风区段时，应尽可能控制后续列车不进入区间；若已有列车进入区间时，应尽可能让后续列车退回车站；若无法后退，则必须控制列车停靠在火灾通道区段后一通风区段内。

三、应急疏散设计及疏散原则

（1）地下区间在行车方向右侧设置有纵向的疏散平台，两条隧道间设有横向疏散疏散通道，疏散平台宽度不小于 600 mm，联络通道间距一般按 100 m 控制。列车着火时，列车上乘客从客室门疏散至疏散平台，沿平台步行到最近的联络通道进入非火灾隧道，然后疏散到车站。高架线路不设置疏散平台，区间内列车上乘客以沿轨道进行疏散为原则。

（2）当站台层发生紧急情况时，将站台人员疏散到站厅，然后向站外疏散。

（3）当站厅层发生紧急情况时，将站厅人员向站外疏散。

（4）车站通道、出入口处及附近区域保证畅通，不得设置和堆放任何有碍乘客疏散的设备、物品及围栏。

四、列车在区间发生火灾（爆炸）应急处理

（一）总体思路

当列车发生火灾时，保障乘客安全是第一要素。列车在区间发生火灾迫停时，第一要素是现场判断着火位置，S1 线列车为 4 节编组，前两节定为车头，后两节为车尾。司机应第一时间判断着火位置并确定乘客疏散方向，疏散方向应尽最大可能避免乘客经过火源，尽量选

择同一方向疏散乘客。环调开启火灾模式时，原则上通风方向为乘客疏散反方向，也就是迎面送风。列车火灾停在站台时，按照站台隧道火灾处理。

1. 列车发生火灾（或爆炸）在区间迫停

（1）根据列车火灾发生位置（车头、车尾），司机与行调共同确认疏散方向。

（2）根据着火部位、疏散方向，环调开启相应的区间列车火灾模式。列车火灾发生位置与风机开启方向、疏散方向关系如图 8-1-1、8-1-2 所示。

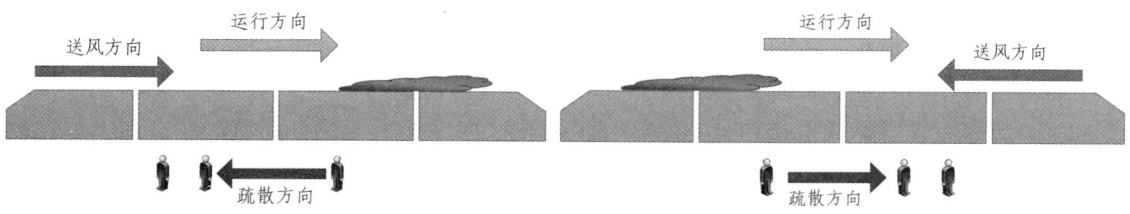

图 8-1-1　列车区间车头火灾（前两节）　　图 8-1-2　列车区间车尾火灾（后两节）

（3）接到列车发生火灾，5 min 内无法判断列车上着火点位置以及不能确定列车在区间的位置时，执行不明位置火灾模式。

（4）执行相应火灾模式后，若了解到送风方向与送风原则是相违背的，应立即中止先前运行模式，并在设备功能所能达到的最短时间内执行正确的火灾联动。

（5）环调中央级综合监控联动无法执行成功时，指示相邻车站在 IBP 上执行对应列车火灾模式。

原则上，现场情况以列车司机报告为准。

2. 列车发生火灾（或爆炸）在站台停靠

（1）列车发生火灾后能维持运行至车站的，按车站隧道火灾进行处置，本站关站、清客，邻线进站列车在本站不停站通过，邻线后续列车不得通过；现场车站负责人确认火势不可控时，报控制中心。

（2）车站立即启动车站隧道火灾模式。环调协助处理。在车站级联动执行失败时，环调告知值班主任，在值班主任同意下，在中央级下发车站隧道火灾模式。

（3）车站应保持与控制中心的联系，及时向控制中心报告现场处置进展情况。

（4）列车发生火灾维持运行至车站或列车在站台发生火灾的，按车站隧道火灾进行处置，站台靠火灾侧车门、站台门保持常开。

（二）处理程序

1. 列车发生火灾（或爆炸）在站台停靠处理程序

（1）与行调确定列车停靠站及上、下行线。

（2）通知生产调度，安排相关部门应急抢修。

（3）检查车站隧道火灾联动设备运行情况。

（4）若 BAS 相关设备无法执行成功，在值班主任同意下，授权车站在 IBP 上执行车站隧道火灾模式。

（5）随时与事故车站保持联系，及时掌握现场情况。

（6）抢修结束后，确认火灾原因、处理经过、时间、人员等信息，恢复设备正常运行。

2. 列车火灾迫停区间处理程序

（1）与行调确定列车车次号、所在区间、着火车厢，乘客疏散方向。

（2）在值班主任同意情况下，环调开启相应的区间列车火灾模式。

（3）通知生产调度，安排相关单位应急抢修。

（4）检查车站相应火灾联动设备运行情况。

（5）若相应火灾联动无法执行成功，在值班主任同意的情况下，授权车站在 IBP 上执行对应车行区火灾模式，PA/PIS 由车站人工手动下发。

（6）随时与事故车站保持联系，及时掌握现场情况。

（7）抢修结束后，确认火灾原因、处理经过、时间、人员等信息，恢复设备正常运行。

（三）列车在区间发生火灾（爆炸）应急处置流程（见图 8-1-3）

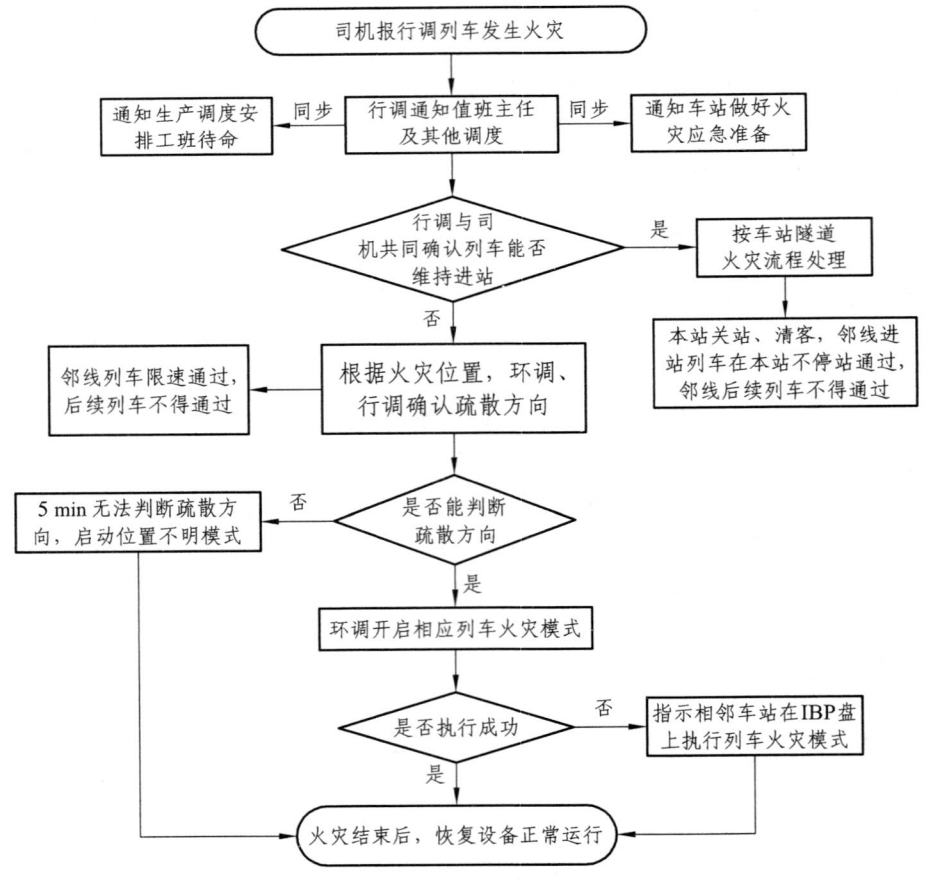

图 8-1-3 列车在区间发生火灾（爆炸）应急处置流程

五、车站火灾应急处理

（一）总体思路

（1）未确认火警信息为误报前，不得人为干预 FAS 系统的火灾模式联动。

（2）车站的 FAS、ISCS、BAS 及排烟系统都正常时，救灾模式按设定的救灾程序自动执行。

（3）车站发生火灾时，自动程序不能执行时，环调指示车站执行相应的火灾模式及相关联动设备。

（二）处理程序

1. 站厅火灾处理程序

（1）接到中央 FAS 系统火灾报警信息后，立即与事发车站联系确认现场情况，确认着火具体区域。

（2）环调通知值班主任、行调、电调、设修调度，通知生产调度安排各部门应急抢险人员前往事故车站。及时与车站确认站厅火灾联动执行情况，如 BAS 设备执行失败，授权车站在 IBP 上执行站厅火灾模式，如 IBP 盘仍无法开启对应模式，指示车站现场开启相应设备。

（3）环调和车站共同确认站厅火灾相应设备的执行情况（大系统、小系统、排烟风机、PA、PIS、门禁闸机释放、非消防电源切除等），确保站内形成站厅负压，站台正压气流环境。

（4）环调随时与事故车站保持联系，及时掌握现场情况，并报值班主任。

（5）抢修结束后，环调确认故障原因、处理经过、时间、人员等信息，并与车站确认恢复设备正常运行。

2. 站台火灾处理程序

（1）接到中央 FAS 系统火灾报警信息后，立即与事发车站联系确认现场情况。确认着火具体区域，通知值班主任、行调、电调、设修调度等，通知生产调度安排各部门应急抢险人员前往现场。

（2）及时与车站确认站台火灾联动执行情况，如 BAS 设备执行失败，授权车站在 IBP 上执行站台火灾模式，如 IBP 盘仍无法开启对应模式，指示车站现场开启相应设备。

（3）环调和车站共同确认站台火灾相应设备的执行情况（大系统、小系统、隧道系统、排烟风机、PA、PIS、门禁闸机释放、非消防电源切除等），确保站内形成站厅正压，站台负压气流环境。

（4）当站台火灾较大并且大系统排烟模式不能满足要求时，车站可通过 IBP 打开上下行站台门。当站台有列车或有进站列车时的一侧不能打开站台门，应打开无列车并且无进站列车一侧的站台门。

（5）环调随时与事故车站保持联系，及时掌握现场情况，并报值班主任。

（6）抢修结束后，环调确认故障原因、处理经过、时间、人员等信息，并与车站确认恢复设备正常运行。

3. 设备区火灾处理程序

（1）接到中央 FAS 系统火灾报警信息后，立即与事发车站联系确认现场情况。确认着火具体区域，通知值班主任、行调、电调、设修调度等，通知生产调度安排各部门进行抢险。

（2）及时与车站进行确认车站设备区火灾排烟联动执行情况，如 BAS 设备执行失败，授权车站在 IBP 上执行相应的设备区火灾模式，如 IBP 盘仍无法开启对应模式，指示车站现场开启相应设备。

（3）环调和车站共同确认设备区火灾相应设备的执行情况（大系统、小系统、隧道系统、排烟风机、PA、PIS、门禁闸机释放、非消防电源切除等）。

（4）若为通信、信号设备房着火，通知行调做好行车故障预想，做好行车安排。

（5）若为变电所着火，由电调根据现场情况决定是否做停电处理。

（6）若为气体保护房着火，确认气体自动灭火系统启动灭火，喷气完毕指挥车站人员确认灭火情况，确定火灾扑灭后，组织排气。

（7）环调随时与事故车站保持联系，及时掌握现场情况，并报值班主任。

（8）抢修结束后，环调确认故障原因、处理经过、时间、人员等信息，并与车站确认恢复设备正常运行。

（三）车站公共区火灾应急处置流程（见图 8-1-4）

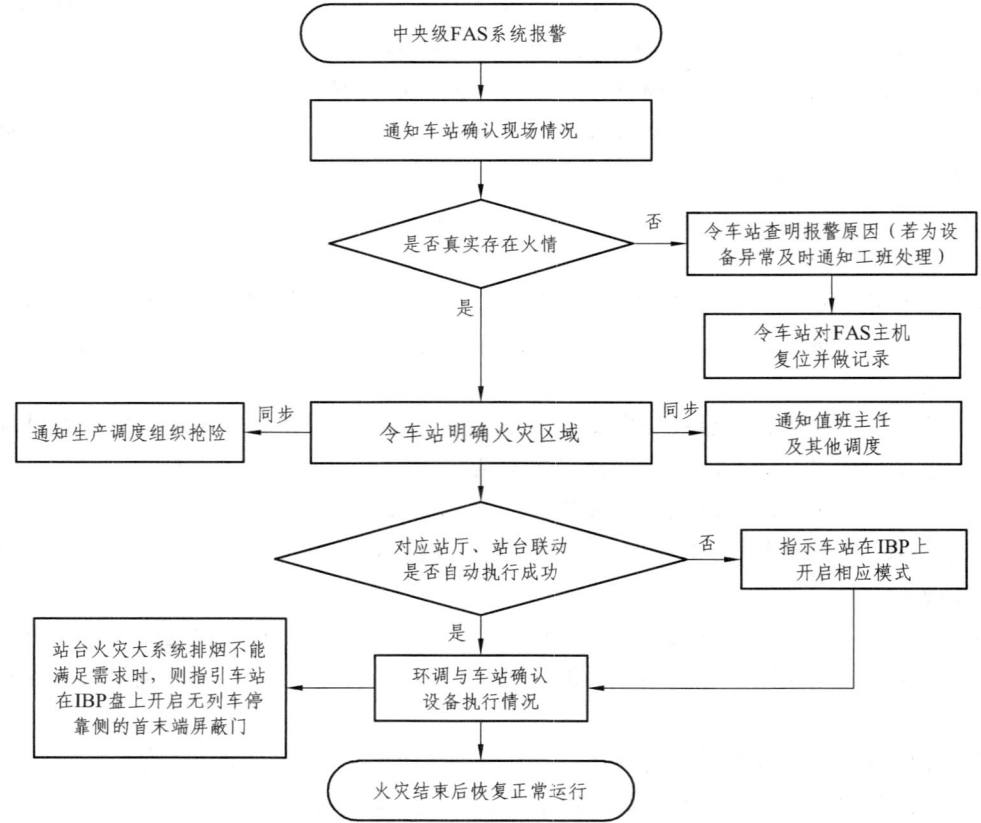

图 8-1-4　车站公共区火灾应急处置流程

六、隧道火灾应急处理

（一）总体思路

（1）司机发现线路内有明火或烟雾时，立即报告行调。
（2）车站发现站台区线路有烟雾，隧道感温光纤报火警时，立即向环调报告。
（3）线路内感温光纤报火警时，OCC 立即与相关司机核实，并安排人员登乘列车进行确认。
（4）环调应在值班主任确认后，ISCS 工作站上立即执行相应的火灾模式，当 ISCS 系统中央失控时，或系统功能未实现时由环调下令车站执行相应的火灾模式。

（二）处理程序

（1）隧道温度探测系统报火警时，立即通知行调与有关司机核实现场情况。
（2）确认报火警区域，通知值班主任、行调、电调、设修调度等，通知生产调度安排各部门进行抢险。
（3）在值班主任同意后，同时组织开启对应区间隧道火灾模式，遇列车占用该区间，且组织乘客区间疏散，根据人员疏散方向组织送排风。
（4）随时监控环控设备运行情况，及时报值班主任。
（5）加强与车站及抢险救援队的联系，掌握抢险进展情况。
（6）火灾扑灭并隧道排烟完毕后，恢复设备正常运行；确认火灾原因、处理经过、时间、人员等信息。

（三）隧道火灾应急处置流程（见图 8-1-5）

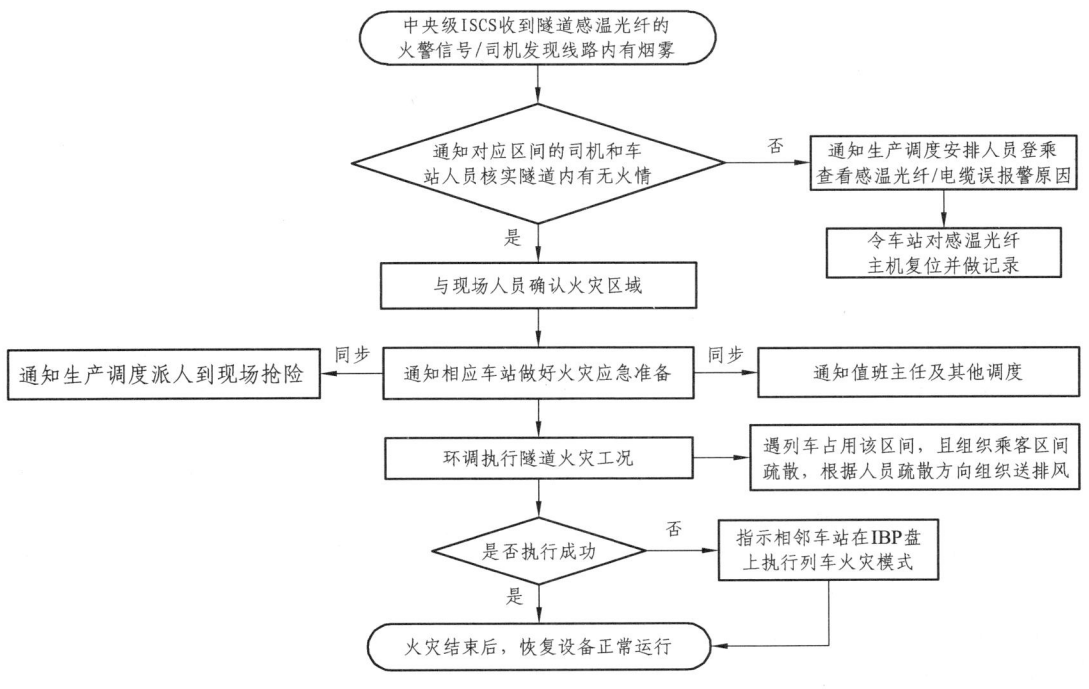

图 8-1-5　隧道火灾应急处置流程

七、车站或区间水淹应急处理

（一）造成车站区间淹水主要原因

（1）排水设施故障。
（2）车站区间消防管道及车站给水设备发生大量漏水。
（3）隧道发生大面积渗水。
（4）大面积停电。
（5）雨水倒灌。
（6）外界因素，如外单位施工影响等。
（7）突发自然灾害，如地震、洪水等。

（二）总体思路

（1）司机、检修人员或车站人员发现区间消防水管漏水、地面水灌入隧道时须立即向行调报告。

（2）发现区间不明原因积水或区间废水泵房高水位报警时，环调立即关闭相应区间消防电动蝶阀，再立即组织维修人员查明原因。

（3）发生区间消防水管漏水时，环调立即通知生产调度组织工区人员关闭相应区间消防水阀，特别要注意消防水管是否移位侵限和区间线路纵断面最低处积水情况。如发生车站给水设备发生大量漏水，通知车站人员立即关闭相应蝶阀和地面进水总阀门。

（4）发生地面积水从站台层、风亭、施工遗留孔洞灌入轨行区时，在立即组织堵漏的同时安排接触网专业人员对现场进行检查。

（5）发生消防水管爆管、地面积水灌入轨行区时，发生接触网跳闸时，若自动重合闸成功，须安排接触网人员添乘现场查看。

（6）视情况安排专业人员现场确认水泵工作情况，做好组织抢险准备工作。

（7）隧道土建结构严重渗漏水时，OCC须立即组织土建专业人员赶往现场确认情况。

（三）处理程序

（1）应迅速查明或核实车站区间淹水的具体原因，通知值班主任、行调、电调、设修调度、生产调度安排各部门进行抢险。

（2）确认事发具体原因后，通知值班主任、行调、电调、设修调度、生产调度。

（3）若是区间排水设施故障，应尽可能采用应急排水泵等措施先排除积水，恢复正常行车后，再进行故障处理。

（4）若是车站区间消防管道或车站给水设备发生大量漏水所致，发生区间消防水管漏水时，环调立即通知生产调度组织工区人员关闭相应区间消防水阀，并通知车站停止消防泵关闭消防泵房出水阀门，特别要注意消防水管是否移位侵限和区间线路纵断面最低处积水情况。如发生车站站厅消防给水设备发生大量漏水，关闭站厅通往站台的4个手动消防蝶阀，停止消防泵关闭消防泵房出水阀门。如发生车站站台消防给水设备发生大量漏水，关闭站厅通往站台的4个手动消防蝶阀，以及站台上下行两端4个手动消防蝶阀，并停止消防泵关闭消防泵房出水阀门检查该区间积水情况。如车站生活水管大量漏水，立即关闭对应蝶阀，检查该区间排水设施是否正常,并根据检查情况决定是否立即组织抢修;若不能保证列车安全运行,需立即进行抢修;若不直接影响列车安全运行,可利用运营结束后请点进行抢修。

(5)若是隧道发生大面积渗水,采用排、封、堵等综合措施,控制和减缓水进入区间。

(6)若是大面积停电所致,不能立即恢复供电,应采用发电机进行应急排水,避免积水过多而损坏其他设备。

(7)若是市政等外单位施工造成地面排水井掩埋、排水口堵塞,应立即联系市政部门开挖、疏通。

(8)若是突发自然灾害所致,执行相应的突发自然灾害应急抢险救援程序。

(9)通过 ISCS 观察区间水泵及主废泵的水位情况,发现或接报高水位报警情况,视情况组织检修人员进入区间进行检查,必要时增加水泵排水。

(10)视情况安排专业人员现场确认区间排水泵工作情况。

(11)随时了解现场情况及时向值班主任报告抢险情况。

(12)如需要抢修时,协调现场指挥,确定抢修方案,报值班主任同意后,实施抢修。

(13)抢险结束后,及时组织开启相关车站消防电动蝶阀。

(四)车站或区间水淹应急处置流程(见图 8-1-6)

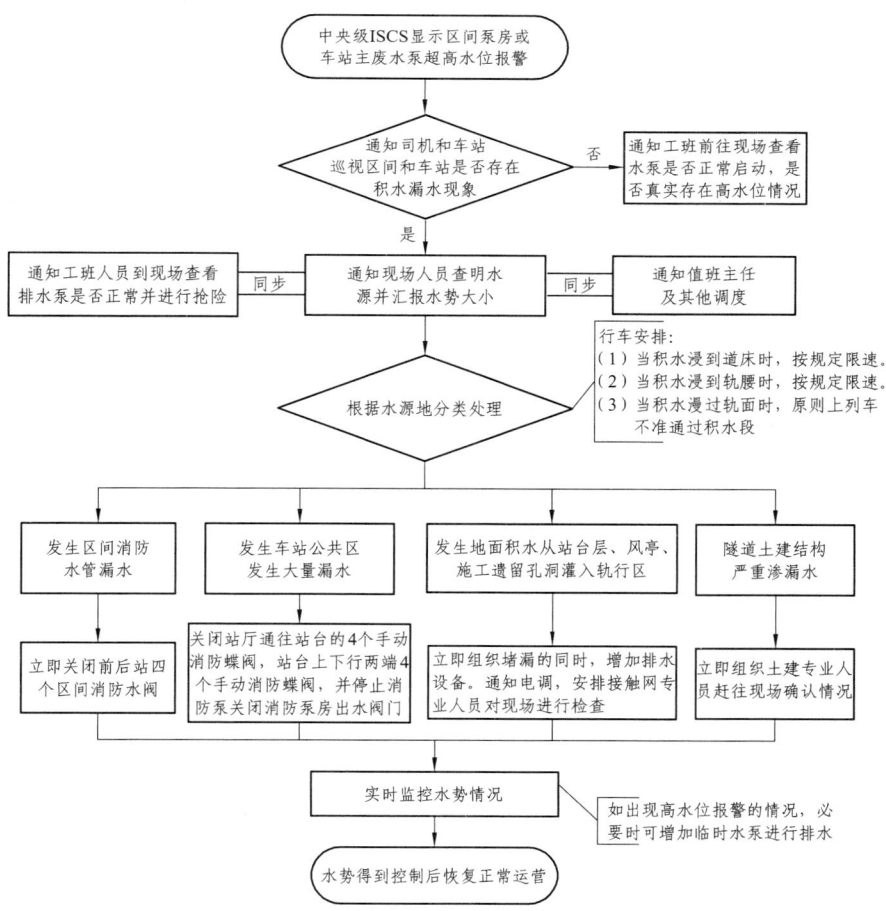

图 8-1-6 车站或区间水淹应急处置流程

八、车站大面积停电应急处理

(一) 总体思路

(1) 发生大面积停电后,控制中心根据停电事件级别,组织实施相应发布预案,环调实时跟进车站停电设备,不间断电源开启情况和持续情况。

(2) 各部室分工负责,成立专业抢险队伍,做好停电后设备的安全防护、抢修抢险和送电恢复工作。

(二) 处理程序

(1) 向车站确认已停电车站应急照明的启动情况。

(2) 将所有停电的环控大系统、隧道系统模式锁定为停机模式。

(3) 通知生产调度安排人员检查各系统设备运行情况,做好停电设备的安全防护,特别是蓄电池等设备的防护,严防蓄电池过度放电而无法恢复,安排人员检查各应急电源投入情况。

(4) 了解升降电梯中是否有人员被困、扶梯是否有客伤,并由车站按照相应的应急程序组织救援。

(5) 生产调度安排人员检查 FAS、BAS、ISCS、信号系统、站台门系统的应急电源投入情况。

(6) 在恢复供电后,组织相关负荷供电。

(三) 车站大面积失电应急处置流程(见图 8-1-7)

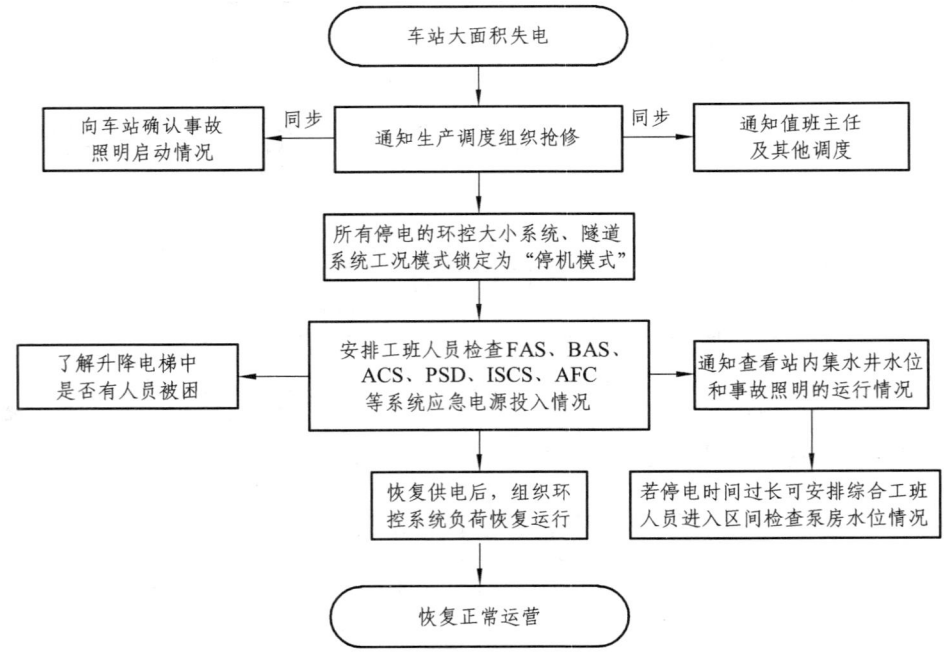

图 8-1-7 车站大面积失电应急处置流程

九、车站、列车毒气袭击应急处理

（一）车站发生毒气总体思路

（1）通知受袭车站紧急疏散乘客，得到公司领导的同意后进行适度的关口或关站，关闭本站大小通风系统。

（2）禁止列车在本站停留。进站列车不停站通过，后续列车扣停在后方站。

（3）列车在本站无法动车时就地疏散乘客。

（二）列车发生毒气总体思路

（1）前方站清客，得到公司领导的同意后进行适度的关口或关站，列车进站后疏散乘客，然后按车站毒气应急处置办理。

（2）当列车迫停区间时，按区间乘客疏散处理，不需要开启隧道风机。

（3）列车内乘客疏散完毕关闭车门和站台门。

（4）车站人员进入区间疏散时，必须戴好防毒面具。

（5）事件区间（车站）相邻两站需疏散乘客并关站。

（三）处理程序

1. 车站遭受毒气袭击

（1）立即检查大小系统是否已停止运行，如车站未执行，立即停止运行，停止全线隧道通风系统，相邻车站关闭排风，使车站处于正压状态，防止毒气扩散。

（2）如有列车不停站通过受袭击车站，该列车的前方车站立即启动全新风模式运行，同时启动事故风机向受袭击车站送新风。该列车到站后立即停止事故风机。

（3）通知生产调度组织人员协助。

（4）在现场指挥到来之前，环控系统维持停机模式，在没有证实气体的性质之前不能随便向外界排风。

（5）随时了解救援情况，协调处理相关事宜。具体操作事宜以现场总指挥命令为主。

（6）接受专业人员汇报，在未得到专业人士报告现场有毒气体已处理时，环控系统维持停机模式，并报告值班主任。

（7）事故处理完毕，在现场指挥同意情况下，恢复正常环控模式。

（8）加强设备监控。

2. 列车遭受毒气袭击

（1）立即检查列车停靠车站大小系统是否已停止运行，如车站未执行，立即停止运行，停止全线隧道通风系统，相邻车站关闭排风，车站保持正压。

（2）如有列车不停站通过受袭击车站，该列车的前方车站立即启动全新风模式运行。

（3）通知生产调度组织人员协助救灾。

（4）在现场指挥到来之前，环控系统维持停机模式，在没有证实气体的性质之前不能随便向外界排风。

（5）随时了解救援情况，协调处理相关事宜。具体操作事宜以现场总指挥命令为主。

（6）接受专业人员汇报，在未得到专业人士报告现场有毒气体已处理时，环控系统维持停机模式，并报告值班主任。

（7）事故处理完毕，在现场指挥同意情况下，恢复正常环控模式。

（8）加强设备监控。

（四）车站遭受毒气袭击应急处置流程（见图8-1-8）

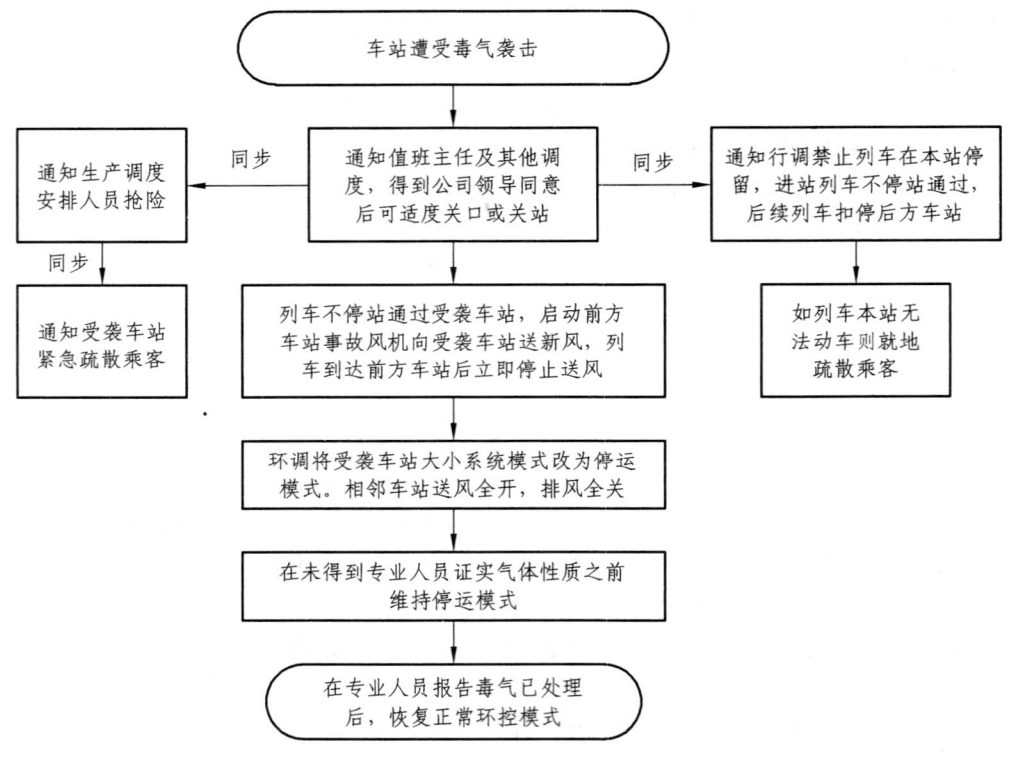

图 8-1-8　车站遭受毒气袭击应急处置流程

十、ISCS 系统瘫痪应急处理

（一）总体思路

1. OCC 环调工作站瘫痪，车站 ISCS 工作站均可用

环调通知全线车站已将 ISCS 系统降级为车站控制。

2. 车站 ISCS 工作站瘫痪，OCC 环调工作站可用

（1）机电设备的操作由 OCC 环调进行远程操作，如 OCC 环调工作站无法对某机电设备进行远程操作的，通知专业人员就地级操作。

（2）OCC 环调工作站加强火灾报警监控，车站值班员在本站火灾报警控制器主机上查看 FAS 信息，加强监控，并及时向环调通报信息。

（3）灾害模式由 OCC 环调工作站进行远程执行，如执行不成功，通知车站值班员在车控室 IBP 盘上执行。

3. OCC 环调工作站及车站 ISCS 工作站均瘫痪

（1）在环调的指挥下，专业抢修人员对机电设备进行就地级操作，灾害模式由车站值班员在车控室 IBP 盘上执行。

（2）车站值班员在本站火灾报警控制器主机上查看 FAS 信息，并及时向环调通报信息。

（3）车站发生火灾，由车站值班员人工广播发布疏散信息。

（二）处理程序

1. OCC 综合监控工作站瘫痪

（1）发生故障后，立即通知生产调度，要求进行故障抢修及加强机电设备的巡视，保持车站温、湿度处于一个良好的状态。

（2）确认故障影响范围，如车站 ISCS 系统监控功能正常，则第一时间通知车站值班员将 ISCS 系统降级为车站监控。

2. 车站 ISCS 工作站瘫痪

（1）通知车站加强火灾报警的监控，并及时向环调通报信息。

（2）机电设备的操作由 OCC 环调进行远程操作，如 OCC 环调工作站无法对某机电设备进行远程操作的，通知专业人员就地级操作。

（3）车站发生火灾，由车站值班员人工广播发布疏散信息。

3. OCC 环调工作站及车站 ISCS 工作站均瘫痪

（1）在环调的指挥下，专业人员对机电设备进行就地级操作，灾害模式由车站值班员在车控室 IBP 盘上执行。

（2）车站值班员在本站火灾报警控制器主机上查看 FAS 信息，并及时向环调通报信息。

（3）车站发生火灾，由车站值班员人工广播发布疏散信息。

（三）ISCS 系统瘫痪应急处置流程（见图 8-1-9）

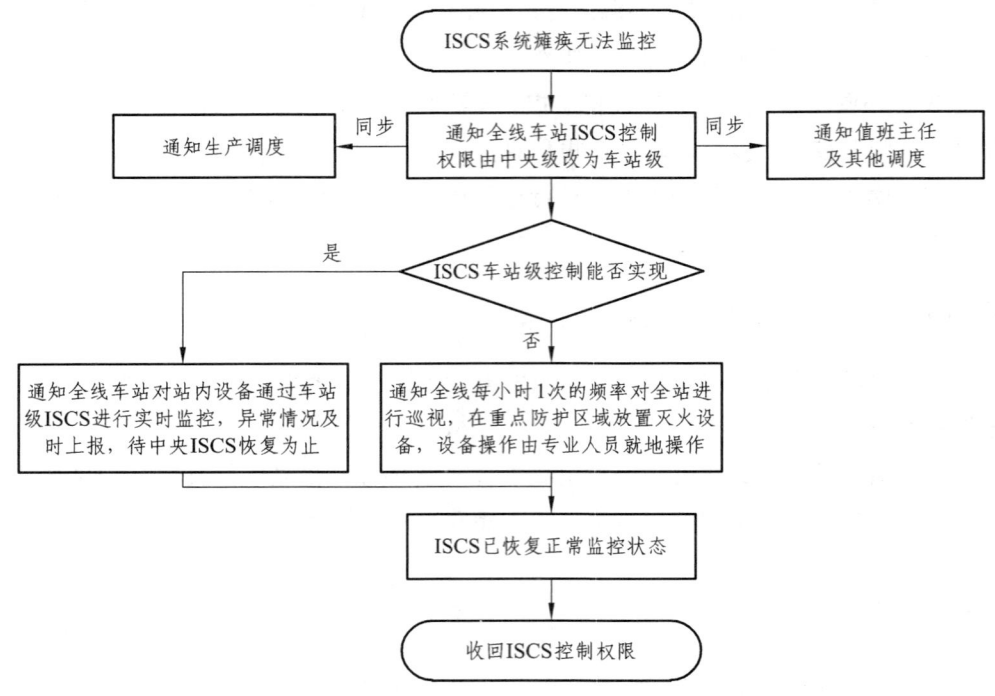

图 8-1-9　ISCS 系统瘫痪应急处置流程

十一、气灭系统动作应急处理

（一）总体思路

（1）车站值班员接到 FAS 报火警后应立即查看报警信息，并到现场查看事故情况。若气体已误喷，此时声光报警器鸣响，放气指示灯点亮，此时不要进入保护区内。

（2）若是现场确认报警设备房气灭系统已动作，车站人员或该保护区的值班人员对现场进行保护，不得对主机复位，严禁任何非专业人员进入气体保护区。向环调报告现场情况，同时报生产调度。

（3）专业抢修人员查明原因及核实安全后对主机进行复位，由值班员通过 ISCS 启动相应通风模式，排除保护区内的残留灭火气体，运行 30 min 后，恢复系统正常运行。

（4）在气体未能补充到位之前，车站值班站长安排专人对相应气灭保护房间进行防火巡查，若发生火灾，使用手持式灭火器进行灭火。

（二）处理程序

（1）在压力开关动作报警时，第一时间进行确认，并检查该报警区域相应火灾探测器是否报火灾。

（2）通知车站现场核实确认，通知值班主任、行调、电调、设修调度、生产调度。

（3）检查该区域防火阀是否已关闭，如未关闭，第一时间关闭车站小系统通风。

（4）询问车站现场查看情况，禁止无关人员进入气体保护区内，在未确认安全情况下不得对主机复位，保护现场。并与车站人员核对设备状态。

（5）若车站确认发生火灾，按车站设备区火灾处置处理。

（6）通知生产调度安排专业抢修人员现场确认情况。

（7）时刻与事故车站保持联系，及时跟进现场情况。

（8）喷气结束后，专业人员查明原因及确认安全后对主机进行复位，车站执行相应排风模式。

（9）事件处理完毕后，执行车站正常模式恢复情况。

（10）在气体未能补充到位之前，加强该区域探测器的监视。

（三）气灭喷放应急处置流程（见图 8-1-10）

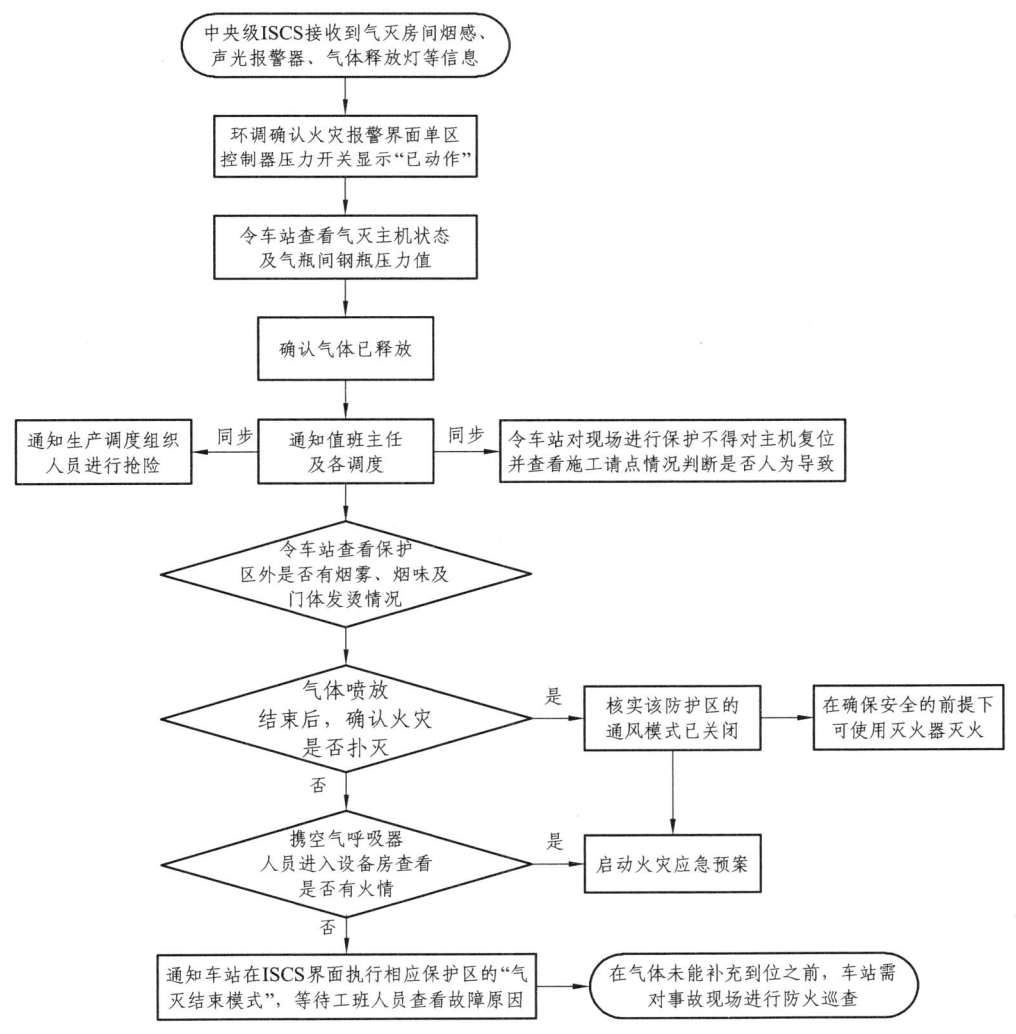

图 8-1-10　气灭喷放应急处置流程

十二、执行区间阻塞或区间火灾工况时,事故风机无法启动应急处理

(一)总体思路

环调立即组织抢修,采用多种方式尝试开启,启动相邻的事故风机减少事件影响。

(二)处理程序

(1)环调发现事故风机无法远程启动时,指示车站现场启动风机,如仍无法开启,则尽快调整通风方式,在值班主任同意后,启动相邻车站事故风机,尽快实现对隧道通风。

(2)通知值班主任、行调、电调、设修调度、生产调度,并描述清楚故障设备名称、编号、位置、故障现象等情况。

(3)故障修复,现场设备恢复正常,BAS 系统能够进行控制。由现场负责人向环调汇报,经控制中心确认设备恢复正常后,应急抢修结束。

(三)在执行区间阻塞工况时应急处置流程(见图 8-1-11)

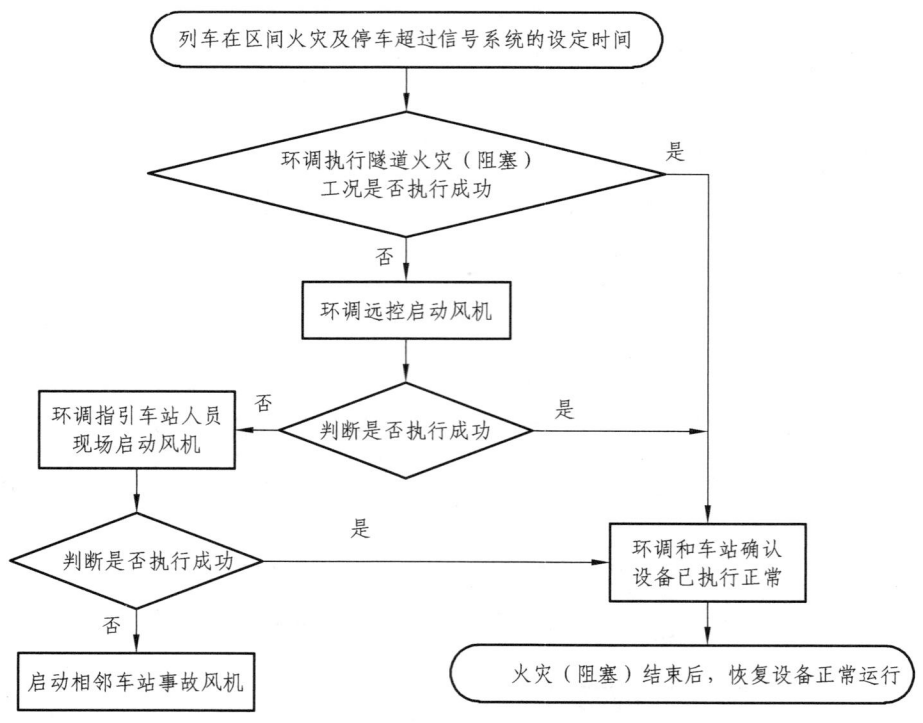

图 8-1-11 在执行区间阻塞工况时应急处置流程

思考题

1. 车站、隧道防灾设计有哪些特点？
2. 隧道火灾时应注意什么？环调关键步骤有哪些？
3. 车站火灾时环调应如何操作？
4. 火灾时会遇到哪些设备故障？如何应急处理？
5. 水淹、停电时环调应该做些什么？
6. 异味、毒气时有什么处理原则？
7. 设备故障时应急处理需注意些什么？

评价表

项目名称	环控故障应急处理	学生姓名	
任务名称	环控故障应急处理	分数	
项目		分值	考核得分
1. 车站建筑防火防灾设计原则		10	
2. 区间隧道内火灾运行模式的设计原则		10	
3. 应急疏散设计及疏散原则		20	
4. 各应急处理思路与流程		60	
总体得分			
教师简要评语： 　　　　　　　　　　　　　　　　　　教师签名：			

第九章 信息发布规则

【学习目标】

(1) 掌握运营应急信息定义。
(2) 掌握信息发布原则。
(3) 掌握运营应急信息常见分类。

控制中心（OCC）负责运营信息的收集、整理、分析和处理。在设备故障或应急情况下的信息发布，对故障信息通报、应急响应速度、运营信息通告、社会舆论引导等都起到了重要作用。

温州市域铁路信息发布由设修调度员（环调兼）负责，该岗位人员应树立良好的信息发布意识和沟通意识，且对影响行车和客服的相关信息要及时通知司机和相关车站。

一、运营应急信息定义

运营应急信息是指在运营公司管辖范围内，造成或者可能造成乘客或员工人身伤害、财产损失、设备设施故障或影响公司形象等事件的信息。

二、运营应急信息分类

根据应急信息对运营影响的程度分类，分为通报信息、预报信息和急报信息。

(1) 通报信息指因设备、设施轻微故障，对行车、客运、服务指标影响不大，只需相关专业作简单临时处理，可维持到运营结束后再进行维修的故障，控制中心（OCC）视情况发送信息。

（2）预报信息指因天气、自然灾害等原因，事先无法确知事发的时间及程度，需通过气象服务保障系统或其他途径（须确认）获得的有可能对市域铁路运营造成影响的灾害警报信息。控制中心（OCC）在接报到相关的灾害警报信息后，须及时发送该警报信息，以便相关部门、维保单位提前做好应急准备。一旦发生，能够最大限度地降低此事件对运营的影响。

（3）急报信息指对行车、客运、服务影响较大，直接或有可能导致列车延误 5 min 及以上、线路行车中断以及涉及关站的重要设备设施故障、自然灾害及治安事件等突发事件或事故，需相关部门、维保单位立即做出应急响应后，才能恢复运营服务的信息，控制中心（OCC）应立即发布。

三、信息发布原则

（1）运营应急信息的发布要求及时、准确、客观，不得延报、误报、漏报，如发现信息内容有误时，应立即更正。

（2）发布运营应急信息前，OCC 应详细了解现场情况，在接到现场报告后，原则上需在 5 min 内完成初次报送；若现场情况比较复杂，可先通报现场初步概况并持续跟进，滚动报告。

（3）应急信息报告应遵循"快捷、准确、直报、续报"的原则。

四、响应等级划分

根据设备设施故障或突发事件的影响程度不同将应急信息响应等级分为两级。

（一）一级响应

（1）发生火灾、爆炸、毒气、恐怖袭击、道床损伤、人员伤亡等应急事件。
（2）发生一般 D 类及以上事件、事故。

（二）二级响应

（1）发生列车 5 min 及以上晚点。
（2）发生行车设备故障，需进行救援、清客、小交路运行等行车调整。
（3）设施设备发生故障，暂未对运营造成影响，但故障影响有可能进一步扩大，对运营服务造成一定影响。
（4）AFC 设备故障影响三个及以上车站，对运营服务造成一定影响。
（5）公司范围内发现聚众闹事、打架斗殴、可疑物品、轨行区进人、乘客晕倒等事件。
（6）发布气象蓝色及以上预警且有可能对市域铁路运营造成影响的信息（见图 9-1-1）。

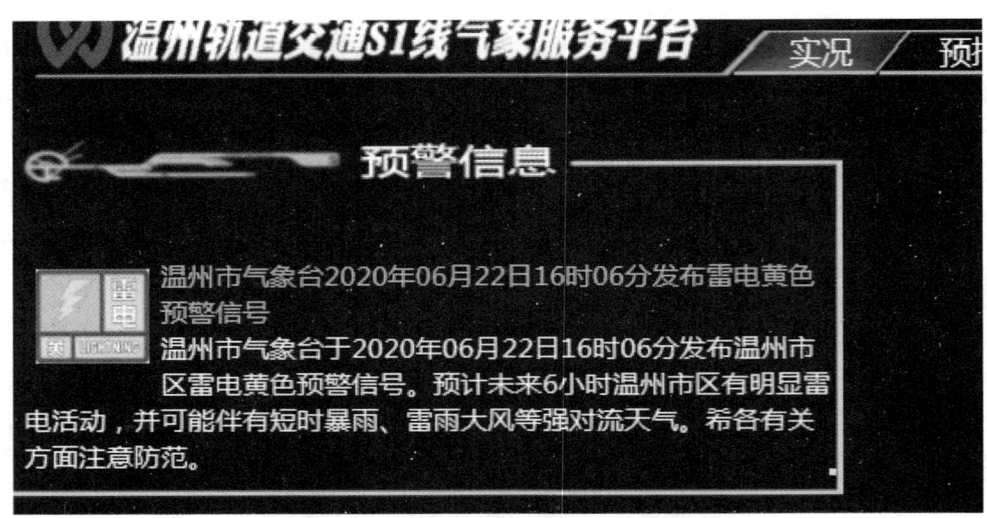

图 9-1-1　温州 S1 线气象服务平台预警信息

五、分级报送机制

当温州 S1 线范围内发生一级响应的事故事件时，控制中心（OCC）及时发送信息至"事故事件组"。

当温州 S1 线范围内发生二级响应的设备故障或事件时，控制中心（OCC）根据故障类型及时发送信息至相关"故障组"，故障组包含车辆故障、工程车故障、机电故障、供电故障、工务故障、房建故障、通信故障、信号故障。

当温州 S1 线范围内发生二级响应的一般事件（聚众闹事、打架斗殴、可疑物品、轨行区进人、乘客晕倒等）时，控制中心（OCC）及时发送信息至"一般事件组"（见图 9-1-2）。

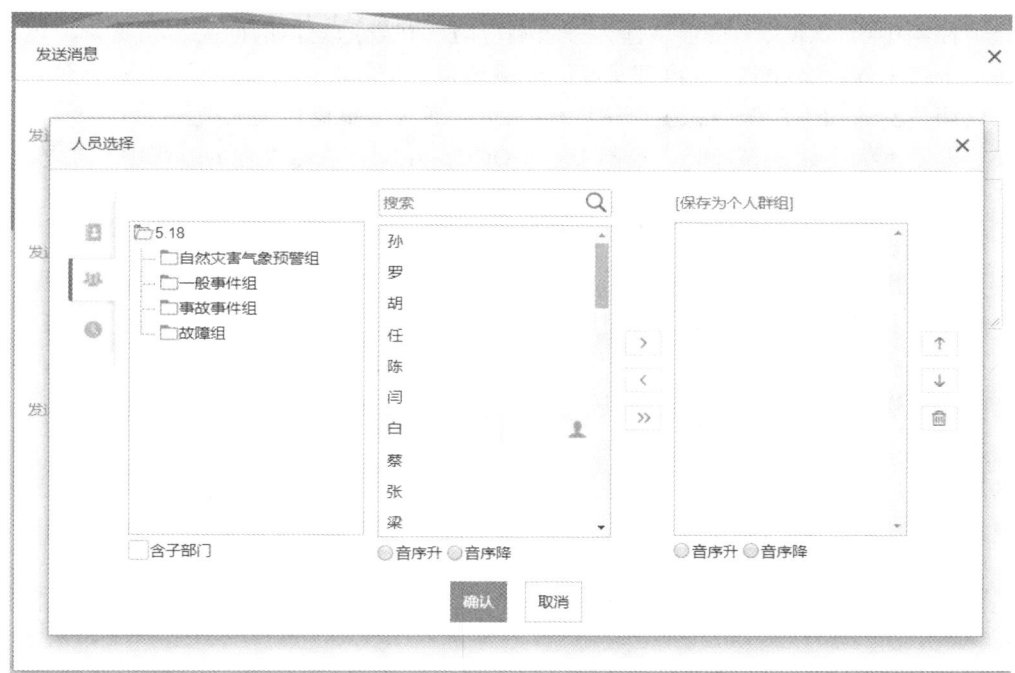

图 9-1-2　信息发布平台

当收到温州市气象局发布的天气、自然灾害蓝色及以上预警且有可能对市域铁路运营造成影响的二级响应信息时,控制中心(OCC)及时发送该警报信息至"自然灾害 气象预警组"。

六、应急信息上报及发布的要求

(1)发现车辆及设备设施故障、突发事件信息,现场司机、值班员/值班站长、检调、生产调度、工班长、工作人员必须第一时间向控制中心(OCC)报告,报告人首先汇报自己的姓名、职务。报告内容必须包含故障事件名称、时间、地点、影响范围、建议措施等内容。第一时间无法详细报告时,待了解清楚后再行向控制中心(OCC)进行续报。

(2)当发生突发事件及车辆、设施设备故障启动救援或应急预案时,应设有现场事故处理主任,现场事故处理主任负责现场应急处理信息的收集并与值班主任进行信息传递。控制中心(OCC)负责信息的收集并采取相应措施,同时向值班主任汇报。

(3)突发事件的现场,现场事故处理主任是事发现场的始端信息扎口,控制中心(OCC)值班主任是信息传递的中转信息扎口。

(4)发生突发事件时,控制中心(OCC)要在 5 min 内完成首次的短信发布工作,并视事件的性质及影响程度滚动发布信息。相关部门、维保单位负责人接报信息后,视情况通知本部门、维保单位参与应急抢险的相关人员。相关人员得到信息后,要快速赶赴事发现场及时有效处置突发事件,尽量缩小突发事件对运营的影响(在每天 23:00 至次日 7:00 时间段内发生的对运营安全影响较小的突发事件,可采取事发当时不发信息,事后补发的方式)。

（5）控制中心（OCC）接报事件为一级响应时，在发送短信的同时，还负责以电话的形式向安全技术部、综合部（党群部）或值班领导等相关负责人通报。同时，行调负责通知检调，设调负责通知生产调度，生产调度/检调负责通报本单位相关人员。

（6）发生重大事故或事件时，控制中心（OCC）在配合故障处理的过程中，要与现场加强联系，故障处理到关键节点时，适时以短信的形式进行事件的前期、中期、后期处理进展情况的续报。

（7）信息接收相关人员更换手机号码、人员变动时，应及时联系调度部变更，以便及时更新OA信息发布系统内的号码，及时呼叫到被叫者。

（8）当信息以短信的形式发布时，发送的短信要力求准确、及时、可靠、内容精炼。发布信息时，发送者须确认信息内容、接收组正确，严禁发布虚假信息。应急情况下，值班主任可指派控制中心（OCC）其他人员发送短信，但发送前必须做好信息内容的把关。

（9）控制中心（OCC）根据各类设备设施故障或突发事件的分类及实际需求，设置应急短信组别。

思考题

1. 运营应急信息的定义是什么？
2. 运营应急信息常分为几组？
3. 运营应急信息的发布原则是什么？
4. 运营应急信息按照一级突发事件处理的内容主要由哪些？

评价表

项目名称	信息发布规则	学生姓名	
任务名称	信息发布规则	分数	
项目		分值	考核得分
1. 运营应急信息定义		25	
2. 运营应急信息分类		25	
3. 运营应急信息发布原则		25	
4. 运营应急信息响应等级		25	
教师简要评语：			
		教师签名：	

第十章 故障报修

【学习目标】

（1）掌握市域铁路系统故障的分类。
（2）掌握市域铁路系统故障的报修流程。
（3）掌握市域铁路系统故障的登记和分析。

调度部负责组织对影响行车安全及严重影响客运服务的设备设施故障进行抢修，并做好故障报修及处理的统计工作。

一、故障等级分类

市域铁路故障主要分市域动车组、工程车、车辆段工艺设备、通信系统、信号系统、BAS系统、FAS系统、AFC系统、综合监控系统、门禁系统、轨道、房建结构、站台门、电扶梯、多联机、空调、给排水、低压供电、安检仪、高压供电故障。根据设备设施故障对运营生产的影响程度，将设备设施故障划分为 A、B、C 三类。

（1）A 类故障：设备设施发生的故障，导致直接影响行车或客运服务并且对运营安全或运能等造成较大影响的故障。

（2）B 类故障：设备设施发生的故障，导致间接影响行车或客运服务，或者直接降低行车和客运服务水平，对运营、服务质量有一定影响但不构成安全隐患的故障。

（3）C 类故障：除 A 类、B 类设备故障外的其他一般类设备设施故障（通过临时处理后马上恢复正常，并不造成设备停用，且对行车和客运服务未造成影响的故障；对客运服务和办公环境产生影响对运营、服务没有突出影响）。

二、故障报修流程

（一）A类故障报修流程

（1）故障报修人员发现设备设施故障属于A类故障时，立即按专业类别报告OCC调度。

（2）OCC调度接到故障报告后，及时查看有关的故障信息，按故障设备的维修职责归属向生产调度（维保服务厂家）通报故障信息。

（3）故障报修部门需将维保人员到达现场的时间及故障临时修复、完全修复完成的时间及时报送OCC，故障报修部门及OCC应记录设备所属部门赶赴现场及完成修复的具体时间。

（4）设修调度根据设备故障处理的有关规定跟踪故障的处理情况，并对未修复的故障进行分类记录及上报。

（5）对于车场内设备设施故障对行车造成影响的，故障报修部门应立即报车场调度，由车场调度报OCC。OCC跟踪故障的处理情况，并做好故障记录。

（二）设备设施B类、C类故障报修流程

（1）故障报修人员发现设备设施B类、C类故障时，直接报告生产调度（维保服务厂家），并及时填报故障单。

（2）生产调度及时查看有关故障信息，及时通知各相关专业确认故障情况，确定故障等级。

（3）故障属于B类时，生产调度进行故障判断后立即组织维修人员前往进行故障设备修复工作。故障属于C类时，生产调度进行故障判断后及时组织维修人员前往进行故障设备修复工作。

（4）故障报修部门跟进设备维保部门到达现场的时间、故障临时修复及完全修复的时间，并对故障临时修复、完全修复后共同进行现场确认。

（5）对于FAS误报警等故障，故障报修部门同时需将故障信息向OCC报备。

（三）车辆设备设施故障报修流程

（1）列车司机在正线发现列车A、B类故障（不含车载信号设备）时，汇报行车调度，行车调度通知检修调度，由设调填报故障单。

（2）列车司机在正线发现列车A、B类车载信号设备的故障时，汇报行车调度，行车调度通知设修调度，由设修调度填报故障。

（3）列车司机在车场发现列车故障时，汇报DCC值班员，DCC值班员接报后汇报场调。场调接报后通知检修调度，由场调填报故障单。

（4）其他人员发现车辆管辖设备设施故障后，应立即报告检修调度，由检修调度填报故障。

（5）故障填报人跟进设备管理部门到达现场的时间、故障临时修复及完全修复的时间，并在故障临时修复、完全修复后进行现场确认。

（6）夜间调试车辆及工程车、平板吊车、钢轨打磨车等施工作业车辆出现故障时，报施工或调试负责人及OCC，由司机按照应急处理手册进行处理。

三、故障的登记和统计分析

（一）故障的登记

（1）故障记录主要形式有运营日报、检修调度故障记录台账、生产调度故障记录台账等。

（2）设调、电环调接到A类故障报告后，记录有关的故障信息，及时填报故障，并跟踪故障的处理情况。

（3）电环调每日将A类故障及处理信息汇总至设调处；非当日故障修复时，及时报设调，更新设备故障总台账中的最新信息。

（4）车辆检修调度、生产调度应于每日06:00前将前一天的车辆、工程车、车辆段设备及各专业B类故障信息及处理情况报OCC设修调度，汇总进当日运营日报。

（5）各设备维保部门应建立设备故障统计台账，跟踪做好设备故障修复及后续预防、整改等工作。设备维保部门、OCC应及时做好故障记录，填写设备故障统计台账，详细记录故障报修时间、故障的响应时间、临时修复时间及完全修复时间等。各部门对故障信息的统计、上报要求及时、全面，各层级应掌握本部门的设备故障情况。

（二）故障的统计分析

（1）设备故障统计分析目的：为提高设备运行质量，保障设备有序运转，各设备管理部门负责对设备故障进行分析，同时制定整改防范措施，逐步减少设备故障率。

（2）故障分析要有较强的逻辑性，通常需要借助运营日报、车辆及信号故障记录信息、现场检查情况，有必要时需做试验后根据试验结果情况进行综合分析。

（3）分析时要注意各渠道信息相互之间的关系，必要时需向设备管理部门寻求技术支持。

（4）分析时要加强数据的引用，以数据说话，同时注意数据引用的准确性。除了引用本次故障发生时的相关数据，也可以引用之前已经有定论的故障信息，但要注意两者的关系（一是可比性，二是以前定论的正确性）。

（5）为便于比较分析，必要时可以通过图表、照片等方式表达。

（6）分析时要注意有目的的引导，就故障现象归纳出具有明显特征的规律引导大家共同思考。例如不同车辆在同一区间或同一时间段发生故障、在特定的运营模式发生某一故障的情况等。

思考题

1. 市域铁路系统故障主要有哪些？
2. 故障等级分为哪几类？
3. 由 OCC 故障登记的形式有哪些？
4. 故障统计分析的要求有哪些？

评价表

项目名称	故障报修	学生姓名	
任务名称	故障报修	分数	
项目		分值	考核得分
1. 故障等级分类		30	
2. 故障报修流程		40	
3. 故障的登记和统计分析		30	
教师简要评语： 　　　　　　　　　　　　　　　　　　　　　　教师签名：			

第三篇

PART THREE

施 工 规 定

第十一章 施工管理

施工组织管理是城市轨道交通运营生产管理的重要组成部分,是运营线路对所辖区域施工作业的管理。城市轨道交通涉及的设施设备较多,涵盖信号、房建、供电、机电、轨道、通号、车辆等多个专业,对设备设施定期进行检修、维护、利用设备进行人员培训等作业,统称为施工作业。为规范施工组织、保障施工安全、充分利用资源、提高作业效率,城市轨道交通运营单位对施工作业进行的统筹规划、组织管理称为施工组织管理。

第一节 施工计划分类

【学习目标】

掌握市域铁路施工计划类别及其定义。

施工计划类别作为施工重要组成要素,在区分各类施工计划的同时便于统计分析。城市轨道交通施工一般根据时间、地点及性质对计划进行分类。

一、按时间划分

施工计划按时间可分为:月计划、周计划、日计划、临时计划。线路开通初期因施工复杂性、不确定性、波动性往往采用周计划、日计划、临时计划组合模式,待施工计划管理水平提升,施工环境稳定后可考虑采用月计划、周计划、日计划、临时计划的组合模式。

(一)月计划

汇总一月的设备设施施工计划、检修、维护及工程车、市域动车组开行的计划。

（二）周计划

汇总一周（周一至周日）的设备设施施工计划、检修、维护及工程车、市域动车组开行的计划。

（三）日计划

（1）未列入周（月）计划，对行车有一定影响的检查、维修需要增加的计划。

（2）因特殊原因在周（月）计划里已列入，但需对作业区域、作业时间、施工内容、施工负责人信息、接触网供电安排、防护措施其中的一项或多项进行变更的计划。

（3）因特殊原因在周（月）计划里已列入，但无法如期进行，需要删除的计划。

（四）临时计划

（1）临时处理后须在运营时间外继续进行设备维修的作业。

（2）运营期间发现的设备故障可在非运营时间进行维修的作业。

（3）处于临界状态的故障设备在非运营时间进行的维修作业。

二、按施工作业地点和性质划分

按施工作业地点和性质，施工计划可分为 A、B、C 三大类。A 类是影响正线、配线的施工；B 类是在车辆段的施工；C 类是在车站、分区所、主变电所、控制中心等范围内不影响行车的施工。各类施工还可进一步细化，具体分类如表 11-1-1 所示。

表 11-1-1　施工计划按作业地点和性质分类

类别	说明	子类	内容
A 类	影响正线、配线行车的施工	A1	在正线、配线轨行区，需要开行工程列车、市域动车组的施工
		A2	在正线、配线轨行区，不需要开行工程列车、市域动车组的施工
		A3	在车站、分区所、主变电所、控制中心范围内，影响行车设备设施的施工
B 类	车场内的施工	B1	在车场内，需开行市域动车组、工程列车的施工（不含市域动车组、工程列车检修）
		B2	在车场内，不需开行市域动车组、工程列车，但需要进入车场线路限界内，或影响供电、信号等设备运行，或车场线路限界外 3 m 内种植乔木、搭建相关设施，或需要动火等影响行车的施工
		B3	在车场内除 B1/B2 以外的施工作业为 B3 类（办公室、食堂等生活办公设备设施维修除外）
C 类	在车站、分区所、主变电所、控制中心等范围内不影响行车的施工	C1	大面积影响客运、消防设备正常使用或需动火的作业（外单位进入变电所、通信设备房、信号设备房、环控电控室、照明配电室、蓄电池室、水泵房、其他气体灭火保护房内作业）
		C2	局部影响客运但已经采取措施影响不大、不影响消防及其他设备运行的巡视或巡检、动用简单设备（如动用 220 V 及以下的电力、钻孔等，不违反安全规定）等施工

属于正常修程内的 A1、A2、A3、B1、B2、C1 类作业需申报施工计划，纳入月/周/日计划/临时计划管理。

属于 B3、C2 的作业，施工负责人直接到车站、车场、控制中心等地点联系，由属地管理部门负责审批并办理请销点登记手续，并做好防护后即可施工。

各类型施工计划列举如表 11-1-2 所示。

表 11-1-2　各类型施工计划列举

分类		举例
A 类	A1	列车信号调试；综合检测车检测；工程车配合卸渣等
	A2	接触网检修；道岔检修；广告灯箱上下刊等
	A3	110KV 母排检修；信号系统月检；主变检修等
B 类	B1	钢轨打磨车试车线调试；电客车试车线调试等
	B2	车辆段信号机检修；车辆段变电所检修等
C 类	C1	消防切非测试；站厅边门焊接等

施工计划类别判定流程如图 11-1-1 所示。

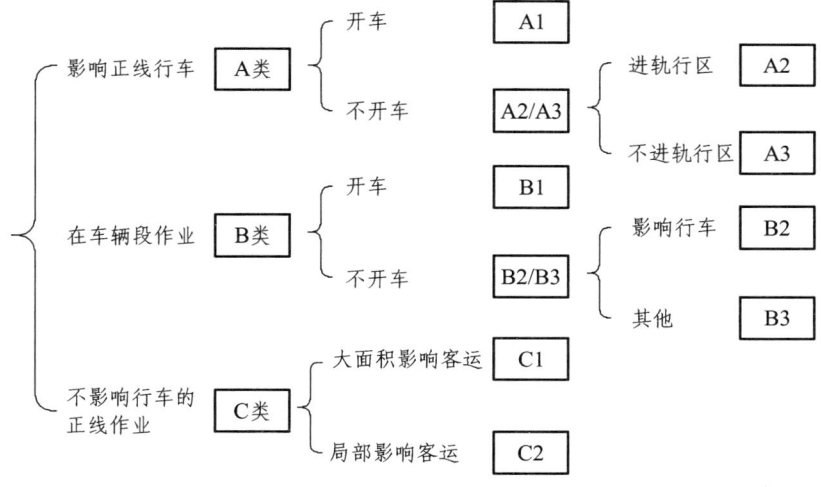

图 11-1-1　计划类别判定流程

思考题

1. 需开行工程车的属于哪类作业？
2. 白天在检修库内进行市域动车组的检修是否需要提报周计划？提报哪类计划？

评价表

项目名称	施工管理	学生姓名	
任务名称	施工计划分类	分数	
项目		分值	考核得分
1. 施工计划的分类		50	
2. 按施工作业地点和性质划分		50	
教师简要评语： 教师签名：			

 第二节　施工计划审批

【学习目标】

（1）掌握市域铁路各类施工审批权限。
（2）掌握市域铁路各类施工申报审批流程。
（3）掌握市域铁路常见施工冲突检查原则。

施工计划审批是施工执行前的重要环节，审批下发后的施工计划具有法律性、时效性、可操作性。

一、施工计划审批权限

各城市轨道交通运营单位组织架构不同，计划审批权限有所差异，通常月计划、周计划、日计划由施工管理岗（日勤人员）负责审批，临时计划由OCC或DCC调度审批。温州轨道交通S1线施工审批权限如表11-2-1所示。

表11-2-1　温州轨道交通S1线施工计划审批权限

分类	A1	A2	A3	B1	B2	C1
周计划	施工管理岗					
日计划	施工管理岗			DCC场调		施工管理岗
临时计划	OCC值班主任			DCC场调		OCC值班主任

二、施工计划审批流程

（一）周计划

周计划汇总下周一至周日的施工计划，每周各个环节有固定的时间节点，时间节点的修改由各城市轨道交通单位根据各自情况进行相应的设置。如遇节假日等特殊情况，可适当变更时间节点。现以温州轨道交通 S1 线周计划申报审批流程举例：

（1）每周一 15:00 受理下周重要计划：行车类计划、涉及多条线交叉计划、主所主变施工计划等。

（2）每周二 17:00 受理下周非行车类计划，即 A2、A3、B2、C1。

（3）每周四 9:15 组织召开施工协调会。

（4）每周五 17:00 前下发《周施工行车通告》（见图 11-2-1）。

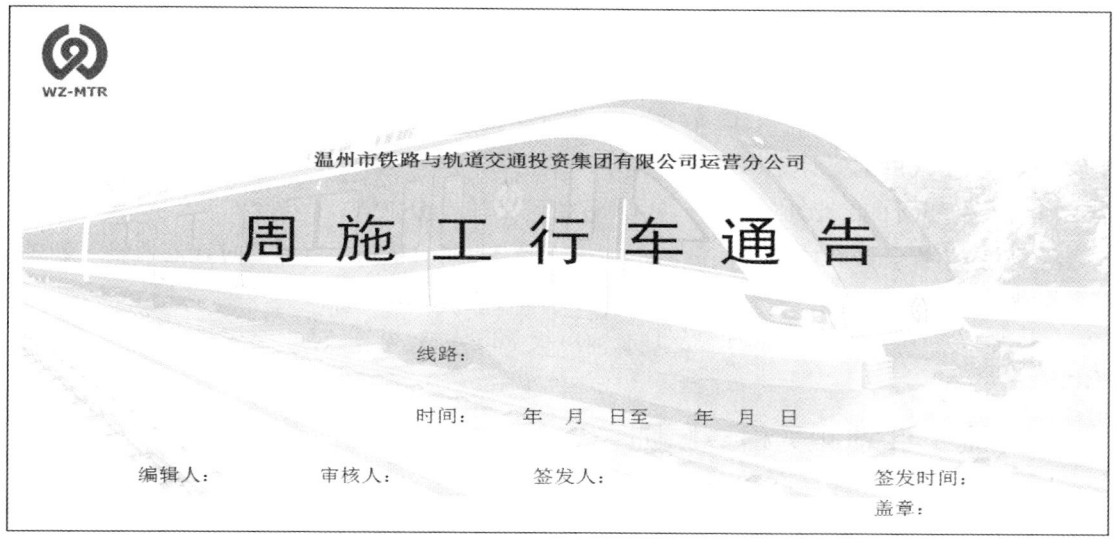

图 11-2-1　周施工行车通告

（二）日计划

日计划汇总次日或当日的变更类施工计划，包括增加、修改、删除。周五审批周六至周日或下周一的日计划，每个工作日各环节有固定的时间节点。如遇节假日等特殊情况，可适当变更时间节点。

原则上日计划不受理 A1 类计划，同时日计划不受周计划限制，但各城市轨道运营单位对日计划数量有严格的管控，如温州轨道交通 S1 线对日计划要求是一周内不得超过本单位或部门周计划的 5%。现以温州轨道交通 S1 线的日计划申报审批流程举例：

（1）A/C 类计划施工当日 16:00 前交调度部受理，若因特殊原因次日白天有施工补充则在前一天 16:00 前受理。调度部将在施工当天 17 点前下发《日计划通告 A/C 类》。

（2）B 类计划施工前一天 16:00 前交 DCC 受理。DCC 将在施工前一天 17:00 前下发《日计划通告 B 类》。

（三）临时计划

临时计划优先级别高于月/周/日计划，原则上都是针对故障处理型的施工计划。现以温州轨道交通 S1 线的临时计划申报审批流程举例：

（1）申报部门在作业开始前 3 h 向 OCC 值班主任或 DCC 调度申报。

（2）OCC/DCC 接到计划后，将在作业开始前 2 h 完成审核，以《临时计划通告》形式下发至作业部门。

（3）审核未通过的临时计划需及时通知申报部门调整。

三、施工计划冲突检查原则

施工计划存在各式各样的冲突矛盾，提报者提报计划需对自身计划的合理性负责，但无法确定与其他计划是否存在冲突。因此需要计划审批者仔细核对各类施工计划并找出其间的矛盾点，通过协调尽可能安排更多施工计划，提升轨行区的空间利用率，同时确保施工的安全性、合理性。现列举温州轨道交通 S1 线常见的施工冲突：

（1）计划作业时间与允许作业时间冲突。

（2）A1（B1）、A2（B2）作业存在重叠作业区域冲突。

（3）A1、A3 作业存在交叉作业区域冲突。

（4）带电需求作业与停电需求作业存在重叠供电分区冲突。

（5）A1 类作业防护区域内存在其他 A1、A2 作业冲突。

（6）需 ISCS 系统配合和需 ISCS 系统退出的两个作业冲突。

（7）同一区域道岔搬动与轨道巡道作业冲突。

（8）其他冲突。

思考题

1. 有哪些常见施工冲突？
2. 请列举 2 项可以提报临时补修计划的施工。

评价表

项目名称	施工管理	学生姓名	
任务名称	施工计划审批	分数	
项目		分值	考核得分
1. 施工计划审批权限		30	
2. 施工计划审批流程		40	
3. 施工计划冲突检测原则		30	
教师简要评语：			
		教师签名：	

 第三节　施工组织

【学习目标】

（1）掌握市域铁路施工时间安排。
（2）掌握市域铁路请销点管理。
（3）掌握市域铁路停送电管理。
（4）掌握市域铁路施工预想。

施工组织是调度员日常生产工作中接触最频繁也最容易出错的业务，如何确保施工作业安全顺利地进行，是每个调度员必须掌握的技能。

一、施工时间安排

（一）施工开始时间

正线轨行区的作业或影响正线行车设备设施的施工（A类），必须在非运营时间内进行。有工程车或调试列车运行时，需待工程车或调试列车通过后，满足施工条件后才能开始组织其余施工作业。

在车站、分区所、开闭所、主所范围内的 C1 类作业，原则上在运营结束后方可进行。但若该类别施工作业不影响正线行车和客运服务，可在白天运营时间内进行。如在高架站屋面进行三级动火，不会产生报警、不存在火星溅入站台且不影响行车作业的，可在白天运营时间内进行。

在车辆段内的 B 类施工，往往在白天进行，具体根据车辆段车辆检修需求、调车需求等情况自行安排作业时间。

（二）施工结束时间

正线轨行区的施工必须在运营前检查开始前结束，并需要预留一定的时间用于拆地线、接触网送电，调试列车回场等工作。作业区域影响到列车/工程列车回场时，应适当提前结束，出清线路，不得影响列车回场。

二、请销点管理

施工请销点是施工管理过程中的重要环节，发生在施工开始前和施工结束前。施工请点是指施工人员在作业开始前在作业地点的属地部门进行施工登记，同时属地部门会对施工人员资质及工、器具进行确认，确认无误后向 OCC 行调进行申请，行调同意后方可开始进场作业（见图 11-3-1）。施工销点是指施工人员完成作业内容，在退场时返回作业地点的属地部门进行登记，确认人员工器具出清，设备恢复正常后，属地部门向 OCC 行调申请施工结束，行调同意后方算施工结束。

图 11-3-1　施工人员在车站进行施工请点登记

（一）请销点权限

各城市轨道交通运营单位根据自身特点，对各类施工计划的请销点有着不同的权限。一般 OCC 负责受理 A 类计划及作业地点在 OCC 所辖范围内的 C 类计划的请销点办理；DCC 负责受理 B 类计划的请销点办理；车站负责受理作业地点在车站所辖范围内的 C 类计划的请销点办理。温州轨道交通 S1 线请销点权限设置如表 11-3-1 所示。

表 11-3-1　温州轨道交通 S1 线请销点权限设置

计划分类	A 类	B 类	C 类
请销点权限设置	OCC 行调	DCC 车场调度	1. 属于车站所辖范围由行车值班员批准； 2. 属控制中心所辖范围由行调批准

（二）请销点流程（属于电调或环调管辖的设备）

施工负责人应在作业开始前 30 min 到达请点站请点。具体时间可根据各城市轨道交通运营单位自身情况规定。请点时行调在批准后需给出施工承认号，行调代码及批准时间，行调同意后在作业开始前需联系电（环）调，电（环）调在确认条件满足后给予调度代码及批准时间；销点时施工单位先向电（环）调报备作业情况，获得同意结束作业的指令后，再向行调销点，行调在同意后需给出行调代码及销点时间。调度员在批点或销点后需在施工占线板上进行相关标识的布置。如图 11-3-1、11-3-2 所示。

图 11-3-2　行调与行值核对施工请点条件

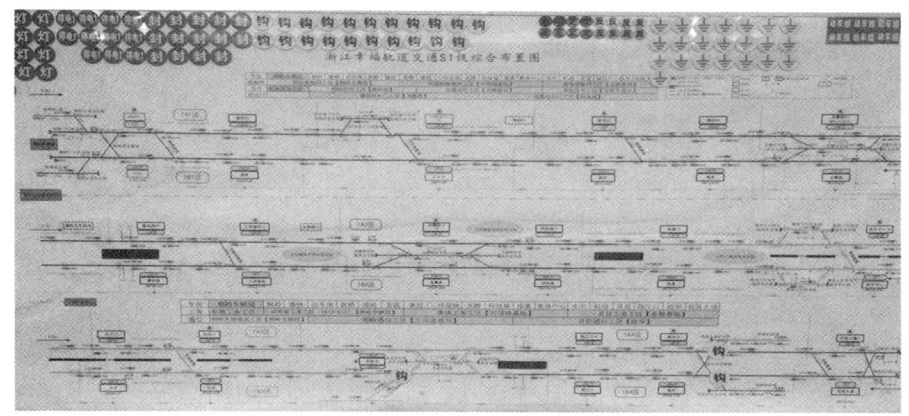

图 11-3-3　施工占线板

（三）请销点条件

1. 施工请点

车站人员在向行调请点时，行调需与车站人员确认施工人员是否具备施工资质，得到肯定答复后，确定该施工满足作业条件后予以批点。

1）A1 类计划一般施工条件

（1）作业区域及防护区域空闲。

（2）作业区域与防护区域无列车经过。

（3）接触网带电情况满足作业要求（涉及段内接触网时需与场调确认）。

（4）是否需要挂地线，配合挂地线需要挂好后许可，自挂自拆停电后即可许可。

（5）工程列车/调试列车是否已到达请点站，相关人员工器具是否都已准备就绪。

（6）其他施工条件根据计划执行。

2）A2 类计划一般施工条件

（1）作业时间内无列车经过该区域。

（2）接触网带电情况满足作业要求（涉及段内接触网时需与场调确认）。

（3）是否需要挂地线，配合挂地线需要挂好后许可，自挂自拆停电后即可许可。

（4）其他施工条件根据计划执行。

3）A3 类计划一般施工条件

（1）影响区域内无列车经过。

（2）若影响接触网则要求接触网带电情况满足作业要求。

（3）其他施工条件根据计划执行。

4）C1 类计划一般施工条件

（1）影响范围内已基本无乘客。

（2）需要动火类 C1 计划施工单位已办理相应《动火作业令》。

（3）其他施工条件根据计划执行。

2. 施工销点

行调需与车站人员确认施工人员工器具是否已出清、设备是否已恢复正常、接触网地线是否拆除等，均得到确定回复后，即可予以销点。

（四）施工请销点流程列举

1. A1 类施工

（1）请点登记：施工负责人、联络人提前到主站、辅站进行登记。

（2）主站向行调请点：当施工条件达到后由主站向行调请点。

（3）行调批准请点：行调确认符合条件后批准请点。

（4）辅站请点：主站确认行调批准请点后，通知辅站向主站办理请点。

（5）车站设置防护：主站确认所有辅站的请点后，组织相关车站设置红闪灯防护，确认红闪灯设置完毕后由主站向行调汇报。

（6）发布封锁命令：行调接到主站红闪灯设置完毕的汇报后，发布线路封锁命令。

（7）开始施工：主站及辅站向工程车、调试动车组司机交付线路封锁命令，并分别通知施工负责人和联络人可以开始施工。

（8）销点登记：施工结束后施工负责人、联络人确认线路出清、设备恢复正常后，分别到主站、辅站进行销点登记，主站、辅站分别负责核实线路出清及设备恢复情况。

（9）辅站销点：辅站向主站销点，主站确认所有辅站销点后，向行调汇报。

（10）发布解封命令：行调接到主站汇报后发布解除封锁书面命令，由主站及辅站向工程车、调试电客车司机交付解除封锁书面命令。

（11）车站撤除防护：主站组织相关车站撤除红闪灯防护。

（12）主站向行调销点：主站确认施工作业区域线路出清及防护撤除完毕后向行调销点。

（13）行调批准销点：行调与主站确认施工结束、线路出清后批准销点。

（14）施工结束：主站确认行调批准销点后通知各辅站，由主站、辅站分别通知施工负责人、联络人施工结束。

2. A2、A3 类施工组织程序

（1）请点登记：施工负责人、联络人提前到主站、辅站进行登记。

（2）主站向行调请点：当施工条件达到后由主站向行调请点。

（3）行调批准请点：行调确认符合条件后批准请点。

（4）辅站请点：主站确认行调批准请点后，通知辅站向主站办理请点。

（5）开始施工：所有辅站请点完成后，由主站和辅站分别通知施工负责人和联络人可以开始施工。

（6）销点登记：施工结束后施工负责人、联络人确认线路出清、设备恢复正常后，分别到主站、辅站进行销点登记，主站、辅站分别负责核实线路出清及设备恢复情况。

（7）辅站销点：辅站向主站销点。

（8）主站向行调销点：主站确认所有辅站销点、施工作业区域线路出清、设备恢复正常后向行调销点。

（9）行调批准销点：行调与主站确认施工结束、线路出清后批准销点。

（10）施工结束：主站确认行调批准销点后通知各辅站，由主站、辅站分别通知施工负责人、联络人施工结束。

3. C1 类施工组织程序

（1）请点登记：施工负责人、联络人提前到控制中心/车站控制室进行请点登记。

（2）批准请点：在控制中心向行调申请，在车站向行车值班员申请，属于电环设备施工需行调同意后向电环调度申请。

（3）进场施工：请点完成后，施工人员自行进入正确的作业区域。

（4）销点登记：施工结束后施工负责人、联络人确认施工区域出清后到控制中心/车站控制室进行销点登记。

（5）批准销点：确认施工区域出清后，由行调/行车值班员销点。

（五）施工请销点流程

1. 施工请点流程（见图 11-3-4）

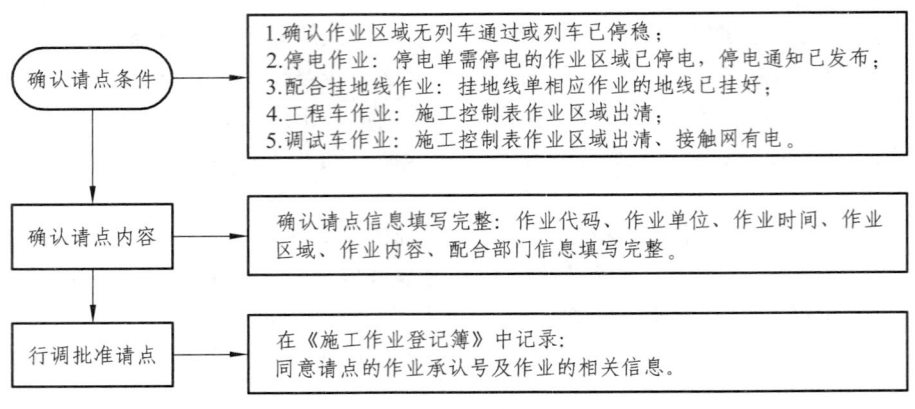

图 11-3-4　施工请点流程

2. 施工销点流程（见图 11-3-5）

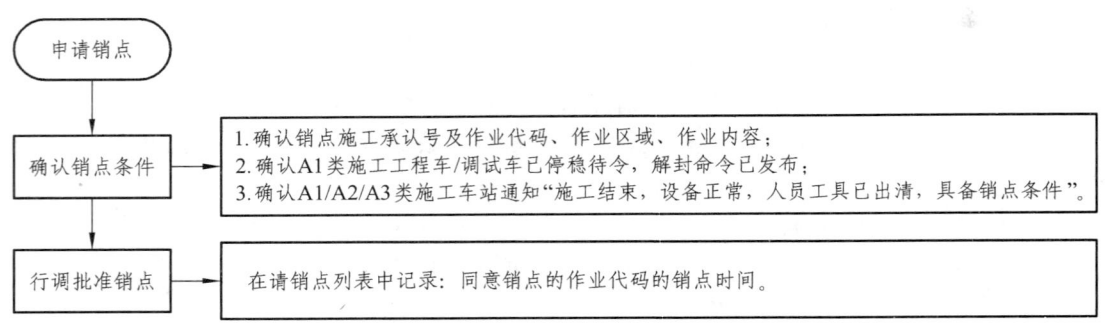

图 11-3-5　施工销点流程

三、停/送电管理

（一）正线接触轨（网）停/送电程序

正线接触轨（网）供电分区停/送电条件由行调、值班主任及电调共同确认，并交于电调进行操作。停送电通知单如表 11-3-2 所示。温州轨道交通 S1 线正线具体停送电程序如下：

（1）行调及值班主任共同确认准备停（送）电的接触网供电分区符合停（送）电条件后，由行调通知电调停（送）电。

（2）电调核实停（送）电条件符合要求后，进行停（送）电操作。

（3）电调操作完成并确认按要求停（送）电后，通知行调和值班主任。

（4）行调和值班主任共同确认已停（送）电后，由行调向相关车站发布停（送）电通知。

表 11-3-2 停送电通知单

停（送）电号码：　　　号

停（送）电理由								
停（送）电区段								
要求停（送）电区段于　年　月　日　时　分　行调　　场调　　批准具备停（送）电条件							值班主任确认	
							电调确认签收	
电调　　　确认停（送）电区段于　年　月　日　时　分停（送）电完成。							行调确认签收	
							值班主任确认	
通知记录	××站	××站	××站	××站	××站	××站	××站	××站
	××站	××站	××站	××站	××站	××站	××站	××站

（二）车辆段接触网停/送电程序

车辆段的接触网供电分区停电、送电条件由场调和电调及相关供电人员共同确认。涉及检查库的停/送电的还需检修调度确认；涉及正线的出入段线路时，还需行调确认。温州轨道交通 S1 线车辆段具体停/送电程序如下：

（1）场调与检调共同确认准备停（送）电的接触网符合停（送）电条件后，由场调通知电调停（送）电。

（2）电调核实停（送）电条件符合要求后，进行停（送）电操作。

（3）电调操作完成并确认按要求停（送）电后，通知场调。

（4）场调确认已停（送）电后，由场调向相关施工单位发布已停（送）电通知。

（三）送电确认流程（见图 11-3-6）

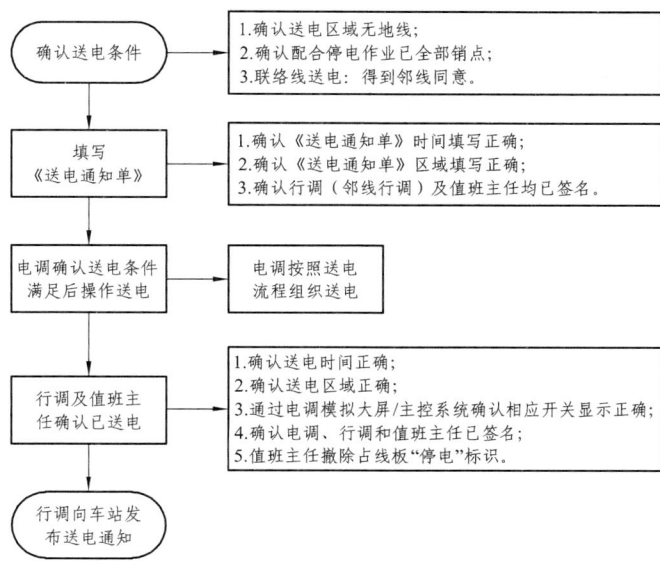

图 11-3-6 送电确认流程

四、施工预想

每轮值班的班组在完成交接班后,必须审核《周施工行车通告》《日计划通告》中当班的施工计划并进行施工预想,每一次施工预想都必须考虑周全,按规范填写《施工预想表》如图 11-3-7 所示。针对重要施工计划需列出注意事项及请点条件,掌握施工重点和安全控制点。

由行调填写完预想表并签字确认后,交电调审核补充,确认无误后签字交由值班主任进行核对,核对完毕后签名确认。

对 A1 类施工需提前拟定工程车/调试车加开命令、封锁命令、解封命令、调试命令,并在指定的计算机上存档。

施工预想表

日期:____年___月___日___班 行调:_____ 电调:_____ 值班主任:_____

工程车/调试车开行情况					
作业代码	车次	作业区域	防护区域	列车出入场运行路径	注意事项
停电安排		拆挂地线安排		其他注意事项	
重点施工布置					

图 11-3-7 施工预想台账

思考题

1. 简述施工开始时间和施工结束时间的有关规定。
2. A1 类一般满足何种施工条件可以予以请销点?
3. 简述正线接触网停/送电程序。

评价表

项目名称	施工管理	学生姓名	
任务名称	施工组织	分数	
项目		分值	考核得分
1. 施工时间安排		20	
2. 请销点管理		20	
3. 停送电管理		30	
4. 施工预想		30	
教师简要评语:			
		教师签名:	

第四节　施工安全

【学习目标】

（1）掌握市域铁路安全防护用品及器具的识别和使用。
（2）掌握市域铁路安全防护标标志的设置。
（3）掌握市域铁路施工过程安全控制。

施工作业一般在非运营时间段进行，由于运营已经结束，作业人员从心理上容易放松警惕。又因为施工均在夜间进行，作业人员的精神状态和工作环境没有昼间好，安全风险也会增大。因此，运营单位需要加大对施工安全的管控力度，常见的保证施工安全措施有：按规定使用劳动防护用品或安全防护器具，如安全帽、绝缘靴、接地线等；设置安全防护标志，如设置红闪灯；加强安全过程控制，如填写各类施工台账。

一、安全防护用品及器具

（一）劳动防护用品

施工作业人员需根据作业需求穿戴安全防护用品，凡进入线路施工的作业人员需按要求穿戴荧光衣、绝缘鞋，并根据作业性质及作业要求使用其他安全防护用品。常见的安全防护用品包括荧光衣、绝缘鞋、安全帽等，如图 11-4-1 所示。

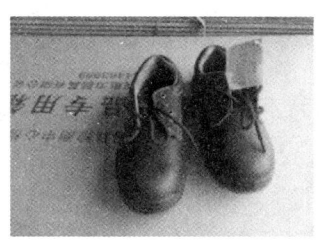

图 11-4-1　常见安全防护用品

（二）地线防护

一般情况下，人员及所持物件与带电接触网距离小于 1 m 的施工作业，或与带电接触轨距离小于 700 mm 的施工作业，接触网（轨）必须停电并挂接地线，接触网（轨）停电挂地线区域不得小于作业区域，作业人员不得超出地线保护范围作业。对已停电但未挂地线的接触网（轨）视为带电，人员及所持物件与其保持一定的安全距离。

现有挂/拆地线方式分为人工挂/拆地线和可视化自动接地线系统（见图11-4-2）。人工挂/拆地线又分为两种：一是挂/拆地线属于施工作业的部分，即自挂自拆；二是由接触网专业人员配合施工单位进行挂/拆地线，即配合挂拆（见图11-4-3）。利用可视自动接地线系统挂/拆地线将大大缩短了挂/拆地线的时间，提高施工效率。温州轨道交通S1线采用人工挂拆形式，且只允许自挂自拆，其流程如下：

（1）作业区域接触网供电分区停电后，行调确认条件满足，批准该项施工作业的请点。

（2）施工人员与电调办理好相关手续后，由施工人员现场就地挂地线，地线挂好后开始施工作业。

（3）施工作业完成后，施工人员拆除地线，确认设备恢复正常、线路出清，与电调办理好相关手续后向行调销点。

图 11-4-2　可视化装置系统

图 11-4-3　配合挂地线操作

（三）道岔区安全防护

除开行工程车或调试列车等施工作业所需外，须及时将道岔锁定，以防误动。道岔锁定后严格执行"谁上锁谁解锁"原则。在施工作业需转换道岔时，须做好现场的安全防护工作，加强联系，施工部门（单位）需在被操作的道岔作业现场设置防护人员，确保人员及设备安全后方可通知车控室转换道岔。施工作业结束前，须进行测试，确认道岔功能正常后方可销点。

作业人员使用推车等设备需经过道岔或在岔区停留作业时，应提前与车站/场调联系，离开岔区后及时通知车站。

作业人员在线路上行走时，严禁脚踏尖轨和道岔转动部分，非作业需要，不得将手脚伸入道岔间隙，当听到转辙机转换声或发现道岔转换时，应及时撤离到安全地带。

（四）作业人员及工程车在同一区域作业的安全防护

按施工前进方向，工程车在前，作业人员在后，不得颠倒。非随车作业人员与工程车须保持 50 m 以上安全距离。如需动车时，司机根据施工负责人要求动车。

二、设置安全防护标志

（一）红闪灯设置

以温州 S1 线为例，一般线路范围内有开行列车类的施工作业时需按规定设置红闪灯，防止人车冲突或作业列车冲出作业区域。

红闪灯通常设置在作业区域及防护区域两端车站，起到警示作用，人员及车辆严禁越过红闪灯。红闪灯设置人员应定期检查红闪灯的状态，确保其状态良好。一般 A1 类施工作业请点批准后，由请点站通知作业区域两端车站设置红闪灯防护；施工单位作业结束后，销点站确认相关车站撤除红闪灯防护后办理销点手续。温州轨道交通 S1 线红闪灯要求作业区域端墙外 10 m 各设置两盏，防护区域端墙外 5 m 各设置一盏，如图 11-4-4 所示。

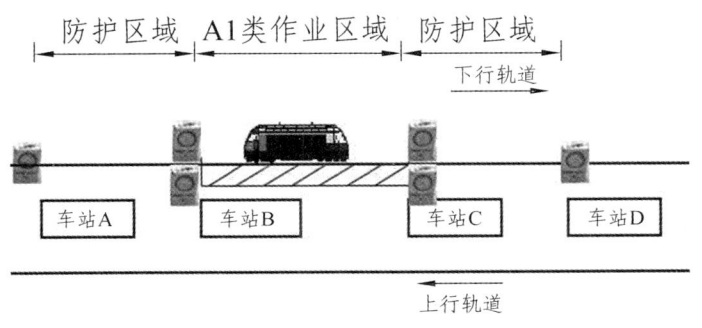

图 11-4-4　红闪灯设置

（二）防护区域设置

防护区域设置目的是防止人、车、电之间的冲突，由于各城市轨道交通运营单位设备设施情况不同及考虑角度不同，防护区域设置要求略有差异。大部分运营单位组织工程车、调试列车运行时，运行前方须保证一站一区间空闲，作为防护区域。通常防护区域接触网带电情况与作业区域保持一致。

（三）封锁/解封

封锁一般指对某个线路区段范围发布封锁命令，只允许命令中指定的列车及人员才可以在该区域进行相关作业，除发布调度命令外，一般还在 ATS 上对两端的轨道区段设置封锁标志，使相关信号无法开放，从而达到防止其他列车进入封锁区域或作业列车冲出作业区域的目的。

封锁作业区域除指定列车及作业人员外，禁止其他列车及人员进入。封锁区域工程车/调试列车运行由施工负责人负责指挥。一般工程车或调试列车在某一区段运行的施工作业需封锁线路。

施工作业先请点再发布封锁命令，施工作业结束后先发布解封命令再销点。行调在发布线路封锁命令前，须确认工程车或调试列车在指定地点待令。线路封锁/解封命令需同时发给作业区域内所有车站及相关设备集中站。车站给司机交付封锁命令前，须确认红闪灯已设置完毕。行调发布线路解封命令前，须确认工程车或调试列车在封锁区域内的指定地点待令或中途已离开封锁区域。

三、施工过程安全控制

调度员在施工作业过程中，通过一系列台账来对施工的整个过程进行把控，通常有人工签认、双人确认签字、多岗位间互控等方式。

在施工过程中常用的台账有：《施工作业登记簿》《停电通知单》《送电通知单》《工程车/市域动车组动车条件确认表》《运营前准备工作检查表》，台账填记应按公司相关的填记规定执行。

思考题

1. 请写出温州轨道交通 S1 线自挂拆地线的流程。
2. A1 类作业需做好哪些施工防护？
3. 施工过程控制相关施工台账有哪些？

评价表

项目名称	施工管理	学生姓名	
任务名称	施工安全	分数	
项目		分值	考核得分
1. 安全防护用品及器具类		30	
2. 安全防护标志设置		30	
3. 道施工过程安全控制		40	
教师简要评语：			
		教师签名：	